王小波传

房伟 著

北 京 出 版 集 团
北京十月文艺出版社

王小波是如何“炼”成的？

吴义勤

意大利作家卡尔维诺的小说《树上的男爵》中有一个精灵古怪的柯西莫男爵。少年时期，柯西莫为逃避父亲的苛责，追求自由，逃到了树上，并在此生活直至终老。无独有偶，作家王小波在《革命时期的爱情》里也写到了一个爬在树上观看武斗的少年王二。革命名义下的野蛮拼杀，在王二眼中，仿佛成了兴高采烈的游戏。他给武斗双方运送过弹药，设计过投石器，但他的态度始终戏谑而冷静，甚至有点残忍。他拒绝将武斗的行为与革命的话语威权联系起来。这个反讽意味的情节深刻消解了“文革”的符号魅力——那些青春无悔的誓言、为革命献身的激情，还有酷烈的肉身献祭，不是“神圣而崇高”的悲剧，而只不过是“历史的诡计”，是孩子眼中荒诞滑稽的狂欢。而它的另一层含义还在于，那个藏身树上的少年，似乎拥有新的人生态度和价值观，那就是：拒绝宏大概念的束缚，追求个体生命的意义和诗意的自我实现。这个树上的“坏孩子”，在王小波的其他作品中又化身为“绿毛水怪”的苦命情人、云南热风雾瘴里的狂野少年、黎明荒岛呐喊求生的巨人、隋末洛阳城的数学流氓、唐朝凤凰寨的裸体节度使薛嵩……从而形成了新时期文学中一个独特的人物形象谱系——我们甚至可以说，这些“坏孩子”，是独立于新时期文学审美规范之外的另一种可能性。

然而，“坏孩子”藏身浓密的树叶间，观察人世百态，将沉重的反思化为轻逸的狂想，也留下了很多神秘之处。王小波是如何“炼”成的？这些奇怪的小说和杂文，与中国新时期文学、中国当代文学，乃至广义的中国现代文学，又有怎样的联系和区别？有的学者将王小波的小说创作归纳为知青文学；有的认为王小波是王朔式反讽的继承和深化者；有的则认为王小波开启了中国新自由主义浪潮；还有的则将王小波与卡夫卡、海子甚至福柯等文学和思想资源相联系。而对王小波的文学史地位评价，至今争议仍很大，有的批评家认为，王小波是当代文坛堕落的反思之镜。另一种观点则认为王小波根本不算大作家，对中国文坛也没什么影响，充其量不过是写性爱而闻名，后因非正常死亡而引发反响的作家。而知识青年和媒体的持续关注，与主流文坛的冷淡，形成了情绪化的对峙。媒体对自由主义资源的话语塑造，寻找权力对抗谱系的大众焦虑，都不断放大了王小波的影响，也使“真实”的王小波，仿佛树叶间隐藏得越来越深的孩子，更难以被我们真正认知。用李银河的话说，是否喜欢王小波，已经成为“接头暗号”。这个说法乍一听有趣，仔细想想，却有点“黑话”的嫌疑。王小波不是“文学超女”，也不是“文坛余则成”，而这些将文坛与王小波简单对立的说法，虽满足了某些愤世嫉俗者的自我想象，却缺乏学理性的说服力。

如今，这个“羞涩邋遢”的“坏孩子”，已经离开人间二十年了，而有关他的争议和误读却从没有停止过。王小波仿佛成了“无边的王小波”：既被崇拜着，又被消费着；既被垄断着，也被娱乐着；既被神化着，又被曲解着。如何“把王小波还给王小波”已经成了一个颇为复杂的命题。房伟的《王小波传》，给我们提供了理解王小波的一条不同路径。这本传记通过大量采访、回忆、论述等资料，加上作者的独特心得，描述了当代最有争议性、最富才情的作家王小波的一生。该书有文化传记的宏观视野，以“革命北京”到“后革命北京”的时空过渡为背景，以饱满的激情、丰富的资料和别致的视角，全面展示了王小波的生命细节、文学特异性、精神成长历程，及他与中国当代文化史的隐秘联系。作者以极具眼光的“叙事角度”，呈现了王小波“特立独行”的养成史。传记对王小波的不同生长环境进行了精彩分析，指出王小波之所以形成其特殊的文学价值观和表述方式，就其背景而言，是“革命北京”向“后革命北京”文化转型的产物。作为一名“50后”作家，王小波也是“红旗下的蛋”。他的精神成长史，既是“革命北京”这一红色帝都的产物，又是它的叛逆者。王小波是不同于王朔、姜文的另一种“大院子弟”。这个“大院”不是军队的大院，而是教育部、人民大学这样体制内的“知识分子大院”。他的文化传承中，苏俄文化的影响很少，而欧美经典文学，特别是马克·吐温这类讽刺文学的影响却很多。经历过“文革”的荒诞、知青生活的磨砺，王小波在留学美国后其自由主义思想方才在文学创作中“培养成形”。王小波的深刻也在于，他在“后革命北京”的氛围内，依然看到了“文革”荒诞逻辑的联系性，并努力地以反抗体制的奥威尔式的执拗将批判进行到底。这本传记丰富了我们对于王小波的认识，澄清了误读与误区，努力为我们还原了一个真实的王小波。在当下的王小波形象建构中，他被刻意打造为一个“文坛异端”的神话：他穷困潦倒，文学成就得不到承认，被文坛排斥；他是天生神童，是受难的“曹雪芹”或“卡夫卡”。然而，通过大量资料考证，作者在这本传记中告诉我们：王小波在《黄金时代》获奖前，并未打算成为职业作家；他辞职的动机也很复杂，后来虽无固定收入，但也并非穷困潦倒；王小波甚至一度想涉足出版、电视剧编剧，甚至软件设计等行业；王小波进入文学体制的努力以及他与文坛的恩怨也不是一句话能说清的，这里既有文坛对他的冷漠，也有文坛精英对他的帮助。

从文学史的角度对王小波进行重新梳理和定位，也是这本传记的野心所在。早在王小波刚崭露头角的时候，他就有“文坛外高手”的称号，去世后，又有诸如“浪漫骑士”等定位。然而，盲目贬低或抬高王小波都不合适。房伟在传记中为我们“重建”的王小波，是一个既与“新启蒙”有关系，又与之有区别的形象。正如凌宇的《沈从文传》，以“迟来的追认”改变了沈从文在现代文学史上的地位，我们也期待着王小波的传记通过对他作品的重读、对其个人生活与当代历史语境隐秘关系的考察，揭示其作为优秀作家的特异性。王小波秉承新启蒙有关“人性尊严”的理想主义质素，又从欧美自由主义中汲取了营养，在20世纪90年代市场经济语境和“个人主义”大旗下，既表现了以对宏大叙事的怀疑为特征的解构精神，又表现出对“个性自我”的肯定。王小波对体制化权力关系的严峻批判，也使得这种建构与解构的“双重变奏”，既有别于朱文等新生代作家的边缘化姿态，又有别于80年代由政党与知识分子共同发动的新启蒙运动。王小波与自由主义的关系，既存在于其思想的实质，也存在于他死后的追认与再想象。王小波的存在，无疑对中国当代文学具有反思意义。王小波的自由主义，与90年代以来体制内知识界的自由主义思潮，显然也存在差异性。王小波属于20世纪90年代，又在文坛的时代审美规范之外，这一点有些类似残雪。但真正的大作家就是这样，他们深深地内在于时代，又时刻地警惕着这个时代庸俗的审美惯性，从而超越时代，形成真正的时代反思。王小波的成名与传播，有赖于传媒、文学市场和社会科学领域的知识分子，他不是传统文学圈子和体制培养的产物，因而产生了新的思想和文学表现形式，仅就这一点，对当下雷同化与均质化盛行的文坛而言，就有重要的启示作用。

讲到传记，还要说说当代文学经典化问题。近些年来，我一直在思考当代文学的文学史建构与经典化问题。中国人的传统文学观念总有“今不如昔”的复古倾向，似乎“老”的东西就一定经典。与此相对立，则是“五四”以来的进化论思想，新的一定比旧的强。历史早已证明，这两种观点都有各自的偏颇之处，当代文学的症候性问题之一就在于，诸多批评家整日忙碌于“追新逐后”“代际划分”“思潮命名”，在喧嚣与热闹之中，既有充满真知灼见的好作品，也留下了大量意气之争与浮泛之作。这一方面强化了当代文学的现场感，也增加了当代文学自身经典化建设的难度，淡化了当代文学的经典化意识。有些学者因此指责当代文学不具备“经典性”。其实，文学的经典性，是由文学现场批评、文学史建构、文学理论归纳等几个方面组成的，从这个意义上讲，即使是那些意气之争与浮泛之作，也有着广泛的文学史参考价值。当代文学已经历了漫长的七十余年，但由于意识形态的复杂性和文学经典意识的不足，中国当代文学的经典化进程一直很滞后。当然，近些年来，很多学者已开始了这样的努力，如当代文学编年史的编写、当代文学资料汇编等资料建设都十分有益。但作为经典化的重要一环，当代作家传记的写作，却显得不足。造成这个问题的原因是多方面的。作家仍然在世，他的创作还在发展，不好轻易下定论，当然是重要原因；作家本人及其家属顾及隐私而更愿意树立“完美”形象的心态，也影响了当代作家的传记写作。很多当代作家传记，都写成了作家“艰苦奋斗”的励志史和“高大上”的道德颂歌。即使已经去世的著名作家和诗人，如顾城、海子、路遥等，我们虽看到过一些不错的评传，但文学资料和文学史建构意识俱佳的传记还是十分匮乏。当然，当代作家传记，涉及意识形态、作家沟通、版权纠纷、取证困难、资料辨伪等诸多问题，难度颇大。同时，传记写作耗费金钱和时间巨大，出成果速度慢，容易遭受质疑，也导致很多学者将当代作家传记写作视为畏途。其实，当代文学和当代文化的深刻性、复杂性，一点也不逊色于现代文学。比如说，当代传奇作家张贤亮逝世，其人其文，如果能有很好的传记出版，将会对当代文学史建设有很好的作用。

房伟从学生时代开始，一直喜爱王小波。他的《王小波传》在资料搜集上下了不少功夫，在广泛收集各类媒体报道、亲友文章和研究资料的基础上，他还到王小波下乡插队的山东牟平等地进行了实地采访，奔波于济南和北京之间，取得了不少第一手材料，如很多王小波的同学、亲人、知青队友、朋友、相关文化界人士的录音和录像采访。他还在中国国家图书馆、哈佛大学图书馆、台湾大学等地寻找了很多旁证，如“文革”初期人民大学红卫兵武斗与王小波作品的关系、王小波获《联合报》小说奖的具体评奖经过及内情等，这都丰富了该书的资料，增强了传记的可读性。应该说，就当代作家传记写作而言，房伟的尝试是值得充分肯定的。当然，这本传记也还有不少有待加强的地方，但一个“70后”青年批评家以这样一种方式对其精神资源的隆重致敬，仍是可贵而真诚的。

不久前，帕特里克·莫迪亚诺获得了2014年的诺贝尔文学奖，获奖原因为“唤起了对最不可捉摸的人类命运的记忆”。王小波生前对莫迪亚诺也非常推崇，他甚至不惜在长篇小说《万寿寺》开篇就引述莫迪亚诺《暗店街》的话：“我的过去一片朦胧。”如同《暗店街》失忆的私家侦探对记忆的寻找，《万寿寺》的王二也在唐传奇和现实的双重世界中迷失了自我。小说的结尾很伤感，也极具寓言性。记忆恢复的王二，重新被“嵌入”清醒的日常生活：“当一切都无可挽回地沦为真实，我的故事就要结束了。”可以说，如同莫迪亚诺的记忆迷思，王小波一生都试图以“有趣和美”的朦胧狂想，对抗被控制的命运记忆，对抗无聊、无趣的现实。那么，王小波的文学世界有什么呢？在《我的精神家园》中，他鼓励读者用童心来思考问题，追求智慧和美，摆脱世俗功利的困扰，脱离宏大概念的诱惑，才能看到生命的超然与文学的意义。他想象的“人文之路”是这样的：“在两条竹篱笆之中，篱笆上开满了紫色的牵牛花，在每个花蕊上，都落了一只蓝蜻蜓。”维特根斯坦说过：“凡是能够说的，都能说清楚；对于不能说的，我们保持沉默。”王小波曾因话语的压迫，沉郁地安于“沉默的大多数”，当他开口说话，却以美和想象的“树上的世界”，对抗无趣无聊的“现实世界”。而对王小波的世界，我们能说出的，也只是一部分，他的隐秘心灵与文学理想，需要更多的发掘与考证，也需要更多的领悟与思考。只有这样，这个逍遥在树上的叛逆少年，才会从文学疆土的心灵之树上爬下，悄悄走入更多读者的心灵。

作为方法论的和美学的“王小波”

梁　鸿

20世纪90年代后期成长起来的文学青年，或者说愿意阅读文学的年轻人，有几个没有爱上过王小波？也许中年之后会遗忘，会批判，会有所疑问，但是，在青春最为激荡，最容易被宏大话语制约，最容易被“理想”“时代”“梦想”之类的词语所鼓动的时候，读到王小波，那是怎样的一种震动、震惊，或豁然开朗？

那天真而蛮荒的想象力，举重若轻的反讽意味，性与政治的微妙辩证，它们组合成一种充满趣味和独特审美的文学语言，以最轻盈的方式穿透哪怕是最坚固的内心，让你感受到人类存在的真相和时代精神内部的荒谬。而对于最缺乏个人意志和精神自由之感的当代中国人来说，那个“打不死的小强”，那个哪怕在最黑暗的时刻——被严刑拷打，跳楼自杀，游行示众——也依然挺立的“小和尚”，犹如一个巨大的尖形碑，以滑稽而又庄严的方式给我们展现了生命的顽强和自由的美感。

房伟在他的《王小波传》中称王小波为“坏孩子”，这一说法虽然是感性的，但却形象地把王小波与时代的关系，王小波存在的基本位置给展示了出来。他不按常理出牌，他挑战、嘲弄权威，他不负责任，任性耍赖，在人人义正词严的时候，他却想着陈清扬的身体；在全国上下火红一片，都在大炼钢铁之时，他却把它想象为一场怪异抽象的战争；在贺先生不堪其辱愤而跳楼的悲惨时刻，他却注意到贺先生的“小和尚”依然是挺直的。他总是能够看到那些板着的面孔背后的漏洞，并且，就像一个班级的坏学生一样，还生尽千方百计让其他同学也看到那些漏洞，而全班同学发出的明了的哄笑声就是对他最大的奖赏。这“哄笑声”贯穿了王小波的所有创作。它是一种嘲弄，一种去蔽，对密布于我们生活内部的思想的突然陌生化，进而达到一种质疑——对最基本的概念、行动和观念的质疑。而由于它的感性基础，这一质疑变得真实、有力，几乎达到一种澄清，很难再被遮蔽。

在王小波的小说中，“性”作为一种自然的元素，它与个人、生命力、自由相关，所相对应的是束缚、集体、政治、制度。“小和尚”不分时候、不分地点挺直在那里，既嬉笑怒骂，悲惨无比，又为所欲为，不听使唤，哪怕是跳楼死亡，它也还在那里表演自己。王小波凭着直感找到反时代核心话语的核心话语，围绕着此，喋喋不休，反复叙述，最后形成一种审美和美学，并拥有强大的消解和反抗力量。

这无疑是一种教育，关于个体生命，关于人类存在的限度，关于理性与经验关系的教育。阅读王小波，在某种意义上，可以称之为一场关于启蒙的旅程。这与“五四”时期的启蒙运动还略有不同。如果说“五四”时期的启蒙更多地在于启发民智，让大家从愚弱中意识到作为一个民族存在的危机，是一种族群意识的警醒，里面包含着对个人权利的认知，在王小波的“启蒙”里，以“族群”为名义的革命与权力恰恰正是需要反思的，他让你看到革命、权威、道德如何以“正义”“集体”的名义摧毁个人，让你看到人之所以为人的那一点自然性及这一自然性的力量。

自1997年王小波去世以后，“王小波热”一浪超过一浪，先是思想文化界、精英媒体界，然后是文学界，最后到达大众文学爱好者和青年一代那里（这个排序本身很有意味），中间还有王小波的爱人、著名社会学家李银河的推波助澜，关于王小波的一切——哪怕是他最不经意的一个动作和最私人的性爱（李银河最近推出传记详细写到两人的性爱方式），似乎都已经被大家熟知，并被广泛讨论。

为一个已经被分析过度的作家写传记，应该是一件很冒风险的事情。在这样一个全媒体时代，掌握、收集资料，探听故人的看法，寻找传主生活过的地方，探查民间的声音，似乎都不是难事，这就意味着，揭秘式的、生平式的传记都已经没有多大价值。这给传记作者提出了更高要求，也正是在这一层面，房伟的《王小波传》提供了一个很好的范例。

作为一位文学评论家和作家，房伟打通了双重自我身份所产生的多重知识路径和美学路径。通读全书，可以看到，房伟仍然以王小波的生平为纲——为寻找一丁点的蛛丝马迹，房伟可谓“上穷碧落下黄泉”，穷尽了一切可以穷尽的人，去了一切可能去的地方。有半年时间，为了约到北京与王小波相关的人，房伟在北京租了间房子，随时待命。但是，他并非止于揭秘式的描述，而是如抽丝般的梳理出王小波小说美学中的经验来源和知识来源，他做的是一种倒置式的和互证式的阐释，即，首先要对作家创作中的美学风格、思想方式和精神特征有最根本的把握，然后，通过对作家生平的回溯和探秘，找到其来源和生成方式。

这样的写法和结构方法，首先需要传记作者对作家作品有深刻的领悟和独特的认识。在此角度下，房伟充分发挥了他的专业优势。作为当代文学的研究者，房伟不但对王小波小说进行理论探讨，从王小波的接受学、美学和比较学等多个层面进行研究，撰写了一系列论文和学术专著①，同时，作为一名作家，在创作上，房伟也全方位实践并探索王小波的美学思想。2012年房伟出版长篇小说《英雄时代》，在这部小说里，房伟让当代和古代两重时空同时并存，以一种王小波式的狂欢化、杂糅的语言对当代世界内部的虚空和荒诞进行了书写，但是，它的多义性语言和黑色幽默却又是房伟自己独异的风格。这其中，自然有向王小波致敬的意思，但也可以

①《十年：一个神话的诞生——王小波形象接受境遇考察》,《山东社会科学》，2007年第9期（《新华文摘》摘编）;《杂文历史小说：穿越历史和现实悖论的一种可能——论鲁迅〈故事新编〉与王小波的历史小说》,《东岳论丛》，2006年第6期;《“不一样”的爱情：在革命的星空下——王小波小说的“革命+恋爱”模式》,《东岳论丛》，2012年第2期;《笑忘红尘顽童梦》,《社会科学报》，2012年5月31日（《新华文摘》摘编）;《从强者的突围到顽童的想象——鲁迅与王小波之比较分析》,《文艺争鸣》，2003年第5期（人大复印资料转载）;《巨人、顽童还是悒郁者？——论王小波小说的三重形象》,《海南师范大学学报》，2008年第3期;《另类目光与另类的生存——王小波同性爱题材小说研究》,《淮南师范学院学报》，2011年第4期;《“自由主义”的主体狂欢——论王小波小说叙述视角的“复古”与“创新”》,《兰州学刊》，2008年第7期;《个人主义与群体否定——论鲁迅、王小波文化逻辑之异同》,《艺术广角》，2007年第5期。专著《文化悖论与文学创新——世纪末文化转型中的王小波研究》，上海三联书店2010年版。

看出，房伟把王小波的美学风格作为一种实验，既实践它，又创造出一种具有开放性和弹性空间的形式。

这正是王小波的核心：从来不提供固定的真理式的思想，他更乐于提出一种思维的方法和精神的形态，沿着这一方法和形态，每个人都会达到自己的方向。它强调一种通向真理的方法论，而非真理本身。

从房伟关于王小波小说的论述和自己的创作可以看出，他对这个作家的精神世界，对这个作家在当代的位置及背后的象征性意义，对作家的美学风格，都有极具创见性的理解，能够看到隐藏在作家作品中的多条路径。同时，你也可以感受到，对于这样一位作家，房伟有真正的欣赏和进一步探索的热望。对于房伟来说，王小波是通向越来越深、越来越宽广的远方。

以学术研究为起点，再回到传记研究，房伟要探讨的是，王小波的作品，哪怕是一个最简单的意象从哪里来。

在《三十而立》中，王小波写道，“你能告诉我这只猫的意义吗？还有那墙头上的花饰？从一团杂乱中，一个轮廓慢慢走出来。然后我要找出一些响亮的句子，像月光一样干净……”“古旧的房子老是引发我的遐想，走着走着身边空无一人。这是一个故事，一个谜，要慢慢参透。”

一个普通的读者读到这些话，可能很轻松地就滑过去了，只是不错的句子而已。但是，房伟却没有放过，反而从最简单的词语“墙头上的花饰”入手，回到王小波成长的生活空间和历史场景中，去寻找这句话的来源，并且，由此出发，对王小波小说中的大量物质性词语进行分析，进而阐释其中的修辞风格和美学意味。

在第二章“顽童时代：孤独的‘坏孩子’”中，房伟以“墙头上的花饰”为起点，对王小波的成长空间进行了地理学和谱系式的考察。他追溯到王小波的祖辈父辈，作为大地主的祖父和作为革命青年及学者的父亲，他们的生活方式、性格生成及命运轨迹，最后，回到王小波童年时代的“铁狮子一号”：

> 该楼的主体是灰砖石结构，楼面上镶着很多花纹和浮雕，样式繁多，对称而华美，有花和叶子，也有类似中国古典传说中的夔龙等形象的图案。主楼的大门是木质拱形黑木门，显得非常大气；副楼则有很多拱形回廊，绿色的立柱，以及造型欧化的路灯。……主楼和副楼相通，门窗和出入口很多，办公楼下还有很多地下室，这些地下室，四通八达，“曲径通幽”，给人以阴森神秘的感觉，当年日伪特务机关在此还设有水牢。王小平的回忆录中，多次提到这里的水牢和王小波小说的“钟楼情结”。……相比较红色北京的革命化空间，“铁一号”是“暧昧”的空间设置。作为革命者的后代，王小波及其同代人在接受正规学校教育的同时，生活环境的影响也至关重要。和成方街不同，“铁一号”是知识分子聚集的地方，少了一点杂乱和粗鄙的快乐，多了几分厚重的文化气息。更特别的是，作为中国历史的重要政治空间，“铁一号”对儿童的成长心理而言，却更多体现为“神秘”的艺术气息。曾经的辉煌，现实的衰败，两相对比，生发出一种历史“幽灵”般的神秘主义力量。

由此，房伟认为，“‘铁一号’因此成为一种‘暧昧’的存在。

它的样式造型、内涵意义，都是‘非革命的’，然而，它也并不是革命的‘对立空间’。在它被中性化的外表下，展现出来的却恰是‘革命之外’的中国近现代史的丰富和复杂性”。这一成长的环境和空间，无疑会影响到作家日后的创作观和创作美学风格倾向，王小波小说中对“革命”的叛逆和反思，审美的复杂性，可能都与童年的生活经验和空间特征有关。也正如房伟所言，“王小波的成长空间，是一种革命北京的‘大院文化’。这种大院文化，既有别于王朔、姜文式的‘部队大院文化’，也有别于传统的‘市民胡同文化’。它属于‘革命北京’时空中，国家事业单位、高校团体的独特空间。它既是‘革命北京’的‘体制内产物’，又有一定的知识分子气息，对‘军事化大院’有一定的疏离与反思。正是在这样的环境中，从一个体制内红色知识分子家庭诞生的王小波，最终形成了对‘革命北京’的深切反思。”

以房伟的分析，我们返过来，再重新读“墙头上的花饰”，可能就不会觉得它只是一个苍白、陈腐的词语，而包含着一个幽微的空间，这一空间与大时代如火如荼的革命空间呈现出一种错位的存在。这些“陈腐的、阴暗的”物质化词语在王小波文本的大量使用，无疑增强了这一“幽微空间”的力量，并最终与“革命空间”形成对抗性和某种拆解作用，并形成一种美学风格。这也是我们在阅读王小波小说时，虽然明明知道他在写“革命”和“革命时代”，但又总感觉他的“革命”和“革命时代”和那一革命完全不同的基本原因。他会让你犹疑，让你颇费思量，进而产生思维上的晃动和真正的思考。

房伟非常敏锐地看到这一点。在这本书中，房伟对王小波小说里面最细微元素的来源都做了细致探讨，这不单是对作家创作细节的把握，也是对小说美学元素的还原，犹如密径，唯有仔细探察的人才能够发现。

再譬如，王小波在《革命时代的爱情》中描述“大炼钢铁”的情形，“我顺着那些砖墙，走到了学校的东操场，这里有好多巨人来来去去，头上戴着盔帽，手里拿着长枪。我还记得天是紫色的，有一个声音老从天上下来，要把耳膜撕裂，所以我时时站下来，捂住耳朵，把声音堵在外面”。

这显然是一个儿童视角，与王小波本人的童年经历相一致。1958年的人民大学的操场，和其他地方一样，也工作着无数个小高炉和炒钢炉。整个北京也陷入了“大炼钢铁”的狂欢。王小波以儿童眼光来看这一场宏大的运动，头盔、长枪、巨人，这都是典型的童话式意象，也有着堂吉诃德式的夸张与滑稽，而紫色的天空，则成了梦境的代表，这些描述自然地把“大炼钢铁”变形化和夸张化。房伟认为，“这是一种非常巧妙的处理方式，它有效避免了生硬的说教和概念植入，将理性精神与美学超越结合一体，也避免了新时期以来形成的文学规范在意识形态和美学特征上的制囿……‘铁一号’阴森恐怖的地牢已潜伏到了记忆深处，而废弃的高炉遗址，成为王小波有关成长记忆的隐秘圣地。这里有童年的幻想，也有隐秘的伤害，这里有紫色的天空、巨人、长枪、钢铁。而这些东西，像流星一般出现在历史中，又很快被遗弃与遗忘，成为历史的幽灵。”而这些，也正是王小波小说美学的基本底色：怪诞、夸张和狂欢。

从作家对词语的使用，回到作家的成长环境，再从作家的成长环境回到对词语的分析和美学的形成，房伟这样一种回环往复的考察，包含着对作家心理和性格成长的探秘，但更多的却使我们对王小波的世界有更加感性的和深刻的理解。

这样一种空间性的探讨，从学理上讲，并非完全是一种对位的关系，因为并非什么环境下一定生长出来什么人，而是同一环境下一定生长出不同的人。但它又具有意义，因为它让我们看到作家成长内部的多种路径。

从整体而言,《王小波传》不只是研究王小波的美学和成长，其实也是回到那个时代，重新还原历史语境，探察那个时代的多条通道。以王小波为契机，房伟也在探讨政治与人的冲突，生命的顽强与自我的选择，进而探讨文学以何种方式来达到一种澄清。

王小波对科学理性的推崇可能被所有读者和研究者注意到。每每涉及此，王小波总是犀利尖刻，一针见血，但这一点，并非来自后天知识的培训，而来自作者对人类自身经验的重视和肯定。这与他前面写“大跃进”“大炼钢铁”的感觉是相一致的。真正的理性其实很简单，尤其是对于中国当代政治运动史来说，就是“回到常识”。王小波的杂文里有一个“奶奶”的意象，即经验和常识的象征。

他自己曾公开宣称对智力和理性更感兴趣，这一观点也常常使王小波面临质疑，认为他有很强的精英主义倾向。但是，如果把王小波放置到一个大的语境之中，就明白，这句话，几乎是一种呐喊，背后有对我们这一国度最为匮乏的思维的焦虑。他的思想里有复杂的辩证成分。同时，最应该注意的，也是王小波最重要的地方，即，他对于所有事物的说理都并非斩钉截铁的，他只是通过艺术的形象来传达。这样，他所呈现出的艺术形象往往大于他想要传达的，他的句子随时随地充满着这样的“溢出”，让你有更多向度的感受与思考。也许，这正是文学的基本魅力。纯粹的说理很难达到这样的多重方向。

房伟对此的分析也很有意味。他没有纠缠于王小波的“理性”是什么，没有试图帮读者去确认王小波的正确性，而是依然回到文本中，分析它们之间的关系和在文学中的呈现方式，“对王小波而言，‘大跃进’运动成为其树立文学内涵和美学原则的一个出发点。正是‘大跃进’运动，让王小波看到了理性缺失的荒诞。有趣的是，尽管王小波在杂文中不厌其烦地以‘大跃进’为例，讲解科学理性对中国人思维的重要性，但小说中有关‘大跃进’的印象，却成了一些更为悖论化的美学形象，所有那些荒诞景观，都以‘儿童狂想’的美学形式出现。狂想之中，儿童对生命的好奇和对奇观场景的探究，都在历史的荒诞之中，显现出了宿命般的美学魅力。一方面，历史的荒诞成为理性缺失的反证，革命因违背常识付出沉重代价；另一方面，荒诞的历史，又成为某种独特的现代美学景观，并被儿童视角赋予了‘奇幻’的生命激情”。“革命活动”变为“荒诞景观”，“大炼钢铁”则成了一场虚无怪诞的狂欢，这一意义指向本身就是一种批判和消解，这是王小波的美学形式所产生的力量。可以说房伟始终抓住经验、生活与美学之间的关系对王小波进行分析，这使得他的结论可靠，让人信服，同时，又能够跟随着王小波回到时代深处，重新去把握时代的内在脉络。

从这个意义上讲，《王小波传》既是一本作家的传记，同时，也借王小波的方法和美学，对中国当代思想史进行溯源式的回顾和梳理。王小波并非只是本体，还是方法论。

作为一个传记作者，他和传主之间到底该是怎样的距离和关系？有人说，传记作者太爱传主容易形成误区，容易讳疾忌医，但是，反过来，如果没有热爱，又如何能够如考古一般，匍匐在灰尘里，一点点找遗落在时间和空间深处的线索？不管如何，作为王小波热爱者的房伟始终保持着一个学者的理性和严谨，没有过于夸大王小波的文学意义，也没有夸大王小波作为一名自由知识分子的行为及行为背后的意义。譬如王小波的辞职，房伟认为，这一行为在当时，并不是一个独立于世的行为。王小波1992年从人民大学辞去教职，并成为一名自由撰稿人。房伟在文中考察了同时期其他作家的辞职情况，南京作家韩东、吴晨骏、朱文都在同时期辞了职。辞职当然是某种精神的显现，但同时，也并不是"冒天下之大不韪"的事情。实际上，90年代初期，"自由撰稿人""下海"这样的词语对知识分子的冲击是今天难以想象的，它已然形成某种潜流和象征。并且，稿费的增加和报纸杂志的商业化，都给自由撰稿人的生存带来一定空间。当然，相伴随的，就是写作上的自由度和独立性。这样客观的、深入历史语境的考察和结论并不会损伤王小波的独立性，相反，它能够使我们更全面地了解时代内部的精神状态。它是一个学者的严谨态度所得，同时，也是对王小波形象的恰当叙事和还原。王小波是革命星空下的那个"坏孩子"，有他成长的空间、语境和特殊的话语形态，这些也造就了他写作的基本内容。以此为起点，他把握时代、政治、人性和文学，他是在一定历史空间中所诞生的叛逆者和破坏者。

在最后一章里，房伟以非常客观和冷峻的笔法对王小波死之后的"王小波现象"进行了多角度的分析，媒体、"文青"、李银河、书商等如何共同参与，掀起了旷日持久的“造神”运动，而那些否定、批评王小波的声音又如何此消彼长，始终存在。对此，房伟认为，“无论喜欢还是讨厌，王小波在我们的社会，正在变成一个‘神话’被超越，在他身上，负载了太多复杂的社会信息，也负载了太多怨恨、愤怒、喜爱、沉静与悲伤”。这一“造神”运动对于王小波而言，是好事，还是坏事，还很难判断。但毫无疑问，房伟的《王小波传》为我们提供了一条具有独立价值的通向王小波世界的道路。

目录

第一章　见证荒诞：作家之死

有一种说法是这样的：人在年轻时，心气总是很高的，最后总要向现实投降。我刚刚过了四十四岁生日，在这个年龄上给自己做结论似乎还为时过早。但我总觉得，我这一生绝不会向虚无投降。我会一直战斗到死。

——王小波《有与无》

佛山陵园位于北京昌平区，处于风景秀丽的京西北山麓佛山脚下。佛山与明十三陵所在的天寿山一脉相承，峰顶宋代曾建有上方寺，香火极旺，钟声绕谷，鸟兽驻足，因而得名“佛山”。1993年，昌平市政局开始建造佛山陵园。陵园依山而建，园中林木葳蕤，清幽寂静。如果在秋色深沉的季节，你顺着陵园右首的“新八区”，铺满金黄落叶的小径上行，就会在山顶看到一块天然巨石，上有一行青色大字：“王小波之墓1952—1997”。巨石呈赤红色，若燃烧之火墙，中下部掏空出一石匣，以放置骨灰，作家王小波即长眠于此。

1997年，王小波去世后，其妻社会学家李银河，数次为其选择墓地，都因墓制过于呆板而作罢。李银河想给王小波选一个“独特别致”“充满艺术气息”的安眠之地，而不愿遵从那些整齐划一、横平竖直的严肃布局。李银河最终选择了刚开放没几年的佛山陵园，花了6000元购置了这块墓地，精心设计了与众不同的墓碑，并请一位书法家朋友写了“王小波之墓”的字样。每年4月11日，王小波的祭日，李银河与王小波的家人都要来此祭奠。这里也常会有王小波的崇敬者前来祭拜。只要你在陵园入口，向卖鲜花和祭品的小贩打听“新八区”，他们多半会说：“您是来看王小波的吧?”巨石下的青石板上，有很多纪念留言，有的则在石头上贴上纸条，写着诸如“谢谢你，让这世界变得更美好”之类的话。还有一些瓶装二锅头酒。这都是仰慕者以亲切的方式表达着对逝者的怀念。站在王小波的墓前，俯身鸟瞰，青山旷野，松涛如咽。

1

1997年4月10日，春寒料峭的时节，北京郊区顺义王小波居住的小区，夜深人静之时，突然传来了凄厉的叫声。很多邻居被惊动了，却无人出来察看。没有人注意到，一颗闪亮的星星即将坠落……作家王小波，悄悄地告别了人间，也震惊了文坛。现在已很少有人知道，曾经有位作家王小波，在此度过了生命最后的时刻。关于王小波的死亡，母亲宋华有详细描述：

原来小波10日下午去了他的住处，3点还去房管科交了费，6点钟时，有人看见他在楼下散步，10点钟的时候，邻居看见他的屋内还亮着灯。约11点半钟的时候，楼下的邻居听到他喊了两声，是非常痛苦的惨叫。11日早晨，邻居们互相交谈着小波的惨叫，然而谁也没有想到，一个年轻的大汉，会在家里突遭不幸。又过了七个小时，到了下午3点左右，邻居们不见小波出来，意识到可能出了什么事。他们上楼去，推开门，看见小波已经倒在地上。他面顶南墙，身体弓着，已死去多时了。他走得太突然，后来经公安法医验定：心脏病发猝死。我知道了小波的噩耗，当时虽然很冷静，但心如撕裂，万分悲痛！①

这是一场猝不及防的“偷袭”。很多人认为，如果抢救及时应能避免。但王小波去世后，曾有一个详细尸检，才发现他已患严重的心脏病：“左心室内膜增厚（超过正常内膜厚度10倍），左心腔扩张”，结论是“内膜弹力纤维增生症”，患者“因心力衰竭死亡”。多年以后，我还依稀记得，最初读到王小波的小说《绿毛水怪》时的感觉。灵动、清澈、深情，却又高傲无比，骨头里深藏着对秩序和权威的不屑一顾。可是，这样强悍的头脑，却有着一颗“脆弱”的“心”。王小波以“面顶南墙，弓着身子”的躺卧姿态，离开了这个让他爱恨交织的世界。没有鲜花和掌声，“冰冷的南墙”是最后

① 宋华，《母亲的忆念》，《浪漫骑士——记忆王小波》，艾晓明、李银河编，中国青年出版社1997年版，第107页。以下引文凡出自同一本书（或报刊）的，将只列书名、文章名和页码信息。

的隐喻。但斗室之内，他只有独自面对死神的苍白面孔。

王小波的死讯传来时，李银河正在剑桥大学做访问学者。那几天，她一直感觉心发慌。李银河的姐姐，给她打了越洋电话，说，你快回来吧，出事了。李银河的心猛地揪作一团，急忙问什么事，姐姐却并没有明言。第二天，她乘坐飞机赶回北京，路上有位中国社科院的同事说，小波真是一个诗人，连走了也这么有诗意。她一下子就猜到是小波出事了！泪水顿时充盈了眼眶……

青年评论家李静是王小波的朋友，也是欣赏王小波的一位文学编辑。她这样描述王小波之死——事情已过去了十几年，但她讲述时，眼圈依然红红的：

> 事情过去好几天，我才知道。当时，一位同事告诉我，王小波去世了，我的脑袋感觉“轰”地一下，像炸开了似的，在办公室里失声痛哭。那是真正的号啕大哭。我一直把小波当作“精神导师”。我当时就找到领导，要求做一个王小波纪念专版。领导微微沉吟了一下，我知道，他是在掂量王小波的文学分量。我那时才二十六岁，情绪激动地对领导说，您放心，这个专版的效果一定会非常好！文学史会记住王小波的！我当时还很年轻，想也没想就把这个意思表达了出来。①

去世前的一段日子，王小波已显露出了一些病状。这些病状甚至一直伴随着他。他从小就嘴唇发紫，他也猜测自己患有心脏瓣膜

① 据2012年10月23日对李静的采访。

闭锁不全的问题，但从未到医院检查。他还常向朋友抱怨，说屋子里的暖气太热，让人喘不过气来。

王小波的最后一篇稿子给了《南方周末》。此前，他一直用传真向《南方周末》编辑部传稿，那一次，编辑何保胜收到的传真一片空白，第二次同样如此。“这事儿太诡异了。”他给王小波打电话，第三次收传真，何保胜才终于看到稿子。不久，他听到了王小波去世的消息。

去世前，王小波的作品在文坛的影响越来越大。病魔似乎成了挡在他面前最大的敌人。曾采访过王小波的黄集伟惋惜地说：“太可惜了，当时曙光就在前面。”虽然他的小说发表阻力依然很大，但其杂文很受读者欢迎。

2

王小波之死，引起了剧烈的社会反响。王小波去世后的一个多月，共有一百四十多家海内外媒体发布了有关报道、评论和悼念文章，互联网有人制作了王小波专页。王小波的某些话像格言一般被流传，如“一个人只拥有此生此世是不够的，他还应该拥有诗意的世界”，等等。王小波去世前，他的“时代三部曲”几经曲折才由花城出版社接手决定出版，出版社本来还为书的销路担忧，但是，由于王小波的死亡，情况旋即出现逆转，“出版社每天收到来自五湖四海的问询，购书单雪片似的飞来”。一时间洛阳纸贵，“时代三部曲”登上各地排行榜。一位资深记者说：“多年来，没有哪一部严肃小说受到这样广泛的关注，它几乎是家喻户晓了。”[①]台湾著名作家张大春也曾盛赞王小波：“恐怕是中国现当代小说史上第一人。”[②]1997年4月16日的台湾《中国时报》，更是耸人听闻地以《传作家王小波猝逝消息被封》[③]为题，以“暴毙”“死因未公布”制造带有政治意味的神秘悬念。

然而，逝者已矣，静静地睡在太平间的王小波，永远无法聆听这“山呼海啸”般的反应了。4月16日前后，王小波的死讯刚传开时，他的家人，如哥哥王小平、弟弟王晨光、大姐王小芹、二姐王征都在美国，妻子李银河远在英国，北京只有老迈年高的母亲宋华。此时，王小波的好友胡贝、赵宁等人，主动出来帮着主持治丧事宜。胡贝说：“小波没单位，也没加入作协，他的事得由我们来办了。”于是他们就在高教部宿舍（王小波母亲家）大院里借了一间房子，拉了两根电话线，接上一部传真机，作为“王小波治丧办公室”。此后每天二十四小时“热线服务”，接收全国各地的吊唁电话和传真。因为伤心和忙碌，几天的工夫，胡贝只吃了几袋方便面，有一次甚至昏倒在楼梯上，还是宋华找来医生给他挂了吊瓶。

1997年4月26日上午，八宝山一号大厅，三百多名各界人士赶来送王小波最后一程。除王小波的亲友，还有很多自发的吊唁者，他们大多来自传媒界、学术界、文学界，还有一些素昧平生的

① 钟洁玲，《三见王小波》，《后王小波时代（下）：中国非主流散文精选》，杜鸿、朴素、啸傲子主编，花城出版社2008年版，第304页。

② 江中明，《王小波创作超越生活与永恒对峙》，《联合报》，1998年4月18日。

③ 谭志强，《传作家王小波猝逝消息被封》，《中国时报》，1997年4月16日。

读者。根据李静的回忆，那天八宝山几个摊点的鲜花，都被人们抢购一空。这些手持鲜花的送葬者，用沉默与花朵，表达了对王小波的敬意。其中，不乏一些文化名人，如著名电影导演张元，知名纪录片导演吴文光，北京外国语大学教授李家辉，著名学者秦晖、丁东、谢泳等。追悼大厅前方的舞台上，是湖水蓝的幕布，下面用黑布巾结成了蝴蝶结，黑色的横匾上悬挂着几个大字："安息吧，小波"。下面是王小波青年时的照片。王小波遗容安详，但他遗体的额头却有一块褐色伤痕。由于心脏病发作引发的剧烈疼痛，王小波可能曾用头抵墙，甚至用牙齿刮咬墙壁。因为他临终前寓所的墙上有牙齿划过的痕迹，地上有墙灰。

现场的气氛很悲伤，可是，一些敏感的朋友，还是发现了异样。花城出版社的编辑钟洁玲就为此而发出质疑：

> 奇怪的是，当中没有作家协会的人员，也没有一个小说家。要知道，王小波首先将自己看成是一位小说家，但是，在他死的时候，他的作品没有进入主流文学的视野之内，直到今天……仍然没有……王小波没有单位，也没有加入作协，生前他说过："听说有一个文学圈，我不知道它在哪里。"他是一个局外人，但却是一个真正的作家，一个为自己的真理观服务的自由撰稿人。[1]

这种质疑之声，既凸显了文坛与王小波的隔膜，也将这种隔

---

① 钟洁玲,《三见王小波》,《后王小波时代（下）：中国非主流散文精选》，第300页。

膜置于大众视野中，成为批判中国主流文学体制的信号。这种对立情绪，是否正确合理，也还有待时间检验。为避免节外生枝，治丧委员会的几个朋友，撤去了所有前来吊唁的人们送的挽联，只保留作家刘心武（当时却未能赶到）的一幅“愿小波先生在天堂快乐逍遥”。也许，“快乐”二字，既包含了王小波创作的特质，也蕴含了亲友们对他生前状态的理解——这个把快乐带给大家的作家，其实很少真正快乐过，或者用小波生前的一句话说：“我一生都活在抑郁之中。”

上午10点左右，追悼会开始，大家排成两行，鱼贯进入大厅，向王小波遗体告别。大厅里放着的不是哀乐，而是贝多芬的奏鸣曲，据说这是王小波爱听的乐曲。王小波去世的时候，“时代三部曲”尚未印好，出版社特意赶制了三本书的封面。钟洁玲和胡贝等人，将书的封面依次摊开，摆放在覆盖王小波的白色床单上。

突然，胡贝发现，在大厅走廊里还站着三四十人，看样子也是来送小波的。他们是一群面带悲伤的男人，手捧鲜花，神情却有几分怪异，他们有的肃立，有的蹲在地上，但没有一个人说话。

胡贝走过去，对中间看似领头的一个男子说：“既然来了，就请到大厅一起去送小波吧。”

那个男子却哽咽着说：“不用了，我们能站在外面送小波先生一程，就很满足了。”

胡贝有些发蒙，还是客气地把这些人往里让。那男子只是推辞。

这时，那男子惨笑了一声，大声喊道：“小波先生是个好人，他把我们当人！”

这时候，胡贝才突然醒悟，他们是王小波和李银河进行同性恋调查中的受访者，在当时尚属保守的社会氛围中，王小波给予了他们平等的尊重。这绝不只是挂在嘴边说说的宏大门面，而是王小波默默遵从的精神原则。①

追悼会结束后，大约下午3点，李银河、王晨光与胡贝、赵宁，抬起王小波的遗体，将他送入焚尸间。眼看从此阴阳两隔，众人早已泣不成声。按照八宝山的规矩，胡贝将两瓶二锅头和两条“金箭”香烟轻轻地放在了火化工桌上。为让小波走得安心，亲友们特别申请了当时最先进的电子控制火化炉，该炉是从日本引进的，号称“远东第一炉”。

然而，火化过程中出了点问题。当火化工缓缓按下按钮时，机器居然没有正常运转。那位师傅用低低的声音说，这位先生，您的东西，我不能要了，还请您帮个忙。胡贝忙问要干什么。师傅请胡贝在机器启动时，用胳膊顶住安放尸体的钢架，将小波送入炉火中。胡贝看了一眼那个钢架。王小波的个子大，躺在那里，脚还露在外面不少。机器再次启动了，胡贝和王晨光顶住钢架，轻轻地移动着，一点点将小波送入炉中，眼泪却禁不住又一次流了下来。多年以后，在人民大学西门的一个茶吧，胡贝先生向笔者讲述那一幕，依然泪流满面。他坚持认为，那是小波舍不得走：他境界高远的事业才刚刚起步，他对美和爱的执着追求才刚刚为世人所了解，却因意外撒手人寰，这怎能不令人痛断肝肠，惋惜不已。炉火熊熊，斯人已去，文风浩浩，顿成绝响！

---

① 据2012年11月20日对胡贝的采访。

在王小波的朋友圈子里，大家对他印象最深的，还是他的幽默感。他们既将他看作作家，也将他看作一个善良、义气、低调，同时又才华横溢、幽默的好朋友。他出现在朋友身边，总能带来泼辣机智的笑话和轻松善意的关怀。每年4月11日王小波祭日那天，王小波的朋友们，无论是“发小”，还是在云南一起下乡的“插友”，或大学同学，都会自动组织起来，去他的墓地看望。大家在小波墓前，也不会太过凝重，而是亲切地唠着家常，好像他还活着：“小波，今天云南插队的舍友都来看你了，你在那边好吗？”“在那边你又在写什么呢？又是哪个时代呀？”……仿佛在天上的王小波也能听到朋友们的善意调侃……

远在加拿大的作家，也是王小波从小一起长大的好友胡威先生，在王小波去世时，于当地华人报纸《华夏文摘》上发表了一首小诗，颇能道出大家的缅怀情绪，特引于此。其中，“水怪”指的是王小波的小说《绿毛水怪》，而“山牛”则寓指王小波小时候的绰号“大野牛”。

纪念王小波

胡威

日日红尘上陌头，忽闻人去不能留。
微言玉屑因情笃，海口银珠是才修。
独记幽怀怜水怪，偏生倔骨傲山牛。
应知豪气流传远，踏过黄泉啸未休。

1997年5月

3

王小波想到过死亡，思考过死亡，但死亡的到来却令他猝不及防。生前接受意大利独立纪录片导演安德烈的采访时，王小波笑着声称，目前还没考虑死亡的事。然而事实是，虽然只有四十多岁，但就他的作品和生平言行，却好像总在进行“人生冲刺”。他对人声称，四十岁之前的生活值得过，过了四十岁，就是被生活慢慢阉割的过程。这是一种清晰的死亡意识。或者说，王小波的写作和价值观，总是有一种“青春气质”。他惧怕衰老，惧怕死亡对存在感的剥夺，惧怕一切“貌似”老成持重的东西。他不是“向死而生”，而是“以生抗死”。王小波的早期小说《我在荒岛上迎接黎明》，曾谈到死亡对青春气质的否定：

> 久久地凝视着黑夜。我不明白我为什么会死。到我死时，一切感觉都会停止。我会消失在一片混沌之中。我害怕毫无感觉，宁愿有一种感觉会永久存在，哪怕它是疼。

多年后，人到中年的王小波，又在《三十而立》中，戏谑地写过自己的死亡：

> 事实上，我要做个正经人，无非是挣死后塞入直肠的那块棉花。
>
> 我根本用不着这么做，我也用不着那块棉花，就算它真这

么必要，我可以趁着还有一口气，自己把它塞好，然后静待死亡。自己料理自己的事，是多么大的幸福！

在王小波看来，所谓“死后哀荣”，如果抽去话语光环，无非是给自己挣一块“塞入直肠的棉花”。死亡对每一个人都是平等的，它为生命赋予永恒的终止的尊严；死亡又是不公平的，它让死者在历史中留下了大大小小、深浅不一的痕迹。这篇小说中，王小波还写道：

> 在这种夜里，人不能不想到死，想到永恒。死的气氛逼人，就如无穷的黑暗要把人吞噬。我很渺小，无论做了什么，都是同样的渺小。但是只要我还在走动，就超越了死亡。现在我是诗人。虽然没发表过一行诗，但是正因为如此，我更伟大。我就像那些行吟诗人，在马上为自己吟诗，度过那些漫漫的寒夜。[①]

自由和浪漫的敌人，除了专制之外，就是死亡的永恒力量。死亡不是一个目的，而是一个过程，一个缓慢绝望的过程；死亡又是一个目的，而不是一个过程，它是一个个微小的死亡的突然性绝望爆发。德国浪漫派诗人热衷探讨死亡。在他们看来，死亡是终极力量，也是最终和最高的理性。而在日本文艺思想中，死亡却是一种

---

① 王小波，《三十而立》，《王小波全集》第6卷，北京理工大学出版社2009年版，第99页。以下凡王小波所著文字，如无特殊说明的均出自此版全集。

积极实践，是甜蜜而短暂的睡眠。在对死亡的超越中，人真正获得了永生。而这种超越，有时就会是情爱。井原西鹤的《好色一代男》，也有不少王小波小说中那些坦诚热烈又真挚强悍的性爱。小说开篇即写道："樱花飘零，成为文人感叹的题目，月亮普照大地，很快又沉没于山脊，唯有人类的情欲绵绵无有绝期。"小说结尾，主人公世之介，带着几百名家臣，连同无数金银财宝和巨船"好色丸号"，消失在寻找传说的极乐世界——迟女岛——的茫茫海雾中。这也让我们想到了《黄金时代》的结局，重温旧梦的陈清扬和王二，再次体验了性爱的美好，就此分离，天涯茫茫，老死不再相见。他们将最美好、最青春的激情，留给了回忆，留给了云南干热的风。他们拒绝世俗伦理和道德是非，将自己留在了尘世中备受摧残，直至死亡。

王小波试图成为一个精神上"强悍"的作家，在浪漫的云南热风中，在革命时期惊世骇俗的爱情里，在唐传奇高蹈流走的流氓英雄狂想里，王小波以文艺复兴式的巨人姿态，复古地追述了最光彩流溢的反抗者的故事。他低调的外表和惊世骇俗的文章与行动，形成了鲜明的对比，逐渐为我们勾勒出一个特立独行而又敏感多思的"自由之士"形象。台北清华大学台湾文学研究所的助理教授贺淑玮，总结王小波的这种不服从任何体制束缚的特点：

> 在台湾，一个作家辞去教职专事写作，算是美谈，如李永平。在大陆，对很多人来说，这得归类于矫情。专职写作却胆敢不入作家协会，这叫狂妄。写小说还不忘时时见缝插针，酸酸学院派，这叫找死。明知道知识分子的重点在道德而不在思

辨，竟说什么“对于一个知识分子来说，成为思维的精英，比成为道德精英更重要”，这是白目。写起文章，不能那个直露偏偏直露，不让影射偏偏影射，这当然是可恶。更可恶的还有，到处直露也到处影射了，竟然还好意思有趣。[1]

王小波骄傲、粗鄙、欢乐，内心充满了顽童的恶作剧与愤世的讽刺与狂言。然而，他也是脆弱的，或者说，他的悲观和忧郁，让他喜欢沉溺于想象世界。他将挫折诉诸沉默，将反抗形诸纸上的帝国。他的悲观联系着他的敏感，而他的喜剧精神，却联系着他对虚伪的嘲讽，那是无情的揶揄以及刻薄的巧骂。他不断试图走入公众世俗空间，然而代价却是不断退入内心。他顽强地表达着自己的骄傲，却不能将敏感的心变得坚硬粗暴。

如果说，一个作家总有自己最辉煌的时刻，那么，王小波最辉煌的一刻，却是在孤独的死亡之后。很多人将王小波之死和海子之死联系到一起，作为20世纪90年代商业背景下文化英雄最后的悲壮。他们都是生前默默无闻，死后声名大噪。恰好，他们也都在“残忍的春天”离开人世。然而，海子是在阳春三月山海关的野花中，主动献祭了肉身，以血肉横飞的惨烈，极致化地反衬了最后的诗意牧歌。王小波却死于乍暖还寒的4月，一次疾病无耻的“偷袭”。他的一生都处于“未完成”的前进状态，却突然被强行拗断。他的辉煌是以“空缺”为前提的——没人知道他活着，还能为中国文坛写出什么。

---

① 贺淑玮，《再读王小波》，《中国时报》，2013年2月16日。

这是他第一次，也是最后一次“光彩夺目”地亮相在中国文坛。他的形象被定义为那个“面顶南墙，弓着身子”死去的高大而抑郁的男人。与这个形象相联系的，则是一系列的想象与塑造，例如，混不下去要去开卡车的作家、经常收到谩骂性退稿信的作家、以性写作知名的作家等。然而，这一切都被牵连入了作家的死亡。也许，无论是王小波还是海子，都是20世纪90年代中国文学生产的“漫不经心”却又含义深刻的“隐喻”。在文化英雄远去、资本英雄凸显的90年代，人们需要用于缅怀的“偶像”，人们不需要他们活着，只需要他们以亡灵的姿态活在纸面上，成为哀悼我们内心诗意理想的凭证。这样，我们才能心安理得地扑向资本诱人却肤浅的怀抱。那些家喻户晓、具有魅力的经典意义的大作家，已不再成为现实中文学生产的目标。我们需要文学生产出“死亡”。在死亡中，意义被变相地、扭曲地复制，成为我们心灵狂欢的发泄口。

王小波之死，既是20世纪90年代的标志性文化事件，也是王小波被接受的一个巨大形象坐标。对“去历史化”的20世纪90年代而言，具有重要意义。然而，正是王小波之死，造成了接受场域的话语争夺——媒体、官方、文化工业、知识精英、文学圈，都围绕着这一话题进行激烈交锋。其间也有各式各样的涂抹、矫饰和故弄玄虚。这也使王小波的文化身份和文化定位，变得迷雾重重。他时而被视为意识形态的抵抗者和异见分子，被某些人推崇着，被另外某些人封杀着；又时而被视为性写作先驱和自由主义文学代言人。正是在死亡的一刻，真实的王小波逐渐退隐，而符号的王小波开始不断浮现在公众眼前。众多严肃的学术研究，媒体持之以恒的报道，成千上万王小波的粉丝们的推崇，正在让王小波研究变成一门

“显学”。而伴随王小波的走红，其争议性也一直存在。那么，王小波到底是谁呢？他为什么能在中国文学界掀起惊涛巨浪，并保持持久的影响？这个有时沉静内敛、有时却锋芒毕现的北京作家，这个在文章中“毒汁四溅”“肆意妄为”，生活中却低调悲观的北京“坏孩子”，究竟是如何成为一名惊世骇俗的作家的？他的成长经历如何？他的作品魅力在哪里？

第二章　顽童时代：孤独的“坏孩子”

你能告诉我这只猫的意义吗？还有那墙头上的花饰？从一团杂乱中，一个轮廓慢慢走出来。然后我要找出一些响亮的句子，像月光一样干净……

——王小波《三十而立》

1

任何作家的成长都离不开地理空间维度的经典化塑造，正如绍兴之于鲁迅、湘西之于沈从文。传统的文学地理学认为，时代、环境、种族、宗教、语言等主题对文学施加近乎决定性的影响，而这一切似乎可以归之于“自然地理空间”和“文化地理空间”的双重影响。赫尔德、泰纳等文学理论家，都持有类似看法。而在当代文学批评家看来，“文学地理”的概念，还应包括深刻影响作家创作的地理空间的“意识形态意味”。如果认真考察王小波的创作轨迹，我们会发现有两个文学地理空间浸润并支撑起了王小波文学创作的价值观、文学观、表现形态，即“革命北京”与“后革命北京”。“北京”指其地域性，而“革命”与“后革命”则主要指文化时间上的特殊规定性。王小波的父母，是1949年后“进城”的革命干部。在将“旧帝都”改造为“红色首都”，直至变为“第三世界发展之都”的过程中，作为革命后代的王小波，见证了革命宏大叙事的高潮与落幕，并以自己顽强的文学创作表达了一代人的思考。

具体而言，王小波的成长空间，是一种“革命北京”的“大院文化”。这种大院文化，既有别于王朔、姜文式的“部队大院文化”，也有别于传统的“市民胡同文化”。它属于“革命北京”时空中，国家事业单位、高校团体的独特空间。它既是“革命北京”的“体制内产物”，又有一定的知识分子气息，对“军事化大院”有一定疏离与反思。正是在这样的环境中，从一个体制内红色知识分子家庭诞生的王小波，最终形成了对“革命北京”的深切反思。

北京曾是中原王朝抵御外侮的军事重镇，也曾是游牧的草原民族南下掠夺、觊觎繁花似锦的中原腹地的桥头堡。这里春秋苦短，冬季肃杀，北风呼啸，犹如刺骨的冰刀，无数热血战士的森森白骨，在凄凄荒草中化为点点萤火。

据考古发现，北京建城已有数千年的沧桑历史。它最早叫“蓟”，为周初封国,《礼记》记载:“武王克殷，反商，未及下车，而封黄帝之后于蓟。”后来，蓟国被附近另一个诸侯国——燕国所灭。燕国迁都于蓟城。隋以蓟城为涿郡治所所在，唐朝统称幽州。草原民族兴起后，辽代以蓟都为陪都，又叫燕京，金代名为中都，元朝又在中都郊外创建新城，叫大都。明朝始称北京。北京真正成为世界瞩目的中心始于元朝。志费尼在《世界征服者史》中这样形容元朝那些勇悍的侵略者："他们视枪刺如情人的亲吻，箭矢穿过甲衣，犹如晨风吹过花瓣。"马可·波罗在《马可·波罗游记》中则满怀激情地歌颂了元朝帝都的雄浑博大与精致华美。到了清末与民国，作为衰败的帝都，北京成为封建腐朽没落的代名词，成为伟大但已凋落的精致文化的象征符号。在文学家老舍的"文学北京"想象地理中，无论戏剧《茶馆》，还是小说《四世同堂》，北京已失落了世界中心的地位，表现出的是传统市民社会朴素善良的东方伦理观。《茶馆》最后，三个老人为自己送葬的一幕，深深印在了很多中国人心中。

1949年10月1日，北京被赋予了新的文化意义。在天安门，爱国诗人胡风，充满激情地写下了诗篇《时间开始了》。其实，真正"红色中国"的时间纬度，不仅应以开国大典作为表征，也应以威武的入城式作为"前点"。正是伟大帝都的臣服，暗示了全新时间的开始。电影《建国大业》曾描述中国人民解放军第一次与北平城的亲密接触：那是一个漆黑的夜晚，胜利者的脚步是如此充满激情，以至于当他们冲到高大巍峨的城墙下，才在照明弹的映射之下发现，他们已在不知不觉中来到了北平。1949年1月31日，平津战役胜利结束，中国人民解放军进驻北平城。2月3日，于正阳门举行了盛大的入城阅兵式。包括装甲部队、摩托化步兵、炮兵、坦克部队、骑兵、步兵在内三万余人参加了盛大典礼。中国人民解放军东北野战军第四十一军，缓缓地通过正阳门。北大、清华的大学生爬上坦克表达胜利的喜悦。一些学生甚至爬上装甲车，并在炮筒上写下"庆祝北平解放！""欢迎解放军！""解放全中国！"等标语。当天《人民日报（北平版）》发表了题为《我军雄伟行列进入古都，北平人民热烈欢迎》的报道："他们的手里都执着三角小旗，高喊着欢迎口号……当高挂着毛主席画像的宣传卡车通过时，人们都狂欢地挥掷着帽子，鼓着掌……'毛主席万岁'的口号，此起彼伏，经久不息。"

这是胜利者的征服仪式。激荡了中国半个世纪的革命风暴，似乎以"建国神话"的仪式，达到了它辉煌的顶点。然而，正如革命领袖所言，"这只是万里长征的第一步"，对于长期处于世界格局边缘的中国而言，革命的胜利不仅是结束，更是一个新开端，或者说，是持续不断被强化的、后发现代性民族国家的"超越仪式"。古老的帝都北京，不仅以仪式的方式呼应了伟大民族的新生，更以胜利者的姿态在这之后相当长的时间内，"将革命进行到底"。不是人民，也不是公意，而是革命本身成为一切"法"的源泉。

开端的神话，很快就变成了深深的忧虑。当革命变为常态，不可忍受的是官僚主义管理科层，及平庸的日常生活空间对革命的"侵蚀"。"我们不是李自成，可以摆脱历史周期律。"毛泽东形象地把共产党进城比喻成举子们进京"赶考"。他告诫各级干部要熟读郭沫若的《甲申三百年祭》。然而，在革命领袖发出保持革命意志的号召时，一个世俗化革命现代时空开始在北京城建立。这首先来自北京市人口构成的变化。1270年北京作为元朝都城时，人口约40万人；明清时期，北京人口在70万左右；1948年北京的常住人口也不过200万。1949年以后，北京成为首都，行政区域从707平方公里迅速扩大到16807.8平方公里，政权建设、科学文化建设和经济建设需要大量劳动力和各种专门人才。1949—1960年，全市人口净迁入总量高达137.3万人，占当时常住人口总量732.1万人的

18.8%。[1]在迁入的“专门人才”中，革命化知识分子与担任各级管理岗位的革命者，占据了相当大比重。他们深刻改变了北京人口结构。他们将一种“世俗的革命文化”带给了昔日帝都北京：他们热衷于苏联式物质生活，公园、电影院与周末的茶话会、舞会，以及布拉吉裙和俄语。他们也唱革命歌曲，看革命戏剧，参加各种政治运动，但他们对社会主义建设的憧憬与对现代的想象，显然与初衷相去甚远。这些进城的革命者，特别是国家事业单位里，那些体制内的红色知识分子，及那些在革命的名义下被召唤的知识者，并没有意识到，数年之后，他们会再次成为更为激进的革命者的革命造反对象，并验证了举世瞩目的“继续革命”的伟大狂欢。

2

进北京的革命知识分子中，有这样一对革命夫妻：男的来自四川渠县，叫王方名，聪慧睿智，风流潇洒，狂傲狷介，是一位投身革命多年的文化干部；女的叫宋华，来自山东牟平革命老区，为人豪爽正直，朴素端方。王方名出身地主家庭，自幼倔强聪明，在川北嘉陵读高中时期，就由于发表同情苏区和中共的言论，被学校开除。然而，王方名并没有因此而消沉，而是很快因人介绍，去了当时革命气息浓厚的川东师范，并认识了终生的挚友李新。王小波的哥哥王小平，在《艺术的内丹》一文中，曾追忆过其父系家族的传奇历史。王小平称其父王方名为“没有城府、不修边幅的率性之

① 参见冯晓英,《北京地区流动人口的演变及其特征》,《北京党史》, 1999年第1期。

人……正像许多早年投身革命的读书人一样，有一种性格躁动、不安于室的倾向”“有一种川人的刚烈之性”。这种书生意气、挥斥方遒的性格，与王氏家族有着血缘上的关联。据说，王小波的祖父出身低微，是村里的一个放牛娃。一个偶然的机会，放牛娃跑到了邻村的学堂，躲起来，偷偷地听老师讲课。经过一番机缘巧合，老师发现此子聪颖非凡，就说服其父供其读书。谁知，祖父不声不响地听了几年，却说读书没什么意思，太过简单，竟弃学经商。适逢军阀混战，祖父眼光敏锐，发觉山中果壳乃制造火药的必备之物，遂倾其所有，收购农民手中的果壳，因此发了大财，每天点收银钱，都要一直到三更。他的运气也极好，居然生了八个儿子。这在当地，也是了不起的大事。同时，还有传闻说，这个放牛娃出身的富豪，还涉及江湖事宜，成为亦商亦黑的帮会人物。清末民初，四川一地会党势力甚大，从保路运动到推翻清政府、军阀割据，四川的政治和经济活动中，深深烙印着会党的影子。因此，王小波的祖父涉及袍哥等会党势力，也就不足为奇。考察王小波的家族史，我们会不自觉地在其祖父、父亲和王小波之间，发现某些性格的共通之处。例如，聪明大胆，做事不循常规，敢于破除成见，性格刚强，豪爽大气，有江湖气，重视友谊，却秀外慧中，眼界甚高，不愿随波逐流等。正是川人这种醇厚刚烈、聪慧开放的性格，遇合了来自王小波母亲家族的齐鲁大地的朴实宽厚的传统，才造就了王小波独特的“艺术气质”。

王方名在川东师范依然是“活跃分子”。1935年春，李新组织了读书会性质的青年社团“众志学会”，并推出壁报《众志》，王方名担任编辑，也经常自己撰稿。他的文章，观点犀利，文采过人，在川师引发了轰动。后来，由于得罪了训育主任，壁报被取消，但学生们又很快自发组织了“众志球队”，借体育运动来暗中推动革命工作。王方名主持宣传工作，并为1936年的重庆学生运动做出了贡献。

在此期间，那个曾离经叛道的祖父，却变成了高老太爷式的封建家长，勒令王方名回家完婚。王方名奋起反抗，却被断绝了经济支持。性格倔强的王方名，硬是在同学们的支持下，坚持到了毕业。毕业时，由于他思想叛逆，言论大胆，遭到通缉。在抗战烽火燃烧之际，他毅然北上出川，去延安投奔革命。他和李新等人，先在四川万县的民众教育馆办民众学校，后由抗战后援团出面，组成“华北川军慰问团”，一边沿途演出自编的短剧《两兄弟》，一边寻找机会去延安。这是一次危险的征途，也是一次充满刺激的朝圣之旅。红色延安在他心目中的形象越来越壮大，一切外在物质因素，似乎都变得不再重要。当时，全国还有成千上万的知识青年奔赴圣地。去延安的路上，王方名还和一位成姓女士发生了浪漫爱情。最终，成女士要照顾寡母，不能一同去延安，便留在四川进行抗战宣传。不久，成女士积劳成疾，撒手红尘，只留下痴情的热血书生，深情地吟诵着“莫提起，提起时，泪洒江河”的感人诗句。这种浪漫的“革命+恋爱”的故事，曾屡屡出现在茅盾、洪灵菲等作家笔下，却真实反映了那个时代革命青年的情感体验。

终于，王方名来到了著名的陕北公学。毕业后，他被分配到旬邑县陕北公学分校。1939年，他随大部队去晋东南和山东建立抗大分校，先是在晋东南的抗大一分校担任指导员，后任胶东抗大（时为抗大一分校的支校）政教组长、胶东公学副校长等职。在胶东抗大，王方名认识了来自山东牟平解放老区的宋华，两人由于共同的志趣走到了一起，并喜结连理。后来，王方名还曾短暂担任山东教育督导员，相当于教育厅副厅级干部。王方名个性突出，不善处理人际关系。1949年以后，他在山东教育厅过得并不如意。很快，不知出于他人运作，还是机缘巧合，当时的高教部（即高等教育部，20世纪50年代初期，高等教育部和教育部曾是两个独立的部级单位，后两单位经历了数次分合），将王方名调入，担任政治教育专员，王方名成为一名“入京干部”。随后不久，宋华也从当时的山东行政学院入京，先在人民大学学习了一段时间的统计学，后被分配至高教部统计司工作。应该说，王方名一家在刚刚入京的时候，心情愉快，工作顺利。这时，夫妻两人已有了三个孩子，长子王小平、长女王小芹、次女王征。然而，兴高采烈的王方名一家当时并不知道，一场飞来横祸正在等待着这个“革命家庭”，王小波恰在此时出生了。

还是因为家族。那个似乎被人遗忘的“祖父”，又像幽灵一般出现在了革命者的家庭。1952年，“三反运动”（反贪污、反浪费、反官僚主义）爆发，这是共产党人进城之后的第一次大规模“自省行为”，又被称为“打老虎运动”。时任天津地委书记的刘青山和专区专员张子善，因为腐化堕落、贪污国家财产，被判死刑。共产党人清教徒般的纯洁的社会改造理想，与城市代表的现代文明之间，发生了第一次激烈的碰撞。物质欲望如没有制度约束，就像出栏的猛虎一般，凶猛无比。然而，充满悖论的是，王方名既没有贪污，也没有浪费，更不属官僚主义，却成为这场运动的打击对象。

王方名是这场“三反运动”的“附属”牺牲品。之所以说是

“附属”，是因为他并不是这场风暴要打击的对象。他的悲剧在于，他真诚地认为，忠言劝谏是一个共产党人的本分。当时他在基层调研，调查“三反”问题，听到了很多基层教师对高教部的意见，他觉得教师们说得有道理，就帮着他们给领导提意见。而在中国社会，“给领导提意见”，无论任何时代，都是一件危险的事情，假如这件事情，还是出于“真诚”，那更是格外凶险。不幸，王方名的劝谏就是这样的一次危险行为，它引起了高教部党组某些领导的极度不满。恰在此时，那个潜伏在家族内部的危险信号，便成了引发危机的导火索。那个叛逆张扬的“火药原料商”已老去，早年的袍哥风采与富豪霸气，在强大的红色政权面前，也成了过眼烟云。他的财产和声望，都成了遭人唾弃的东西，并成了贻害子孙的祸根。他不甘心。他桀骜不驯的性格，让他绝不屈服。多少个日夜，他绝望地瞪着双眼，躺在他毕生心血打造的豪华大屋里，孤独而空旷，他浓重的鼻息，在初春的寒风中，变成起伏不定的终结预言。他并不能预测到，那个让他又爱又恨的三子王方名，最终成了一名学术权威，他更无法预料，多年以后，他的孙子王小波，以流星般耀眼的光辉，划过中国文坛，成为当代最有争议的作家之一。他已在历史之外，但他要用生命的残余力量，抵抗历史的侵蚀。他拒不交出财产，也曾想跳墙逃走，但老迈的身躯已不能再次支持这样的冒险逃亡。他摔伤了，卧床不起，八个生龙活虎的儿子，都不能挽救他走向死亡的步伐。两个星期后，挣扎着不想死去的、曾经精力旺盛的祖父，终于熬到了生命的尽头。

很难想象，对于父亲生命的最后时光，远在北京的王方名作何感想。像《家》中的觉慧一样，王方名曾如此痛恨这个腐朽的封建大家庭，并用叛逆的出走与之决裂。但当想象中的革命胜利后，他却发现，那条斩不断的神秘血脉，其实并没有真正离开他的身体。早已脱离了热血青春的他，冷眼旁观，除了不满意和牢骚，对父辈的苦衷也有了一些“今时不同往日”的理解。四川渠县的土地改革正如火如荼，王方名给父亲写了一封信。今天，我们已无法看到这封信的原貌，根据介绍，这封信的内容是劝诫父亲交出土地，不要抵抗政府。王方名的家乡解放之初，父亲还被选为人民代表，1951年初“土改”时候却成了斗争对象。父亲写信给王方名，说农民群众对他的揭发有许多不符合事实，而且不讲政策，连工商业财产也一律没收了，违背了法令，问王方名可否向上级反映。王方名不了解抗战期间父亲已买进许多土地成为地主，还认为他只是烟商，因此回信说：政府是保护工商业的，如果群众不讲政策，违背法令，可以据理依法力争。这封信被群众查抄到手，不仅对父亲没有好处，反而使他遭到更残酷的斗争。王方名低估了父亲抵抗政府的决心，也低估了当地土改运动的激烈程度。这封信让当地农会领导气愤不已，他们认为王方名这封信，不是劝其父交出土地，而是利用自己京城官员的身份给当地政府施加压力。于是，他们给高教部的领导写信，反映王方名包庇地主，破坏土地改革，并附带上交了王方名的原信。高教部领导收到这封控诉信，就将王方名定为“阶级异己分子”，并开除党籍。按照党章，开除党员需要党支部表决，但适逢“三反”时期，全部程序都已简化。由高教部的党组书记钱俊瑞呈报，“三反”运动小组副组长刘景范批准，再送中央组织部部长安子文批准，这件案子便被办成了“铁案”，也成了王家“气运”的转折点：不但王方名仕途无望，被下放到人民大学附属工农速成中学，成了一名普通教员，而且也直接影响到了宋华在教育部的晋升。

很多好友都为王方名鸣不平，李新就撰文说："钱俊瑞完全是感情用事，他不仅不按手续，甚至连王方名的档案也没有查阅。因为王方名的履历表上，有许多地方都填写了我是证明人，而我和钱俊瑞共事多年，关系也很好，如果他看一看档案，何至那样轻率地就把王方名开除党籍呢？"①这件事对王方名的打击极大，以至于1953年夏，人大附中"斯大林《苏联社会主义经济问题》"研讨会后，他见到李新，谈起受到的折磨，竟全然不顾其他在场的人，委屈得大哭。尽管他还是那么潇洒健谈，但往日的豪迈自信已不复存在。这件事甚至影响到了宋华和王方名的夫妻关系，家庭在持续的政治重压下，有不堪重负的迹象，无尽的夫妻争吵，同事们的冷眼，都让宋华终日以泪洗面。据说，他们甚至一度商量离婚。但此时，宋华又怀孕了，他们的小家庭，在惊涛骇浪过后，终于顽强地挺了过来，夫妻达成了谅解，而王方名经过认真思索后，决心放弃仕途，发奋读书，立足现有岗位做出一番事业。于是，三十多岁的王方名，以半路出家的老八路的身份，勇敢地挤进了学术界。

3

1952年5月13日凌晨，在北京复兴门成方街附近的一家医院，王小波呱呱落地了。宋华没想到，这个在泪水中浸泡的、先天不足

---

① 李新，《追思逻辑学家王方名》，《炎黄春秋》，1992年第3期。

的婴儿，居然顽强地活了下来。他就是王方名和宋华的次子——王小波。“小波”这个名字，是宋华取的。据宋华介绍，主要的意思有三：一是记录王方名和全家含冤受屈的事件；二是寄托信心与希望，希望能够在将来，还给王家一个清白；三是励志，鼓励自己和全家都要坚强，希望能够在大风大浪中前进，将之化解为小波折。可以说，这个名字，寄托着王方名和宋华对生活的新希望。长大后，看惯了“文革”冤案的后辈们，自然不会再将父亲的这件事作为“特别惨痛”的事件。然而，王小波这个在风浪中出生的孩子，却继承了在风浪中前行的勇气和韧性。

成方街位于北京市复兴门内北侧，现属于西城区统辖，东起闹市口，西至复兴门北顺城街，与南兴盛胡同、金融大街相交。这里原有元朝至元三年兴建的城隍庙，热闹非凡，明代以此命名为城隍街，现在城隍庙的遗址尚存，但街名已在民国初因谐音改为成方街。王小波曾深情地回忆过成方街的幼年生活场景：“我小时候住在成方街，离北京的城墙很近。就在这条街的尽头，城墙塌了一个口子，沿着一道陡坡，躲开密密麻麻的酸枣刺，就可以上到城上。城墙上面是宽阔的大道，漫地的方砖中间长满了荒草。”（《北京风情》）这里所说的城墙，就是复兴门的北京老城墙。1949年后，成方街的几处大四合院，成为教育部进京人口安置地。四合院是北京文化的缩微景观，老舍先生的《四世同堂》有专门对四合院的描述。在中国传统文化中，四合院正代表了团圆、和谐的意思，也暗合阴阳五行的聚气原理；而“帝都”北京的四合院，则更有端庄、方正的气象。但是，对入城革命者而言，四合院首先不是一个传统观念中的空间意象，而更像部队集体生活的某种延续。但也更有人情味和空间混杂性。住在同一个四合院中的人们，从属于一个国家单位，有不同政治级别，然而他们却来自五湖四海，带着各自的乡音和风俗。在这个革命的名义时空中，朝夕相处让他们彼此熟悉，柴米油盐的日常化生活，最终会抵消军事化管理的刻板严肃，成为这类四合院的底色。他们之间的“等级差异”并不明显，甚至上下级之间也亲热如同家人，经常串门、一起吃饭，官僚制度尚未将他们从革命的理想状态中整合成一个固定的秩序。四合院里没有隐私和私密空间，每个人都心安理得地把自己置身于邻居的关怀和监督之下，生活热闹自得。每天充斥着杂乱声音，包括父母的训斥和孩子的哭泣，及不同打击乐的杂乱配合。儿童也是这类四合院不可缺少的角色。他们扮演着革命胜利“果实”的角色。与父辈相比，他们的“家乡”观念很淡漠。北京四合院就是他们的“家乡”。他们已不会说家乡话，却能说上一口流利的“京片子”。最终，他们不会再去体验革命的艰辛，却尽情享受着父母的官职和待遇带给他们的优越感，享受着“帝都”给他们带来的荣耀。王方名和宋华，带着王小平、王小波、王小芹、王征，还有王小波的姥姥、大舅和小姨，都住在西房两间大屋里，倒是非常热闹。

童年的王小波一点点地长大了。他长得不好看，远远说不上英俊：黑黑瘦瘦，有两片厚厚的嘴唇，像两条小肥香肠，蒜头鼻，小招风耳，单眼皮，只有宽宽的前额，灵动的眼神，在昭示着他的聪明与智慧。如果在街上走着，这样的长相，大多会被大家归于“朴实忠厚”的类型。王小波送给李银河的儿时照片中，有一张清秀可爱，目光炯炯。这张照片也是王小波自认最“英俊”的一张。“长相”对一个作家的“艺术内涵”，有时会产生非常重要的影响。司汤达长得丑陋，但在作品中自卑情结便化为艺术动力，他笔下的于连，就是个苍白瘦削的美男子形象，很得女人们青睐。而同样的丑陋，也使安徒生的童话充满了唯美的艺术感伤。当然，这里面的情况非常复杂，有的英俊作家则表现出狂暴的浪漫自信或道德守成的保守主义，比如王尔德与华兹华斯。王小波的小说中，经常出现容貌俊美性感的女孩与个性张扬的丑男之间惊世骇俗的爱情，如《黄金时代》的王二与陈清扬、《革命时期的爱情》的小个子王二与×海鹰、《我的阴阳两界》的小神经与小孙护士、《三十而立》的王二与线条等。更有意思的是，在王小波两极化的艺术世界中，想象的古代世界中男主人公英俊潇洒，现实的男主人公则困顿猥琐，如《万寿寺》的薛嵩与现实中失去记忆的王二研究员，《红拂夜奔》的李靖与现实中的王二。我们可以揣测，那些或美或丑、或古代或现代的人物，在一定程度上，既是王小波对美和想象力的推崇，也暗含其生理特征对艺术品质的某种潜在影响。

这个在苦难里出生的孩子，一出生就先天性缺钙，因此造成身体佝偻和发育时的“桶状胸”。他还有扁平足，远行之后容易疲劳。如果太劳累了，嘴唇就发紫，这属于心脏瓣膜闭锁不全导致的问题，当时并没有引起重视，这也是他英年早逝的重要原因。王小波小时体弱多病，时常发烧呕吐。一家人因为父亲的缘故，也整天愁眉苦脸。王方名和宋华工作很繁忙，对王小波照顾不上。两岁那年，王小波突发热毒痈疮，痛得双手抽搐。三岁体检，又查出肋骨外翻，严重缺钙。王家的五个孩子，其他几个都长得比较结实，唯有王小波身体比较弱，后来虽然吃了很多钙片，长成了一米八四的大汉，但身体一直不是特别健壮。

他在家里的外号叫“傻波子”，一开始是姥姥和母亲这样叫，后来，大家都渐渐地习惯了这样的称呼。宋华在接受作者采访的时候，提到小波小时候的样子，露出会心的微笑。她说：“小波经常会盯着某一个地方发呆，一看好半天。”在她的记忆里，有一次，天下起了小雨，小波呆呆地蹲在水洼边，足足地盯了半个多小时，连小雨打湿了衣服都不知道。山东胶东方言称这样的状态叫“木吱吱”，大多形容一个人不够精神，容易走神发呆，反应不快。然而，王小波平时和其他孩子无异，而且，他的智力很好，没有自闭症倾向。这种发呆的情况，被王小平归于一种“冥想”。这正是一个孩子独特的心灵特质的呈现。他习惯于沉浸在自我的世界，并在这个世界中精心建构属于自己的心灵奇幻，安置那些属于自己的紫色牵牛花、芬芳的小草和各种稀奇古怪的机械装置。

4

1955年，王小波三岁。这一年，王方名一家人迁居人民大学的家属宿舍——铁狮子胡同一号。第二年，小弟王晨光就出生了。

铁狮子胡同在中国历史上赫赫有名，与成方街相比，它神秘而庞大，真正代表了帝都政治文化的精华。阴谋与阳谋、斗争与联合、铁血与恐怖，都曾在这里上演。明末崇祯朝，田贵妃的父亲田畹在此建府邸，号称“天春园”。这位国丈声色犬马，夜夜笙歌，还兼职“做媒人”，相传吴三桂和陈圆圆就是在此相识相恋的。天春园门前有两个大铁狮子，铁狮子胡同因此而得名。此后，数百年风雨中，铁狮子胡同还迎来了很多著名历史人物，例如，康熙帝的九贝子允禟、康熙年间的靖逆侯张勇、雍正年间的和亲王弘昼、道光朝的富豪竹溪等。到了近代，铁狮子胡同更为显赫，伟人孙中山、北洋政府外交总长顾维钧、戏剧家欧阳予倩都曾居住于此。铁狮子胡同一号，更是民国政治风云的重要空间。八国联军侵华后，铁狮子胡同大部分毁于战火，慈禧太后便在“铁一号”的废墟上，建设了一组既具有欧式风格，又有中式特色的楼宇，供海军部和陆军部使用。北洋政府期间，这里是最高政治机关，段祺瑞执政府所在地。1926年3月18日，这里爆发了震惊中外的“三一八惨案”，刘和珍等四十余名热血青年，血洒执政府大门口。鲁迅参加了追悼会后，写下了名作《记念刘和珍君》一文。后来这里先后做过北平卫戍司令部与二十九军军部。日据期间，这里还是华北日军首脑机关和特务机关所在地，地下的水牢至今能看到痕迹。1950年10月，这里被中共中央拨给人民大学作为校舍。

如今铁狮子胡同已改为“张自忠路”，“铁一号”里依然有很多事业单位，例如，人民大学复印资料中心就坐落在里面，中国社科院的很多研究所也在里面办公。至今这里仍有很多人民大学的住户。走近“铁一号”，迎面而来的是一个宽阔的朱红大门，门口早已没有了铁狮子，倒是有两只石头狮子，或可一显昔日的威严。旁边是刻有“三一八惨案发生地”与“清陆军部和海军部旧址”的石碑。经过一个向上斜坡，进到院子里面，正中央映入眼帘的，就是一座带钟楼的主办公楼，附带两个欧式建筑风格的副楼，整个外形呈品字内环式排开，这在原来是主要的办公场所。该楼的主体是灰砖石结构，楼面上镶着很多花纹和浮雕，样式繁多，对称而华美，有花和叶子，也有类似中国古典传说中的夔龙等形象的图案。主楼的大门是木质拱形黑木门，显得非常大气；副楼则有很多拱形回廊，绿色的立柱，以及造型欧化的路灯。如果仔细观察，这座楼还有很多意想不到的精细之处，例如，每扇窗的把手和扶柄上，以及走廊的立柱上，都有复杂的花纹图案，上下对称的花叶、草竹之类。房顶却是平的，有波浪形的瓦片。在这组建筑群后面，则是以“灰”和“红”命名的一组组居民楼，如“灰一”“红二”等。红楼比灰楼更加精致一些，都是简洁的欧式风格，门窗很多。这些居民楼大多有四五层高，也有两层的，有木质结构，也有砖石结构，风格非常统一，都被涂成红色或灰色（有的叫灰楼，其实也是红色的，比如灰四号楼）。王小波一家，当年就住在红楼上。在这些房屋两侧，还有一些斜尖顶的平房。整体而言，最为显著的，还是带有钟楼的那个主办公楼群。这组建筑群的奇特之处，不仅在于它的造型华美，还在于它内在结构的复杂。主楼和副楼相通，门窗和出入口很多，办公楼下还有很多地下室，这些地下室，四通八达，“曲径通幽”，给人以阴森神秘的感觉，当年日伪特务机关在此还设有水牢。王小平的回忆录中，多次提到这里的水牢和王小波小说的“钟楼情结”。

相比较红色北京的革命化空间，“铁一号”是“暧昧”的空间设置。作为革命者的后代，王小波及其同代人在接受正规学校教育的同时，生活环境的影响也至关重要。和成方街不同，“铁一号”是知识分子聚集的地方，少了一点杂乱和粗鄙的快乐，多了几分厚重的文化气息。更特别的是，作为中国历史的重要政治空间，“铁一号”对儿童的成长心理而言，却更多体现为“神秘”的艺术气息。曾经的辉煌，现实的衰败，两相对比，生发出一种历史“幽灵”般的神秘主义力量。革命翻天覆地的大变化中，新兴政治空间是修葺一新的天安门广场，庄严的中南海，而不是“铁一号”。同时，“铁一号”又不同于故宫。故宫被革命文化“定义”为腐朽而奢侈。相比之下，作为近现代标志性建筑，1949年后成为革命者研究机构所在地的“铁一号”却不负载太多沉重的传统符号，因此成为“暧昧”的存在。它的样式造型、内涵意义，都是“非革命的”，然而，它也并不是革命的“对立空间”。在它被中性化的外表下，展现出来的却恰是“革命之外”的中国近现代史的丰富和复杂性。

正是这种“暧昧”使儿童王小波，在玩闹和嬉戏中感受到了历史和文化的神秘气息。整个50年代前期的北京生活，基本是乐观、朝气蓬勃的，充满生活的理想与诗意。革命的火与血的狞厉，都化为了胜利之初的喜悦和憧憬。周末，“铁一号”大院，经常举办各种舞会、茶话会和联欢会、京戏专场等活动，儿童王小波尽情嬉闹着，感受着时代氛围，并在“铁一号”的环境中，培养着对世界的最初感受力。和其他淘气的孩子一样，他喜欢在联欢会的桌子底下钻来钻去，不停地捣乱，看演员和观众们出丑。他也热衷于捅马蜂窝、捉弄小朋友，然后在马蜂愤怒的嗡嗡声中，逃之夭夭。马蜂高高在上的气质，有毒的针刺，以及追逐的刺激，都让儿童王小波及协同作战的“革命小战友”，感到深深恐惧却也非常有趣。在捅马蜂窝的游戏之余，他也热衷于在哥哥和其他大孩子的带领下，去那些古老而神秘的楼群中探索未知的秘密。在兄弟姐妹中，王小波和哥哥王小平在童年时候交往最多。他们出动的时候往往形影不离。他喜欢听哥哥讲各种神秘的故事，跟随着哥哥的脚步，去探索未知的世界。

弟弟王晨光，也是他们探险的忠实伙伴。这群在“新北京”长大的革命者后代，小心翼翼地穿行在回廊，感受钟楼的恐怖；在高高的房顶，享受鸟儿般的自由；在落日的余晖里，寻找传说中的地下室水牢；在磨损而破败的木质地板上奔跑，在某个幽暗的角落捉迷藏。他们怀着恐惧和神秘的刺激，寻找着隐秘的历史气息。他们仿佛在这里接触，并融入“革命历史”之外的另一层时空。谁知道，多年以前，段祺瑞是否在夕阳西下之时，独自拍遍栏杆，对“三一八惨案”悔恨交加，并决定离开中国政坛？谁又知道，日本大特务头子土肥原贤二，是否就是在那间精致的小办公室，密谋策划日军侵华的策略？历史已成为幽灵，却还阴魂不散，它回绕在儿童王小波的心灵里。

“铁一号”的影子，存在于王小波的一些小说里，最显而易见的，首推《三十而立》。大学教师王二，因为打扫厕所时加了一些幽默标语，受到了校长批评。他感到了世界的无趣和假正经。他徜徉在校园中，感受到了一股神秘的气息，并产生了古怪的想象：

> 我忽然觉得恶心，到校园里走走。我们的校舍是旧教堂改成。校园里有杂草丛生的花坛，铸铁的栏杆。教学楼有高高的铁皮房顶。我记不清楼里有多少黑暗的走廊，全靠屋顶一块明瓦照亮；有多少阁楼，从窗户直通房顶。古旧的房子老是引发我的遐想，走着走着身边空无一人。这是一个故事，一个谜，要慢慢参透。
>
> 首先，房顶上不是生锈的铁皮，是灰色厚重的铅。有几个阉人，脸色苍白，身披黑袍，从角落里钻出来。校长长着长长

的鹰钩鼻子，到处窥探，要保持人们心灵的纯洁。铸铁的栏杆是土耳其刑桩，还有血腥的气味，与此同时，有人在房顶上做爱。我见过的那只猫，皮毛如月光一样皎洁，在房顶上走过。

这个段落，我们能看到“铁一号”对王小波创作思维的影响，它为我们提供了谜一样的神秘化空间，这个空间还连接着古怪的想象。这种想象很明显和文艺作品的中世纪修道院或神学院有共同之处。阉人、土耳其刑桩、鹰钩鼻的校长、房顶上做爱的人，还有神秘的猫，共同构成了狂欢化神秘想象空间，并与现实时空中高校教师王二的平庸生活，形成了鲜明对比。其实，王小波的小说一方面有飞扬灵动的想象；另一方面，又非常写实，很多作品有自述的影子。这些神秘的空间映像，正是他寻找艺术灵感的触媒，在接下来的一段，更能明显地感受到这一点：

你能告诉我这只猫的意义吗？还有那墙头上的花饰？从一团杂乱中，一个轮廓慢慢走出来。然后我要找出一些响亮的句子，像月光一样干净……

“月光”是王小波小说常出现的意象，也是他创作初期重要的艺术灵感触媒。它既是浪漫神秘的，也是童年化的、纯洁的。“月光”和王小波笔下那些成人化的性行为画面，共同构成了极端化的艺术探索。月光下的神秘旧房子，成为批评现实世界无趣和虚伪的有力手段。

“铁一号”的形象，还出现在他的早期小说《立新街甲一号与昆仑奴》中。这篇“古今并置”的小说中的立新街甲一号，明显有“铁一号”的影子。它们都是历史上曾经的辉煌之地，现在却都破败下来，成为某种神秘历史的见证。王小波这样描述道：

> 我住在立新街甲一号的破楼里。庚子年间，有一帮洋主子在此据守，招来了成千上万的义和团大叔，把它围了个水泄不通。他们搬来红衣炮、黑衣炮、大将军、过江龙、三眼铳、榆木喷、大抬杆儿、满天星、一声雷、一窝蜂、麻雷子、二踢脚、老头冒花一百星，铁炮铜炮烟花炮，鸟枪土枪滋水枪，装上烟花药、炮仗药、开山药、鸟枪药、耗子药、狗皮膏药，填以榴弹、霰弹、燃烧弹、葡萄弹、臭鸡蛋、犁头砂、铅子儿砂，对准它排头燃放、打了它一身窟窿，可它还是挺着不倒。直到八十多年后，它还摇摇晃晃地站着，我还得住在里面。

据心理学研究，儿童在成长时期，都会有一个迷恋“神秘”的时期，而这种神秘感，是一种来自日常生活，却超越其上的艺术感受。有的作家，特别是那些依赖童年经验的作家，会将这种神秘感化为艺术创造的力量，而使其创作带有“诗性特质”。有时候，这种神秘感由阅读引发，比如，阅读魔幻童话，当代儿童对“哈利·波特”形象的接受即属于这类情况。有的时候，这类神秘感的产生则是由于成长环境使然。出身乡村的儿童，容易对旷野、荒坟、植物和动物产生神秘感。如在小说家张炜的创作中，海滨生涯的影响非常明显。对莫言而言，红高粱和旷野则是重要的经验来源。在沈从文的湘西文学世界中，吊脚楼、白河、龙舟赛，都是他神秘性心理体验的重要依据。而出身城市的儿童，则容易对某一个特定空间产生神秘感，这个特定空间，一定是超脱于普通日常生活的。铁狮子胡同一号，恰好符合这样的特点，它是王小波童年经验里的重要一环，并起到了“承前启后”的作用：上连成方街，下连人民大学的林园楼、教育部大木仓胡同两个时空点，成为王小波艺术生涯的原发性时空。

然而，安静祥和的氛围并没持续多久。随着反右运动临近，社会空气越来越紧张，“铁一号”里也搭起了很多席棚，一些花花绿绿的大字报开始出现。但儿童王小波和他的兄弟姐妹们，却对此并没有在意，他们只是将之视为了一个盛大游戏。他们奇怪于大人们为什么喜欢在席棚周围打转，也并不在意那些大字报上又批判了谁。他们兴高采烈地在历史的日常细部游走。这样的状态一直持续到1957年夏，王小波一家搬往人民大学校园内的“林园楼”。就在这一年，王小波一家的生活也发生了巨大变化。闭门苦读的王方名终于引起了革命领袖毛泽东的注意，并由此一定程度上改变了生存环境。这一改变，对王小波也是非常重要的。因为它让王方名一家避开了“文革”期间残酷血腥的肉体迫害，也使少年王小波能以更超然的角度，观察革命年代的荒谬，反思革命对人性的压抑。因此，王小波“反思”“文革”的小说，丝毫不带有浓重的伤感气息，也不同于王朔式“阳光灿烂的日子”的带一定商业色彩的青春叙事，而是在一个智慧、爱、有趣的范畴内，探讨革命与人性的关系。1956年春，王方名在李新等好友的帮助下，调入了中国人民大学的逻辑学教研室工作。当时李新曾参与组建中国人民大学，并担任党委副书记一职，分管人大附属工农速成中学。作为老战友，他对王方名非常同情，但因王方名此时已没有了党籍，而平反显然还不到时候，所以搞哲学这种意识形态非常强的学科显然不合适，逻辑学相对理科化一些，因此王方名就进了逻辑学教研室。没有想到，王方名非常用功，很快在逻辑学研究领域崭露头角。

5

1957年1月至5月间，王方名在人民大学学报《教学与研究》，连续发表了三篇有关形式逻辑的研究文章；6月，他又写成了《有关形式逻辑质疑的初步探讨》，发表在《教学与研究》的6月号上，引起了广泛反响。这几篇文章分别对形式逻辑研究的几个流行观点提出了质疑，而其焦点则在于形式逻辑和辩证法之间以谁为主、形式逻辑有无阶级性等敏感问题。在阶级论逐渐统治学界，全中国向苏联学习，贬低形式逻辑而过分抬高辩证法的背景下，王方名的这一组文章，显得格外不合时宜。它们由于呼应了周谷城的文章《形式逻辑与辩证法》(载于1956年2月号的《新建设》)，引起了一些学者的强烈反驳。其中声势最大的，是北京师范大学的马特教授。1958年4月15日,《人民日报》第七版发表了署名为马特的文章《关于逻辑问题的讨论》，8月15日和12月10日的《哲学研究》上又分别发表了马特的《论形式逻辑作为方法的职能》和《是马克思主义的逻辑理论，还是资产阶级的唯心的逻辑理论?》两篇文章。这些文章的一个核心观点就是王方名对形式逻辑的推崇，其实质是资产阶级唯心论，是对辩证法的污蔑。

这些文章引发了王方名家庭的恐慌。宋华苦口婆心地多次劝说王方名注意影响。然而，这一切却没有让这个狷介的书生屈服。他坚持认为“我看追求真理不是打架，用不着组织什么集团或队伍”，并认为辩证法和形式逻辑并无高下之别，都是科学。形式逻辑的一大好处，就是让人实事求是，尊重真理，能在思维程序层面，将科学方法论引入日常生活。在他和马特的论战文章《当前我国逻辑争论的特征》《反对宣传形而上学——驳马特先生关于逻辑的文章的基本问题》，我们可一窥其当年的犀利文风。以今天的学术研究标准来看，王方名的学术语言也许不够规范严谨，但他的学术论战文章，却一方面有强大逻辑思辨力量，另一方面，生动泼辣，讽刺有力，能在俯仰之间准确洞见事物荒诞本质，并用嬉笑怒骂口气，酣畅淋漓地表达出来：

> 马特先生可能会大吃一惊。我觉得大可不必。我感觉你是一位只会抄写词句的还没有懂得马克思主义的精神实质的学者。这并无恶意，因为究竟你抄的是马克思主义的著作，这就应当鼓励。不过还要向着掌握马克思列宁主义的精神实质前进一步，而不要以此自满，并且拿着词句作武器到处乱找斗争对象，那不会败坏马克思主义的名誉，而只会损害你自己的。至于马特先生认定我是唯心主义者，资产阶级逻辑思想的代表人物，我实在受之有愧。[①]

这些文章不久就引起“热爱革命辩证法”的伟大领袖的注意。

---

① 王方名,《当前我国逻辑争论的特征》,《教学与研究》，1959年第1期。

1957年4月11日，他在中南海颐年堂邀集一批学者讨论逻辑和哲学问题。

这次最高领袖的接见，让王家蒙上了一层神秘的光环，在“文革”惨烈的斗争中，王方名虽没受到重用，但却因此得以保全。

如前所述，王方名以“实事求是、独立思考”受到了赏识，而这种“独立”却并非仅仅针对逻辑学，而是有一个巨大的政治背景。其后，王方名一生的学术也以此为参照点，成了一个宏大革命叙事逻辑立论的过程。这是一个非常值得深思的现象。比如，他写于20世纪50年代后期的文章《学逻辑》，讲到逻辑的确定性时，就以反右运动作为例子：“右派分子在对党猖狂进攻的时候，他们都声称是‘帮助党整风’……这当然又是指东说西。”今天看来，这些漏洞百出的论证，以政治斗争的现实为普通逻辑的事实依据的荒谬做法，都似乎不可理喻。但在当时，这又是不得不遵守的“游戏规则”与严酷的“学术规定”——“学术必须服务于政治”。王方名所谓“实事求是、独立思考”的学术原则依然不能摆脱宏大叙事的规范。王方名的一系列理论文章，尽管小心翼翼地避免意识形态雷区，将“形式逻辑”定位在“实用科学”范畴，并一再声称“形式逻辑不是认识论和世界观，而是一门科学，不能将形式逻辑和辩证法对立，不能将二者混为一谈，也不能用唯物和唯心的对立观点去形而上学地阐释形式逻辑”。尽管，他坚持认为“形式逻辑可以为人民服务，为现实生活的实践服务”，但他无法解决的是，当辩证法变成僵化而肤浅的、一分为二的方法论，形式逻辑本身所包含的科学理性的认识论元素，就成了制度的漏洞所在。他甚至认为：“人类思维的发展是从形象思维到抽象思维，形象思维是抽象思维产生的基础，抽象思维是形象思维一分为二的必然结果。”[①]这在当时很有争议。当王方名晚年将一生的学术经历告诉王小波，王小波说就好像在看一部恐怖电影，并用充满揶揄的口吻讲到父辈的学问：“每当他企图立论时，总要在大一统的官方思想体系里找自己的位置，就如一只老母鸡要在一个大搬家的宅院里找地方孵蛋一样。”（《思维的乐趣》）

王方名悲剧性的学术历程，“革命化”的学术立场，都是王小波思考中国知识分子命运的一个原点。王方名的学术探讨本身，他的学术兴趣，他对形象思维的认识，对想象的逻辑性的考察，也对王小波产生了影响。随着时间推移，王方名的学术兴趣，逐渐从早期的形式逻辑与辩证法和唯物主义的关系，转移到研究文学艺术和逻辑的关系，并提出要建立所谓“形象逻辑”学科。谈到形象思维和逻辑的关系，王方名从人类学和修辞学、语言学、逻辑学等学科综合角度出发，认为形象和抽象是同等重要的认识方式，形象思维也可用逻辑的方法进行研究。[②]王方名既擅长逻辑思辨和抽象分析，又有很好的文学功底，“形象逻辑”的提法相当有创意。然而，对此学界也有很多不同看法，例如，有的学者认为，形式逻辑本身是科学发展的产物，而不仅是语言表达的工具。[③]但王方名在有生之年，却无法完成这个系统而宏大的科学工程了。小说和杂文中，王小波常以诡谲瑰丽的想象和批判的理性主义相结合，即闪烁着乃父的智

① 王方名、张帆，《从人类思维实际看形象思维》，《文艺研究》，1979年第4期。

② 王方名，《论文学艺术的形象思维过程》，《四川大学学报（哲社版）》，1980年第2期。

③ 张燕京，《王方名逻辑思想散论》，《河北大学学报（哲社版）》，1997年第4期。

慧。[1]而王小波对三段论式逻辑归谬法的运用，则成为一种融合细节形象性和理性批判于一体的独特情节装置，无论是“破鞋的讨论”，还是“母狗的辩诬”，那种形象性与逻辑性融为一体的做法，都有王方名的影响。王方名旧学功底深厚，文笔很好，且富逻辑思辨的能力，分析事物准确犀利、一针见血，这些优秀质素都影响着王小波，为他日后在小说和杂文中的“逻辑化细节”和“批判理性精神”，打下潜意识的、家学方面的基础。

6

王小波一家搬到林园楼后，虽说从旧政府官邸搬出，但当时人大在北京西郊，还非常荒凉，四周有很多荒地和坟茔，也有一些农田，坐车要很长时间才能到达北京市里。人民大学作为有革命传统的院校，当时非常受重视。建校之初，有段时间只收推荐的基层干部，不收应届高考生。王方名一家和人民大学渊源很深。人大的前身，是1937年在中国共产党领导下、于抗日烽火中成立的陕北公学，后先后改名为华北联合大学、北方大学、华北大学。1950年10月，在原华北大学的基础上，中国人民大学正式成立。王方名恰好出身于陕北公学，所以，回到人大犹如回到母校。人大校园内的家属区，从一开始到随后扩大，共包括林园楼、静园楼和宜园楼三处社区。其中，林园楼十二栋，王小波一家，刚好居住于林园楼二号楼。在人大林园楼，童年王小波见证了“大跃进”、大炼钢铁，以

① 李大兴，《回忆早年的王小波》，《北京青年报》，2006年4月11日。

及饥饿年代的到来。

如果说，成方街是初期革命者进京的集中地，将北京市民生活气息与革命者进城的欢乐融为一体，铁狮子胡同一号是将旧官邸的历史文化气息与革命理想主义气质相结合，那么，林园楼则联系着人民大学这样一所有革命传统的高校，更具革命气息并带有旧式大学的宽容学术氛围。人民大学草创阶段，气氛还比较宽松。首任校长吴玉章是“中共五老”之一，红色学问家，几个主要负责人如胡锡奎、李新也大多身兼革命党人与学者双重身份。当时的人民大学有一种乐观向上、朝气蓬勃的理想主义气氛，又不乏较自由的学术氛围。作为人民大学的首批家属楼，林园楼是按照当时最时髦的苏式单元楼模板设计的，但名字却很有中国古典风韵。它们整齐如一的规划、漂亮而厚实的外貌，相比较于成方街的大杂院与“铁一号”来说，都是全新的。刚成立的人大，地处北京郊区，在空间上也较轻松自由。郊区野外使得孩子们获得比之“铁一号”更大的自由活动空间，并能更多地接触大自然，远远不像今天的人民大学，地处中关村和万泉庄等北京核心地段，繁华热闹，房价贵得惊人。各种各样奇妙的昆虫、蝴蝶与不知名的草木，共同构成了王小波自由心灵的荒野狂想曲。在空气清新的郊外，兄弟姐妹几个，外加他们的小姨，捉蝴蝶，捕昆虫，自制弹弓打鸟，抓可怜的小刺猬。王小波还和兄弟们偷偷地用火烤刺猬吃，身上长了很多疹子。他们还用泥土堆砌出各种堡垒、城墙、战争工事，体验着那个时代孩子们特有的模拟战争的乐趣。

搬入林园楼后，王方名的身份危机有所缓解，但领袖的接见，却并未能使得王方名彻底翻身，取得政治上的信任。他虽在吴玉章、李新的关怀下，从附中调入人大本部，并一度担任逻辑教研室主任，但他在学科中依然不能树立权威。他的学术观点，很多同行不赞同，而被开除党籍这件事，也成了他很大的心病。

自从被打成“阶级异己分子”并开除党籍后，王方名一直没有停止申诉，但每每石沉大海，了无音信。后来，在李新的指点下，他向学校党委提出报告，进行了沉痛的自我批评，并申请恢复党籍。其时的人大党委由吴玉章主政，他对王方名比较同情，但王方名的罪名是当时教育部定的，又处于“三反”运动时期，恢复党籍的事困难重重。尽管人民大学校党委几次复查王方名的情况，并做出具体调查报告，上书中组部，要求恢复王方名的党籍，但都被退回，不予处理。这对看重党员身份的王方名来说，自然郁郁不能开怀，他的为人处世表面上更加低调了，实际却更孤独了，除了几个信重的好友外，他一般不和别人交往。

但这时候的王方名，生活上日渐安定，从惶惶不可终日，又开始恢复早期的才子派头。从今天的角度看来，王方名颇具新旧转换时期的知识分子特质，比如，豪迈的、以天下为己任的理想主义风格，张扬不羁的性格，对人事斗争的天真幼稚，对党派的忠诚度非常高，等等。生活中的王方名脾气不好，具有川人火暴倔强的性格。王小波惹得他火起，不是打屁股，就是拎耳朵。但他也很疼爱孩子，虽然在孩子面前，总绷着父道尊严的面孔，但对孩子们的生活却很在意，常带着孩子去颐和园游玩。有时候，还在孩子们面前，暴露出他的天真可爱、情感热烈的一面。他一度热衷于收藏，也热爱发明小物件。他还喜欢写诗，甚至有很多缠绵的情诗。他还是一个美食家，对口味多变、风格多样的川菜情有独钟。他的学术思维也有大开大合的“野路子”风格，富于创造性和叛逆性。比较而言，王小波继承了父亲叛逆创新的激情，却没有父亲张扬不羁的外在表现，而来自母亲家族的宽容厚道、内敛沉静的特质，也成为王小波性格的重要侧面。

7

时代的车轮滚滚前进，革命的步伐并未因建国而终止，反而变得更加热烈。新中国成立初期理想主义与日常生活的和谐共处在一点点消退，社会充满了非理性的狂想与盲目乐观的氛围。1958年，毛泽东视察农村，对人民公社的做法大加赞扬。工业领域，毛也提出了“技术革命与技术革新”“超英赶美”“向科学文化进军”等口号，掀起大炼钢铁、大办人民公社的热潮。总路线、“大跃进”、人民公社就成了“三面红旗”。在《毛泽东的中国及后毛泽东的中国》中，迈斯纳曾不无悲悯地谈道：

> 如果说中国缺乏马克思主义为共产主义社会所规定的物质前提，那么正是在努力实现共产主义最高目标的进程中人们能够创造出这些客观的物质条件，而这一进程在此时此地要求实行不断革命的理论。毛泽东发动“大跃进”和提出“大跃进”的社会的经济目标时，寄希望于历史的“主观”因素，即他所说的人民群众的“无限创造力”和“极大的社会主义热情”。[1]

① 莫里斯·迈斯纳，《毛泽东的中国及后毛泽东的中国》，杜蒲、李玉玲译，四川人民出版社1990年2版，第269页。

这种环境中，连儿童也受到了熏染，投身到光怪陆离的蛊惑之中。儿童王小波的生活空间，也就从人大墙外的荒野、林园楼的日常生活，进入到了一种共同空间。这是一种集体共同记忆，却经常被遗忘与遮蔽。儿童王小波见证了北京文化空间发生的历史大事记。儿童的时空应属于家庭这样的伦理性时空，或旷野之类个人化、神秘化的时空。然而，全民大狂欢中，已没有了个体私密空间的余地，或者说，那些正在广场上发生的宏大历史，像磁石一样吸引了所有的人。由此，“革命北京”的标志性空间，也是当时所有革命时期城市的标志性空间——广场，就取代了各种私人化空间，成为空间主流象征。尽管，儿童的狂想与时代的荒谬，形成了某种怪异契合，但儿童王小波兴奋地拥抱了这一切。魔幻与现实的距离已模糊，无论大人还是孩子，都陷入了狂热状态。

全民大赛诗、各种违反自然规律的发明、劣质小高炉、深耕密植的高产神话、各地频繁出现的“生产卫星”、道德鼓舞下的频繁加班与体力透支，这都是中国从未有过的“历史奇观”：它以道德激情与民粹主义理想结合，创造了20世纪工业时代后发现代国家“自我超越”的工业革命模式。中国仿佛被历史这匹狂飙突进的野马，甩入了一个前所未有的高速时空轨道。所有工业进步，不是在科技和理性进步的基础上实现的，而是基于道德狂热的殉身精神。技术难题和条件限制，不再是“生产力”问题，而是“想象力”的问题。

那是一个到处是诗人的年代，大发明的年代，更是“革命魔幻主义”的年代。郭沫若和周扬合编了红极一时的“大跃进”诗歌集《红旗谣》，那些诗句诸如“敢问河西英雄汉，小麦何时上五千”“一个萝卜有多重，十个后生抬不动，用刀砍回一半来，足够全村吃三顿”等，今天读来，犹如进入了一个魔幻王国。当时文艺界的口号是:“中国人多诗人多，一人一首比星多。”山西省甚至提出一年要生产出三十万个“李有才”，三十万个“郭兰英”，村村要有李有才，县县都有郭沫若。诗歌在全国飞舞，无论是田间地头，还是大学校园、车间靶场，到处都有赛诗会，“要问民歌有几何，挤倒高山填满河”，全国被称为作家、诗人的，由1957年的不足一千人，发展到了1958年的二十万人，翻了二百倍。①

儿童王小波对“大跃进”的理解，首先来自哥哥王小平的诗歌作品。当时，人民大学的任务是，每月作诗三万首。作为一名三年级的小学生，王小平对火红的时代也颇有感触，写了几首“大跃进”诗歌，其中有一首:“共产主义，来之不易，要想早来，大家努力。”结果，王小波毫不犹豫地用哥哥冥思苦想的诗歌做了擦屁股的手纸。王小波的文章里，对这件趣事做了认真记录，可王小平在回忆录里，却否认了这种说法。他自认为不错的诗歌，是四首十六字令，有“革命烽火赤”的字样，结果被老师冤枉是抄袭。他半带戏谑地说:“这使我有一点忿忿不平的感觉，因为我的诗再不好，也没差到那个程度。再说当时朝野的诗人满坑满谷，无非也就是我的水平，凭什么他们的诗就可以登在报纸上，从收音机里放出来，而我的诗就只能填进茅坑?”②今天看来，“大跃进”诗歌的危害在于，它们在艺术上很粗糙，破坏了诗歌的审美性，更重要的是，这种浮

① 凤凰卫视,《腾飞中国》节目，2012年4月20日。

② 王小平,《我的兄弟王小波》，江苏文艺出版社2012年版，第45页。

夸的浪漫，也破坏了文学的真实性，它们有很强的现实政治所指，且不容置疑。

除了全民大作诗歌外，“大发明”也让人感觉荒诞。王小波多次在杂文中，不无调侃，却也不无苦涩地提到“超声波发热”：

> 当时的成年人都在忙着做一种叫做“超声波”的东西。比我年长的人一定记得更清楚：用一根铁管砸出个扁口来，再在扁口的尖上装上刀片。据说冷水从扁口里冲出来，射在刀片上，就能产生振荡，发出超声波来，而超声波不仅能蒸馒头，更能使冷水变热……那时公共澡堂的浴池里到处埋伏着这种东西。去洗澡时可要小心，一不留神就会把屁股割破，水会因此变红，但也没因此变热……(《写给新的一年（1997年）》)

中国历史从来不缺稀奇古怪的东西。科学理性的薄弱，常让人们将巫术与科学等同，不断发明各种古怪的“玩意儿”，一阵风后，又将这些东西遗忘，接着发明更无聊的东西做替代。这种“遗忘”的精神恶习，恰是缺乏柯林伍德所说的“历史反思精神”所致。如果一个民族处于这样恶劣的遗忘循环，则民族精神的健全只能是空想。王小波认为，那些所谓“发明”，其实不过是一些凭空臆想的“诀窍”，而诀窍和知识的区别在于，知识不仅要知其然，还要知其所以然，不仅要知道事情如何做，还要知道为了什么目的而做。能使人变聪明的诀窍是没有的。这样的感慨其实早在鲁迅那里就有阐释。鲁迅曾多次喟叹，中国缺乏埋头苦干的人，而多有投机取巧之辈。在《聪明人和傻子和奴才》一文中，他还讽刺了所谓颇懂人情世故的“聪明人”。令人沉思的是，从鲁迅的时代到王小波的时代，一直到今天，对所谓“聪明人”的概念，中国人还大多从人际关系的角度去理解，而并非智力，更非人生大智慧。

“大跃进”的破坏性还在于，在革命的外衣下，人们失去了对科学和实事求是精神的尊重，变成了一群呓语的“梦游者”。学校的老师，带领着王小平等一帮学生种起了试验田。儿童王小波，看到哥哥们挥汗如雨，战天斗地，自然羡慕不已，因为哥哥声称，他们的麦苗能很快长出来，并能收获大量白面。然而，每次他们去看试验田，却总失望而归。当时流行深耕密植法，学生们在一分地上，挖了一丈深大坑，囤积了很多粪肥，还下了足足二百斤种子，结果，由于施肥太多，而坑又过深，挖出了生土，到了秋天自然颗粒无收。所谓的科学种田，又一次以对科学的不尊重而受到了大自然的惩罚。王小波在杂文中记载了有关亩产的神话。朴实的姥姥，听到一亩地的产量达到了二十万斤的时候，忍不住跺着小脚说：“打死俺也不信！”那时候，王小波的姥姥已从山东牟平来到北京，并负责全家人的伙食。她对“大跃进”的亩产神话表示怀疑。因为在老太太看来，如果把二十万斤粮食堆在一亩地上，也要足足的三四十厘米呀！一家人都反对姥姥在“大跃进”中的保守态度，难道报纸上宣传的事情会是假的？小脚老太太的见识比领导们都强？但事实的发展是，姥姥虽然没有多少文化，也不会作诗，但姥姥的预言却成了真实。“大跃进”的神话破灭了。就在神话破灭不久，大饥饿来临了。

对北京市民而言，饥饿虽没有达到骇人听闻的地步，但也是相当刻骨铭心的，有人甚至因为偷东西吃被撑死。王小波兄妹几个正在长身体的时候，饥饿感却伴随着他们的记忆一起长大，学校为节省学生的体力，连体育课也给免了。饥饿也让知识分子阶层斯文扫地，大家不再顾及什么脸面，没事就向郊外跑，拾麦穗，挖野菜，剥树皮，刨红薯须子，捡回家做成吃食。王小波在杂文中，曾回忆过那段生活。当时，王小波已是一个小学生了，但饥饿让他上课经常走神，并迷恋上了吃铅笔。王小波不无苦涩地幽默说："饥饿可以把小孩子变成白蚁。"报纸上也天天介绍顶饱的办法，比如，米饭的双蒸法、开发小球藻等。"小球藻"的开发很有意思，但它给人们带来的只是幻灭。据说，只要有足够充足的日照时间，水里的那些藻类植物就能疯狂生长，并缓解粮食的不足。饿得发昏的人们，在人民大学的操场上，摆起了数百个大大小小的水缸，晚上扯了十几条电线，布置了无数的电灯。夜幕降临，操场上灯火辉煌，人声鼎沸，倒是有几分热闹景象。大家都眼巴巴地期盼着那些魔幻植物，在召唤咒语中长成绿色面包，但除浪费了大量宝贵的电能，他们只收获了一缸缸的臭水。王方名和宋华也在家里养了一些小球藻，甚至用小晨光的尿来催促生长，过了很长时间，当餐桌上端来带着童子尿的"营养品"，小波和小平拒绝食用："若要吃小球藻，毋宁死！"

显然，这些办法都不能让大家填饱肚子。为了让孩子们吃饱饭，宋华和王小波的姥姥千方百计地从自己的粮食里节省。不久，姥姥就得了严重的浮肿病，手上和腿上肿得发亮，一摁下去，都是一个个的小坑。为了开源节流，大家还发动智慧，在人大校园里，搞起了自留地：在楼房与楼房的间隙，有大大小小被开出的土地，各家根据人口承包一小块，拉上界桩和绳子，各自划定活命的"势力范围”。王家人口多，姥姥根据在乡下的经验，提议种产量大的红薯。孩子们没事就挎着小篮子，在街上捡马粪做肥料。红薯长成了，可数量还是太少，没办法，姥姥又把红薯藤和红薯叶剁碎了，和上杂面给大家吃。这些东西，就是在农村，也是当成猪饲料用的，而为了应对饥饿的威胁，全家人也只能将就了。为了让孩子们的碗里见一点荤腥，全家人还齐心协力在家里饲养家畜家禽：洗澡间里养着兔子，阳台上喂着鸡。每天早上，鸡鸣不已，省下了买钟表的钱，而乖巧温顺的小兔子，则让孩子们在淋浴的时候，能和小动物们“赤诚相见”，培养了对动物的爱心。只不过作为高等学府的家属楼，家家户户都飘荡着鸡粪、鸭屎、兔子粪蛋的味道，耳边则是一片鸡鸣鸭叫，做学问的心情未免大打折扣，但为填饱肚子，也只能睁一眼闭一眼了。养着这些可爱的小动物，日久生情，舍不得祭了五脏庙，孩子们总要在“肚子”和“爱心”之间，做一个残忍的选择。经过一两年时间，饥荒缓解了，否则，谁也不能想象，美丽的大学校园和单元房过道里，会不会出现成群结队的山羊、家猪和菜牛。如果真出现这些情况，倒是20世纪大学教育的奇迹了。

其实，为了吃饱饭，饿慌了的王氏兄弟也曾组成过“小偷两人组”，专门在月黑风高、夜深人静的时候，算计校园里的枣树，偷取他人自留地里的萝卜。王小波那时已长成为一个精瘦但鬼机灵的小顽童，他们偷吃食从来是手到擒来，没有被抓获过。他们将饥饿感和好运气化作了沉着冷静的战斗，并总能“在战争中学习战争”，成功地战胜饥饿。后来，饥饿情况缓解后，王方名用稿费为孩子们买了一点肉食，偷偷地放在每个孩子的碗底。小弟王晨光，看到了腊肉，忍不住打开窗户，喜悦地大喊：“我们家吃大鱼大肉啦！”直到被父亲拉出来打了一顿才作罢，尽管大家都不再饿得要死，但低调总还是要的。

8

王小波的童年经验，是中国“大跃进”运动，直至“三年自然灾害”历史的缩影。1957年的“大跃进”运动，给中国历史留下的记忆创伤是永恒的。对于1966年的“文化大革命”而言，“大跃进”运动其实就是一场“预演”。正是由于“大跃进”运动的有关“物”的浪漫幻想的失败，有关革命的超越焦虑才变为“人的斗争”。对王小波而言，“大跃进”运动成为其树立文学内涵和美学原则的一个出发点。正是“大跃进”运动，让王小波看到了理性缺失的荒诞。有趣的是，尽管王小波在杂文中不厌其烦地以“大跃进”为例，讲解科学理性对中国人思维的重要性，但小说中有关“大跃进”的印象，却成了一些更为悖论化的美学形象，所有那些荒诞景观，都以“儿童狂想”的美学形式出现。狂想之中，儿童对生命的好奇和对奇观场景的探究，都在历史的荒诞之中，显现出了宿命般的美学魅力。一方面，历史的荒诞成为理性缺失的反证，革命因违背常识付出沉重代价；另一方面，荒诞的历史，又成为某种独特的现代美学景观，并被儿童视角赋予了“奇幻”的生命激情。

小说《革命时期的爱情》中，王小波写到了“大炼钢铁”给儿童心灵带来的震撼，这正来自他真实的童年感受。1958年的人民大学的操场，昼夜不息地工作着无数个小高炉和炼钢炉。整个北京也陷入了“大炼钢铁”的狂欢。这样的天空，在儿童王小波的眼中，变成了“紫色的天空”。童年的王小波，曾热衷于“除四害”的闹剧，疯狂地驱赶麻雀，捕捉苍蝇，在老师的表扬中，找到小小的虚荣心。但他最喜欢的，还是跟着王小平，去别人的家里收铁锅，丢下一毛钱，就将别人吃饭的家伙抄走，然后集中在操场上，如痴如醉地看着操场上到处上演的、仿佛童话寓言故事中才会有的“奇观”：

> 我顺着那些砖墙，走到了学校的东操场，这里有好多巨人来来去去，头上戴着盔帽，手里拿着长枪。我还记得天是紫色的，有一个声音老从天上下来，要把耳膜撕裂，所以我时时站下来，捂住耳朵，把声音堵在外面。我还记得好几次有人对我说，小孩子回家去，这儿危险。一般来说，我的胆子很小，听说危险，就会躲起来，但是也有例外，那就是在梦里。没有一回做梦我不杀几个人的。当时我就认定了眼前是个有趣的梦境，所以我欢笑着前进，走进那个奇妙的世界。

头盔、长枪、巨人，这是典型的童话式意象，也有着堂·吉诃德式的夸张与滑稽，而紫色的天空，则成了梦境的代表。今天，我们已很难知道，儿童王小波第一次看到大炼钢铁的具体时间。但据王小波在杂文中的记载以及朋友的相关回忆，应是1958年8月中旬的某一天。[①]这一天，成了王小波生命中的重要日子。

---

① 据2012年12月5日对胡贝的采访。

五八年我走到了操场上，走到一些奇怪的建筑之间，那些建筑顶上有好多奇形怪状的黄烟筒，冒出紫色的烟雾。那些烟雾升入天空，就和天空的紫色混为一体。这给了我一个超现实主义的想法，就是天空是从烟筒里冒出来的。但我不是达利，不能把烟筒里冒出的天空画在画布上。除此之外，周围还有一种神秘的嗡嗡声，仿佛我置身于成千上万飞翔的屎壳郎中间。后来我再到这个广场上去，这些怪诞的景象就不见了，只剩下平坦的广场，这种现象叫我欣喜若狂，觉得这是我的梦境，为我独有，因此除了我，谁也没有听见过那种从天上下来撕裂耳膜的声音。随着那个声音一声怪叫，我和好多人一起涌到一个怪房子前面，别人用长枪在墙上扎了一个窟窿，从里面挑出一团通红的怪东西来，那东西的模样有几分像萨其马，又有几分像牛粪，离它老远，就觉得脸上发烫，所有的人围着它欣喜若狂——这情景很像一种原始的祭典。现在我知道，那是大炼钢铁炼出的钢，是生铁锅的碎片组成的。

萨其马、屎壳郎与牛粪，在两极化表述中，儿童对于粗鄙事物的好奇和对食物的向往被表露无遗。在弗雷泽的著作《金枝》中，有关于巫术庆典的记载。该书指出，巫术的特质在于，利用非理性的联系，如接触律，建立神秘启示，进而将之落实为物质现实。一群筋疲力尽的革命者，围着违背科学原理的土高炉狂欢呐喊，在儿童王小波的眼中，无异于紫色天空下的神秘祭典。20世纪中国人的革命狂欢，与原始人的巫术愿望，形成了对比式的反讽。

接着，王小波又写道：

我小的时候从家里跑出去，看到了一片紫红色的天空和种种奇怪的情景。后来有一阵子这些景象都不见了——不知它是飞上天了，还是沉到地下去了。没有了这些景象，就感到很悲伤。

这是一种非常巧妙的处理方式，它有效避免了生硬的说教和概念植入，将理性精神与美学超越结合一体，也避免了新时期以来形成的文学规范在意识形态和美学特征上的制囿。这个独特的意象，也可以用另一个关键词——广场——加以说明。广场是革命狂欢意象的代表性空间，也可以看成是儿童王小波从个体化时空进入集体化时空的“成人仪式”，它来得如此突然，如此奇幻如美妙“梦境”。经历了成方街的懵懂，铁狮子胡同一号的神秘启蒙，儿童王小波终于以林园楼为根据点，在人民大学的广场上，找到了他生命中第一次的狂欢高潮。广场巫术意象，开启了儿童幻想的高潮，也终结了这种幻想。这种终结是因为“创伤经验”的出现。正如马斯洛所说：“我们只是在心理的创伤中，被迫进入了成熟。”王小波在小说中这样描述“儿童狂欢”后的失败感：

五八年我独自从家里跑出去，在“钢”堆边摔了一跤，把手臂割破了。等我爬了起来，正好看到自己的前臂裂了一个大口子，里面露出一些白滑滑亮晶晶的东西来。过了好一会才被血淹没。作为一个六岁的孩子，当然不可能明白这是些什么，所以后来我一直以为自己体内长满白滑滑、黏糊糊像湿棉絮似的东西……

危险的儿童出游，以受到伤害而告终，梦境已醒，预示了一个无趣的成人社会的游戏规则的侵犯。“钢”对“我”的伤害，是身体性的，更是精神性的。它以恐惧的记忆，成为历史幽暗角落里的“原罪”。“大跃进”结束后，那些废弃的高炉、炉渣、金属构件，都被遗弃在了人大附中南墙的角落。这里也成了王小波兄弟最喜欢光顾的地方。“铁一号”阴森恐怖的地牢已潜伏到了记忆深处，而废弃的高炉遗址，成为王小波有关成长记忆的隐秘圣地。这里有童年的幻想，也有隐秘的伤害，这里有紫色的天空、巨人、长枪、钢铁。而这些东西，像流星一般出现在历史中，又很快被遗弃与遗忘，成为历史的幽灵。

进一步思考，“大跃进”意象对中国当代文学史来说，也有非同寻常的意义。新时期以来的伤痕和反思文学，其实是一个被规定的、没有完成的文学类型。在政党推动的自上而下的改革策略下，伤痕和反思文学以对“文革”的断裂作为新时期发轫的标志。“文化大革命”被想象为“封建性遗毒”[①]，进步历史观拒绝承认循环论，而隔绝了对“文革”与中国革命史之间的联系，“大跃进”历史，也被作为“左”倾狂热错误悬置起来了。一直到20世纪90年代，中国知识分子才开始慢慢梳理并清算激进主义。但是，90年代文学表述，对革命历史的反思，一直以历史虚无主义的态度出现，并和后现代主义纠缠在一起，在解构历史的同时，陷入了历史的空洞化。王小波的表述是聪明的，也非常有冲击力。他从儿童的视角出发，以个体的尊严、爱与自由，形成了对革命叙事的颠覆性反讽。

---

① 汪晖,《当代中国的思想状况与现代性问题》,《天涯》，1997年第5期。

伴随着“大跃进”运动，是1957年发动的反右运动，人民大学是当时的重灾区，全校一共划了378个右派，占教职工的14.3%，其中还包括全国闻名的“大右派”葛佩琦、林希翎。1959年“反右倾运动”，副校长邹鲁风殉难。1960年，人民大学还发动“反修防修大审查”，空气一天比一天紧张。[①]据统计，1957年后的几年间，全国共划定了3178470名“右派”，另划了1437562名“中右”（另有三百多万“右倾机会分子”，不在此数字之内）。[②]

① 陆伟国,《风霜雨雪忆年华》，漓江出版社2012年版，第28页。

② 郭道晖,《毛泽东发动整风的初衷》,《炎黄春秋》，2009年第2期。

第三章　少年时代：血与火的革命狂想

革命是人民群众最盛大的节日。

——列宁

1

1960年秋，饥饿日趋严重，王小波进入人大附属幼儿园，没过多久，又转入人民大学附属小学。1962年，三年灾害基本结束，王小波又转至二龙路中学附属的大木仓小学。多种类型的王小波年谱都将王小波的小学经历写为“二龙路小学”，但据王小波的小学同学艾建平介绍，并没有“二龙路小学”。当时的二龙路中学，作为教育部直属子弟学校，兼教育部实验学校，学制和教育方法都很特别。它有附属小学，就是当时的“大木仓小学”，而不叫“二龙路小学”。据《北京市西城区二龙路街道简史》[1]记载，1958年“大跃

① 该书由二龙路樱花印刷厂于1996年11月印刷，内部发行。

进”时期，二龙路地区17所小学下放街道管理，但1960年，各个小学又重新上交给西城区教育局管理。当时“大木仓小学”，有五年和六年两种学制，因为联系着中学，实际上形成了小学加中学的“九年一贯制”和“十年一贯制”两种学制。小学二年级时的王小波从人民大学附小转到了大木仓小学后，读的是六年制的班级。

那时候的王小波，是一个标准的顽童。比起小时候，他长得更高了，也更黑更瘦了，由于缺钙，显得有些“头角峥嵘”，嘴唇挺厚，发紫色，乍一看“挺忠厚的”，但实际他坐没有坐相，站没有站相，还喜欢捉弄老师，给班主任慈老师起了“瓷尿盆”的外号，并经常把女老师气得直哭。由于骨质软，他还经常表演肢体魔术，将手和脚搭在一起，把脚扳过脖子，能吓人一跳，好像现在的柔术表演，他自己颇觉得计。放学回到家，他就跟着一群孩子在院里疯跑、打闹。一次，他和朋友们打赌，在五层高的红星楼屋檐上行走，比谁胆子大。楼顶的屋檐坑坑洼洼，上面有不少青苔，瘦弱的王小波，摇晃着大脑袋，惊心动魄地、一摇一晃地踏在上面，发出刺耳的声音，把下面看着的二姐王征吓得脸色苍白。小学一年级的时候，他还和朋友们追赶邻居饲养的母鸡，他用力挥舞一根棍子，砸到鸡的身上，那只可怜的母鸡一声惨叫，颤抖着母性的翅膀，下出一个鸡蛋，就倒在顽童王小波的“屠棍”之下,“英勇就义”了。王小波自知犯了大错。生活困难的时候，一只下蛋的母鸡，对一家人来说至关重要。当时，他还跟着哥哥、父亲住在北京西郊的人民大学，而姐姐和妈妈则住在大木仓胡同的教育部宿舍。他鼓起勇气，走了四十多里的夜路，从晚上7点多一直走到11点多，只为逃脱父亲的责骂，去母亲和姐姐那里寻求庇护。家人找不到他，都急得犹如热锅上的蚂蚁团团转，等到他出现了，也不好意思揍他了，真让人哭笑不得。

谈到小学时候的王小波，艾建平的印象就是“作文好”：出手快，思路清晰，而且下笔就能成章，文字老练，语言丰富，看起来简直不像一个小学生写的东西。那时候，每逢周末，老师都要布置周记，大多是“记一次春游”“你最喜欢的书籍”这类题目，同学们都想着周末出去玩玩，谁也没心思写作文，而王小波总能又快又好地完成老师布置的任务，他的作文常成为班级范文贴在壁报上。小学五年级时，王小波的班主任换成了一位李姓老师。这位女老师很喜欢小波的作文。有一次，王小波写了一篇关于刺猬的小作文，语言生动活泼，幽默风趣，被学校的广播站当成范文播了出来。①

别看他平常不喜欢说话，但讲起故事来，滔滔不绝，绘声绘色，颇能吸引人的注意。平时，他身边总围着一群嚷着听故事的同学和小伙伴们。小弟晨光就是王小波的“铁杆粉丝”之一，平时打架的时候，兄弟俩一起冲锋陷阵，被人戏称为“大野牛”和“小野牛”。1963年左右，北京的交通还不是很发达，人民大学地处西郊，比较偏远，而王家的孩子又多，所以，宋华就在教育部院内申请了一间房，带着几个上学的孩子住在那里。到了周末的时候，再去西郊人大院内合家团聚。宋华每次给每个孩子三毛钱坐公交汽车。但孩子们都偷偷地把钱省下来。小波和小平、小芹、王征拿钱买书。晨光年龄小，就把钱留着买零食吃。没了车票钱，兄弟姐妹们就只有走着回去，偶然也“蹭票”，小波的走路功夫就是那时候锻炼出

① 据2012年11月20日对艾建平的采访。

来的，虽然天生是扁平足，但后来也能“大步流星”，常常走几十里地也不觉得累。路上为了解闷，大家就轮流讲故事，但最后总是小波讲得最多，大家都听得津津有味，忘记了疲劳。小波是一个“故事筐”，五花八门的故事，书上看来的，从别处听来的，天文地理，历史故事，无所不包，他都能凭着记忆讲出来。有意思的是，小波还擅长编故事，特别擅长编童话故事，他的故事总是从邪恶与善良的对抗开始，森林里的小兔子、小羊、小鹿、小松鼠们，善良可爱，而大灰狼和豺狗，则凶狠霸道。于是，战争开始了，双方都开动脑筋，奇思妙想层出不穷，从挖陷阱、砍竹矛到堑壕战、阵地战，一直发展到飞机、大炮、坦克车等海陆空一体的大兵团作战，真是花样百出。[①]大家听到最精彩的地方，不禁欢呼喝彩，但如果问故事结局，小波却像一个狡猾的老北京说书人一样，摊开两手，貌似无辜地说，下面嘛，下面就没有了。这不禁让大家抓狂不已，纷纷逼迫他说出结果。而结果是，在说说笑笑之中，不知不觉地就到了人民大学，故事的结局只有留在梦中，让大家自己猜测了。

但是，小学时代的王小波，按照世俗的标准，根本不是一个“优秀学生”，更算不上“天才少年”。中国的教育传统，从来都是鼓励培养听话的好孩子，也就是所谓“品学兼优”的学生，而不注重孩子们个性和创造力的培育。所说的好学生，就是“尖子生”应符合几个标准：（1）听话，听老师的话，推而广之，听父母的话，听党和政府的话，要在各级学生组织中担任职务，从课代表到班长、少先队大队长等；（2）积极参加学校组织的各种活动，包括五

① 王晨光，《童年时的小波哥哥》，《浪漫骑士——记忆王小波》，第126页。

花八门的知识竞赛、演讲比赛、文艺宣传活动等，这是所谓“多才多艺”；(3)能够熟读课本，全面领会课本知识，各类考试都能考近满分的成绩。据这几条标准来看，王小波一条也不符合。首先，王小波并不是一个听话的孩子，据儿时的朋友回忆，王小波从未当过班干部，最大的官就是管着扫地的小组长。对他看不上眼的老师，他干脆不予理会。这对于当时的教育环境来说，可以说有点惊世骇俗。他在杂文中自嘲说，自己很早就不是好孩子了。仅是因为揪了女孩子的小辫，就被老师当作了“坏孩子”。后来，他因此喜欢上了马克·吐温的故事《好孩子和坏孩子》,“好孩子”雅各布的蠢人悲剧与“坏孩子”吉姆的传奇经历，都让儿童王小波开怀大笑不已。“坏孩子”和“好孩子”的悲剧，都是僵化的教育环境逼迫的。王小波经常上课发呆，其实是对老师讲的东西已经了解了，所以不再感兴趣，神游物外，心骛八极，要不就是看其他的书。但老师们大多受不了这样的学生，通常会有一个尖锐而严肃的声音斥责他：“王小波，这个问题你来回答一下!”

而小波通常直通通地站起来，也不解释，反而继续发呆，简直要把老师气得鼻子冒烟。

“坐下吧!”老师和小波比赛定力，最后大多以老师妥协为主。然而，因为上课老发呆，老师们给王小波的成绩都很低。当时的小学成绩是五分制，而王小波单是因为站起来拒绝回答问题，就吃了很多一分。有的时候，王小波拿回家的成绩册上还会有一些零分。相比较而言，哥哥王小平和大姐王小芹，成绩名列前茅，在教育部家属院里很有名气。

但发呆并不代表王小波的智力有问题。有一次，全校数学竞赛，王小波不声不响地拿了一个一等奖，让父母和老师们大吃一惊。王小波生性沉静，但性格叛逆，不喜欢乱哄哄的场合，尤其不喜欢参加学校令人眼花缭乱的活动。他的作文好是大家公认的，但他很少参加作文竞赛。他不太在意分数。多年以后，小说《绿毛水怪》中，他还对教育制度大加讽刺。小说写了两个坏孩子“妖妖”和“陈辉”，联手捉弄了虚伪的刘老师和教务处刘主任。老师讨厌妖妖和陈辉的原因，是因为他们“太复杂”：

> 我经常把老师最宠爱的学生心里那些不好见人的小小的虚荣、嫉妒统统揭发出来，弄得他们求死不得，因此老师们很恨我。就是老师们的念头也常常被我发现，可是我蠢得很，从不给他们留面子，都告诉了别人，可是别人就把我出卖了，所以老师们都说我“复杂”，这真是可怕的形容词！

王小波特别讨厌教育的虚伪，说一套，做一套，假模假式，不是鼓励孩子们培养学习兴趣和独立思考的能力，而是将愚昧的服从意识和僵化死板的知识灌输给他们。学校教育既然令人失望，王小波就另辟蹊径，寻找“野路子”——自学和广泛地阅读。他从小就是一个“杂家”。王家的藏书很多，但王方名却不让孩子们看，王小波喜欢偷偷溜到父亲的书房，和王小平一起分享读书的喜悦。在《我的精神家园》中，王小波曾描述过和哥哥一起因“偷书读”“虽挨揍而不悔”的乐趣：

> 那时候政治气氛紧张，他把所有不宜摆在外面的书都锁

> 了起来，在那个柜子里，有奥维德的《变形记》、朱生豪译的莎翁戏剧，甚至还有《十日谈》。柜子是锁着的，但我哥哥有捅开它的方法。他还有说服我去火中取栗的办法：你小，身体也单薄，我看爸爸不好意思揍你。但实际上，在揍我这个问题上，我爸爸显得不够绅士派，我的手脚也不太灵活，总给他这种机会。总而言之，偷出书来两人看，挨揍则是我一人挨，就这样看了一些书。虽然很吃亏，但我也不后悔。

放学之后，他也喜欢去西单的旧书摊“蹭书看”，七七八八地看了不少杂书。王小波读书非常快，记忆力超群。小学二三年级，就开始看《水浒传》、简本《聊斋志异》和《世界童话故事》等。姐姐王征还记得，小学二年级的时候，王小波就能大段大段地背诵马雅可夫斯基的诗歌，而当他读了《十万个为什么》，就成了家里的“生活顾问”，上至天文地理，下至生活小知识，家里人都来问他。哥哥王小平则在回忆录中写道，有一次，他和王小波比谁看书快，结果，一直以捷才而自负的小平却败给了弟弟，小波一个小时最多能看一百三十页书。[①]王小波也特别喜欢马克·吐温的小说。长大后，他保持了对幽默作家的喜爱，后来又喜欢上萧伯纳。他特别喜欢那种“佛头着粪”式的讽刺与狂欢。

正是这种“杂家”教育，培养了王小波的文学口味。在小波的姐夫姚锐戈先生的帮助下，笔者曾访问过王小波生前居住的一间宿舍。此宿舍在教育部院内，是宋华单位分配的，就在宋华居住的单

① 王小平,《我的兄弟王小波》，第134页。

元楼旁边。它是王小波生前活动的重要场所。自从哥哥和姐姐出国后，他平时就在这间小屋里读书写作，以方便照顾年迈的母亲。在这间宿舍里，笔者看到了王小波的大量藏书。文学类的书籍主要有两大类，一类是西方文学名著，包括具有先锋性的西方当代小说；另一类就是中国传奇演义、民间故事。其实，还在孩童时代，王小波就在逐渐培养这种阅读口味，这在很大程度上是自发的。经典的西方文学，特别是西方的幽默文学，充满了童话趣味的、有想象力的作品，以及充满了野性活力的民间故事，成为王小波反思现实社会，进而形成独立思考能力的阅读经验来源。他终生保持了对《十日谈》《变形记》《巨人传》等书的喜爱，经常在杂文和小说中提到。

王小波的阅读喜好，不仅疏离于当时的革命主流文艺，且和后来同辈作家的文学积淀，也有很大差别。王小波同辈的作家，阅读西方经典名著，大多偏重哲理性和历史厚重感，喜欢诸如杰克·伦敦、雨果、巴尔扎克等作家的作品。俄罗斯文学对20世纪50年代出生的中国作家的影响也非常显著，托尔斯泰、陀思妥耶夫斯基、屠格涅夫等的创作，曾深刻影响了梁晓声、张承志、张炜等一大批中国最优秀的作家。王小波接受的苏联和俄罗斯文学有限（如卡达耶夫的《雾海孤帆》等），经常提到的仅有普希金和马雅可夫斯基。他喜欢的大多是属于西方经典文学的“支流”，甚至有“思想异端”的叛逆色彩的作家，从奥维德、拉伯雷、博马舍到近现代的萧伯纳、马克·吐温、杜拉斯、奥威尔、卡尔维诺、耶利内克、海因里希·伯尔，甚至虐恋小说家萨德、波莉娜·雷阿日等。1996年，他在和朋友张卫民喝酒聊天时，还言之凿凿地说：诺贝尔文学奖至今只发对了两个人，一个是罗素，一个是伯尔。[1]这种不同的文学思维谱系，不能说是最好的，但绝对是独特的。

小学时代的王小波，还曾以一篇大字报惊动了当时整个教育部：一天早上，教育部操场的木板上，出现了一张题为《牛头·马面·判官·小鬼》的大字报，上面画着一个狰狞的牛头，一个滑稽的马面，讽刺当时教育部的派系斗争。大字报文字是用半文言的方式写成的，文笔老辣，妙语连珠，讽刺意味十足。大家看了议论纷纷，都以为是哪个老先生按捺不住，偷偷写了如此犀利的文章。大字报在教育部引起了轰动，当时宋华也挤在人群中看到了。部里的造反派看了羞愤不已，为此追查了好几天，但没什么结果。多年以后的一天，一家人正在家里吃饭，宋华突然想起了那张大字报，就把它当笑话讲了。谁知，王小波扑哧一下笑了。宋华很奇怪，就问他笑什么。王小波这才承认，这张大字报出自他的手笔。大家都很吃惊，既惊讶小波年幼就有那样的文采，又为他庆幸。要知道，当年如果让人知道是他写的大字报，还真有可能打成“反革命分子”。那一年，王小波才上小学六年级，就如此胆大包天。

2

1966年，王小波十四岁，进入二龙路中学初一（三）班学习。当时按照教育改革的精神，一班和二班是实验班，主要招收小学五年制的优等生，以教育部干部子弟为主，外语语种为俄语；三班和

① 据2012年12月12日对张卫民的采访。

四班是普通班，招收小学六年制的学生，外语语种是英语。王小波虽在小学曾获数学竞赛一等奖，但学习成绩并不好，也不属于老师喜欢的孩子，因此就被分配到了普通班。北京二龙路中学，虽不如当时清华附中、北京四中、101中学那么声名显赫，但也是很不错的学校。它始建于1922年，原名弘达中学，为东北爱国志士筹办。原东北抗联一路军副司令员魏拯民、中共北京市委书记吴德、民政部部长崔乃夫等都是弘达中学校友。1952年，弘达中学曾更名北京三十七中，1960年，又更名为二龙路学校，是教育部直属实验学校，实验的重点是学制、教材和教法，为当时全国普教改革做出了特殊贡献。1966年，根据中央精神，部属学校撤编，学校更名为北京二龙路中学，但仍为教育部基础教育司直接联系和指导的学校。严格说起来，王小波在二龙路中学，仅仅待了一年，就因停课回到了家里，参加了轰轰烈烈的“文化大革命”。

1962年，毛泽东发动“四清运动”(即清政治、清经济、清组织、清思想，又称“社教运动”)，社会气氛已非常紧张，而1965年，“四清运动”的指导思想发生转变，即“二十三条”出现后，“以阶级斗争为纲”“清除党内走资本主义路线的当权派”的火药味就更足了。清华附中开始酝酿激进的学生组织——“红卫兵”。1966年7月，北京各校红卫兵组织在海淀区举行联合成立大会。8月5日，毛泽东的《炮打司令部——我的一张大字报》发表，公开支持北京高校和中学的红卫兵，并反对刘少奇向各大高校派驻工作组，揭开了“文化大革命”的序幕。

“文革”的第一道风景线是批量出现的“大字报”，各种稀奇古怪的言论、各级领导“真真假假”的隐私和花边新闻，都被暴露在了公众的面前。那时候，少年王小波放学之后，最喜欢的一件事，就是和同学们一起挤到大字报的前面，一边看，一边兴高采烈地品头论足。当时人民大学校园内的大字报铺天盖地，不管教师，还是学生，都陷入到了一种革命的节日狂欢氛围，但校领导对此很忧虑，各级领导都传达了指示："心要热，头要冷。"有的院系领导更忧心忡忡地说："同学们，要牢记五七年的教训呀！"这些言论和做法，后来都成了他们反对"文革"的一大罪状。

很快，"文革"就进入了"大串联"的高潮。毛主席在短短半年间，先后八次接见了一千一百万人次红卫兵。这其中，最著名的是所谓"八一八"，即1966年8月18日的接见。彼时的天安门广场，红旗翻卷，军装涌动，语录歌此起彼伏，锣鼓声和人们高呼"万岁"的呼喊声，惊天动地。和最初的入城式不同，这已不再是"胜利"的仪式，而是"革命"的再次加冕仪式，一种消除一切差别、进入幻觉乌托邦的"极度精神亢进"。

早在见到大规模迫害运动之前，王小波在校园早已感受到了"文革"的暴力。"文革"前夕，师道尊严已渐渐不被学生们放在眼里，很多学生都公开在课堂上顶撞老师。二龙路中学，作为当时的教育部子弟学校，也是打老师较厉害的北京学校之一。多年以后，搜集整理"文革"中被批斗迫害致死的教育工作者名单的王友琴女士，还曾采访过王小波，询问当年打死老师的情形。

在散文《拒绝恭维》中，王小波也谈到了发生在二龙路中学的一次"间接致死"的事件：

在我们学校里，小将们不光打了老师，把老师的爹妈都打了。这对老夫妇不胜羞辱，就上吊自杀了。打老师的事与我无关，但我以为这是极可耻的事。干过这些事的同学后来也同意我的看法，但就是搞不明白，自己当时为什么像吃了蜜蜂屎一样，一味地轻狂。

王小波没有参与暴力行动。虽然他当时只是懵懂少年，但本能地对暴力、专制和夸张的浪漫抱有怀疑和反感。他是一个外表木讷内向、内心却顽皮搞怪的孩子。少年王小波，常为自己无法像别人一样，“极限地”表达对主流秩序的情感而感到羞愧。在政治统治一切的年代，孩子们天然地受到濡染，很多孩子，年龄很小，就热爱革命口号、革命故事和政治辩论。但王小波从小就是一个对“宏大话语”有距离的孩子。他只是觉得这个世界越来越不可思议。他曾目睹人民大学的学生，因为大辩论，一口咬掉了对方的半个耳朵。1968年国庆，大家都拥向金水桥接受毛主席的接见，很多小伙伴都热泪盈眶，但王小波怎么也哭不出来，更无法像某些人一样——直接晕倒过去，以表达对领袖的热爱。整个“文革”时期，他都是一个“逍遥派”。随着年龄增长和视野的开阔，他不再将“文革”的种种光怪陆离的事件当成“幻想美梦”，他只是远远地观望着，思考着，虽然很多事情，他也是浑浑噩噩，不明所以。

王小波的家庭在“文革”中受到的冲击并不大，王方名仅被批斗了一次，且是陪斗，罪名是“反动学术权威”。笔者曾翻阅哈佛大学图书馆馆藏的“人大三红”和“新人大公社”的战报和油印刊物，在各类批斗会通告上，没有发现王方名的名字。“文革”前后，人大哲学系的情况很复杂，斗争也激烈。王方名属于人大建校后调动而至，但在历史上和人大有千丝万缕的联系，作为其主要背景的领导、原人民大学党委副书记李新，已于1962年调入中国社科院近现代史研究所专事学问，而王方名在人大行事低调，韬光养晦，与其他校领导并无深交，也素不参与派系之间的活动，加之毛泽东曾接见过他，因此并未被彻底打倒。然而，少年王小波直接目睹了“父亲被批斗”的一幕。当时，年少的他，还无法理解置身其中的父亲的委屈和惶恐，他只是凭着顽童的本能发现了那些游街批斗的奇观场景背后的荒谬。后来，他反复在散文和小说中提到这一幕，对其间的“辛酸”和“荒诞”难以释怀：

> 六六年的盛夏时节，当时“文化革命”刚闹起来。我在校园里遛弯时，看到我爸爸被一伙大学生押着游街。他大概算个反动学术权威吧。他身上穿了一件旧中山服，头上戴了一顶纸糊的高帽子——那帽子一眼就能看出是以小号字纸篓为胎糊的；手里拿着根棍子，敲着一个铁簸箕；当时游街的是一队人，他既不是走在第一个，也不是走在最后一个；时间大概是下午三点钟；天气是薄云遮日。总而言之，我见到他以后，就朝他笑了笑。回家以后他就把我狠揍了一顿，练拳击的打沙袋也没那么狠。(《革命时期的爱情》)

王小波和哥哥还目睹了父亲烧书的一幕。那是一个深夜，王小平醒来的时候，突然发现爸爸的卧室里有火光，好奇的他就和弟弟小波一起，偷偷下床，从门缝里观望。他们发现父亲把自己多年来研究的逻辑学专题笔记，一页一页放进燃烧的炉火中。那一摞摞厚厚的纸张，是父亲十几年的心血所在。火光熊熊，照亮了父亲绝望而沉重的脸庞。当时，他们并不理解书籍为什么会变成毒草，父亲为何要烧掉学术成果。

学校里，王小波也受到了盘问，这一幕也深深烙在他的心里。那是1966年9月的一天早上，王小波来到学校，发觉氛围有些古怪：校门口有几个男同学，有高年级的，也有低年级的，脑袋都清一色地刮得青青的，腰间束着大皮带，耀武扬威，不可一世，正嚷嚷着盘问每一个进校的同学。还有几个女同学，也在帮忙。王小波疑惑地走过来，一个矮个子男同学，伸手拦住了他，问道："喂，你是什么出身？"

"出身？"王小波愣了一下。

在那个年代，这是一个非常敏感的问题。按理说，王家属于革命干部，是所谓"红五类"，但是，王方名曾在1952年被定为"阶级异己分子"，并被开除党籍，属于犯过错误的人，但又不属于"地富反坏右"的行列，因此难以定论。王小波把实情向矮个子男同学说了，他想了一会儿，似乎也想不出什么对策，就和几个同学商量了一下，让王小波过去了。王小波不明所以，后来，又看了几个过来的同学，才恍然大悟。原来，那些盘问自己的同学，都属于"高贵"的"革命血统"出身，而被骂为"狗崽子"的同学，则出身不好。那些"红二代"鄙夷的眼神，趾高气扬的气焰，和那些"狗崽子"悲伤、绝望的眼神，都深深刺痛了少年王小波的心灵。一夜之间，为什么亲密的同学就变成了彼此仇恨的对立面？所谓"高贵"的一方，非要把"低贱"的另一方踩在脚下才罢休？其实，当时二龙路中学发生的这一幕，在很多学校中，情况更惨烈。有的学校，凡属“黑五类”子女的，在食堂吃饭之前，必须先要低头认罪，连续喊“我是狗崽子”十几遍，才被允许端起饭碗。多年之后，经过痛苦的理性思索，王小波再次强化了一个信念，即对强制性的“权威话语”要抱有怀疑和警惕——沉默的大多数，才是无法表达的真实：“话语教给我们很多，但善恶还是可以自明。话语想要教给我们，人与人生来就不平等。在人间，尊卑有序是永恒的真理，但你也可以不听。”(《沉默的大多数》) 而当多年以后，中山大学的艾晓明教授请王小波为她的小说《血统》写序言时，王小波还专门提到了那些终生难忘的少年经历。

3

1966年“停课闹革命”，王小波从学校回到人大林园楼。在人民大学，他亲眼看到大学生披甲上阵，手持自制钢矛或简易燃烧瓶、生石灰瓶，像“中世纪武士”一般生死相搏。

“文化大革命”大武斗发动时，王小波才十四岁，没资格参加大学生们真刀真枪的斗争。但对十三四岁的少年来说，那些想象的森林里小兔子、小松鼠和大灰狼、大狗熊之间的“童话战争”，却终于在现实中出现了，无比真实刺激，却又无比惨烈恐怖。事情过后，那些血淋淋的场景，又在引发王小波思考：为什么一个个平时要好的同学，变成了生死相搏的敌人？小说《革命时期的爱情》中，王小波虚构了一个红卫兵组织叫“拿起笔来做刀枪”，还虚构了一些有意思的故事情节：少年王二帮助这个红卫兵组织，做好了大投石器，打死了很多人，他还和一个叫“颜色”的女大学生从地道里出生入死，给武斗的学生买早点。其实，当时王小波作为红卫兵外围成员，在人民大学并没有参加什么派系组织，他只是帮着贴大字报，看个热闹。然而，武斗的惨烈场面却深深地印在了他的脑海。

由哈佛大学图书馆馆藏的红卫兵史料可以看出，“文化大革命”初期，人民大学的形势非常复杂。当时主要领导校长吴玉章年事已高，实际工作由党委书记郭影秋主持。郭在“文革”初期被打倒，很多人大师生出于义愤，跑去北京市委和康生的家中质问，引发了著名的“郭影秋事件”。副校长胡锡奎，被列入“六十一人投降集团”，被当成“刘少奇路线”在人民大学的代理人，遭到了无情清洗。1970年，胡锡奎病死于监狱之中，死前还不停地呼唤自己的名字。[①]副校长孙泱，因撰写《朱德传》，被江青指使红卫兵殴打批斗致死。1966年8月8日，人民大学高干子弟朱佳木（华北局书记处书记朱理治之子）等十几人，成立了人民大学第一个红卫兵组织——“人大红卫兵”，但大多是“保守派”（指支持原校党委的红卫兵组织，他们的父母大多是领导层）。随着“文革”发展，“联动”等保守派红卫兵失势。人民大学内部“人大红卫兵”“八一八红卫兵”等保守派红卫兵组织也逐渐没落。这时人民大学的学生赵桂林、肖前等，从湖北造反归来，在“八一八红卫兵”基础上成立“新人民大学公社”，另一些红卫兵组织则迅速走向联合，在孔宪龙等激进学生领导下，成立了“人大三红”（即东方红公社、人大红卫兵、人大红卫队）。[②]两派之间展开了激烈的武斗。

---

① 梁柏青整理，《胡锡奎》，《孝感市文史资料》第3辑，1986年10月出版，第110页。

② 陆伟国，《风霜雨雪忆年华》，第126页。

1967年9月到12月，虽然中央已发出“复课闹革命”最高指示，但人大校园依然混乱。据战地勤务员统计，声明推翻“新人大公社”造反的组织就有十一支：“斗肖”联络站（宣布造反的日期为9月12日，下同）、“红十月”战斗队（10月17日）、“秋收暴动”战斗队（10月22日）、“造反到底”战斗队（11月24日）、“狂飙”战斗队（12月1日）、“五尺枪”战斗队（11月26日）、“造反有理”战斗队（10月14日）、“立新功”战斗队（10月20日）、“十月革命”战斗队（11月23日）、“从头越”战斗队（11月25日）、“反戈一击”战斗队（11月27日），还有原“新人大公社”的成员，如哲学系的唐有伯、戴贵庚、孙育海等宣布“造反”，投入“人大三红”。王小波在小说《革命时期的爱情》曾写到的造反派组织“拿起笔做刀枪”，其原型可能是王方名所在的哲学系“五尺枪”战斗队，或晚一点成立的、文学系的“文学兵团”——“长缨”战斗队。正是“人大三红”造反派组织，设计了所谓“书甲”，这些小造反组织虽属“人大三红”，但人数较少，也符合书中描述，而据占领林园楼的情况来看，也有“新人大公社”造反派的影子。

1966年到1969年初，人民大学陆续发生了十多起武斗，有三次规模较大的，直接导致死亡。小说《革命时期的爱情》里，有一段非常写实地描述发生在图书馆的大武斗：

> 别人经过时，只是问一声：小孩，那边的人在哪里？我就手搭凉棚到处看看，然后说：图书馆那边好像藏了一疙瘩……
>
> 当时打仗的人都穿着蓝色的工作服，头上戴了藤帽，还像摩托车驾驶员一样戴着风镜——这是因为投掷石灰包是一种常

用战术……大家都穿标准铠甲：刺杀护具包铁皮，手持锋利长枪。乒乒乓乓响了一阵后，就听一声怪叫，有人被扎穿了。一丈长的矛枪有四五尺扎进了身子，起码有四尺多从身后冒了出来。这说明捅枪的人使了不少劲，也说明甲太不结实。没被扎穿的人怪叫一声，逃到一箭之地以外去了。

只剩下那个倒霉蛋扔下枪在地上旋转，还有我被困在树上。他就那么一圈圈地转着，嘴里“呃呃”地叫唤，大夏天的，我觉得冷起来了，心里爱莫能助地想着：瞧着吧，已经只会发元音，不会发辅音了。

4

大武斗之后，人民大学的宿舍楼一片断壁残垣，王小波一家只好住进了二龙路大木仓胡同的教育部宿舍。二龙路地区在清朝被称为“二龙坑”，地势低洼，污水排放很成问题。1911年后，填坑建路，但遇到大雨，仍可水面泛舟，直到1949年后，经过整修才改变了面貌。二龙路东头的教育部大木仓宿舍，原是清初八大铁帽子王之一郑亲王济尔哈朗的府邸。民国期间，曾一度被第十七代郑亲王抵押给西什库天主教堂。1925年，它又被租给了中国大学做校址。它浑厚神秘，却又典雅大气，将皇权的威严和古代建筑的精细历史感结合在一起。正殿和东配楼、西配楼尚存，中部有园名“惠园”，玲珑雅致，别有洞天。而沿着中轴线，以“二公门”为分界，当时的教育部职工宿舍被分成了东西两个部分。王小波一家先是住在东边的“红顶楼”，后来又搬到二公门东北角的几间平房内。王府的后寝殿则被中国大学改为“逸仙堂”，以怀念中山先生，并做集会之地。1995年，原教育部干部子弟组织了同学会，常于此地聚会，王小波也参加过两次。教育部子弟联谊会，也常常会说起王小波。胡贝戏言说，教育部子弟出了两个“大作家”，一个是王小波，一个是汪国真。小波是“50后”，汪国真是“60后”。20世纪90年代初，胡贝等人还常看到两个“教育部出身的大作家”一前一后出来买早点。不同的是，王小波异常邋遢，而汪国真衣冠楚楚。王小波曾在散文《北京风情》中怀念大木仓宿舍的独特风情：

> 那地方是原来的郑王府，在很长时间里保持了王府的旧貌，屋檐下住满了燕子。傍晚时分，燕子在那里表演着令人惊讶的飞行术：它以闪电般的速度俯冲下来，猛地一抬头，收起翅膀，不差毫厘地钻进椽子中间一个小洞里。一二百年前，郑王府里的一位宫女也能看到这种景象……能见到古人所见，感到古人所感，这种感觉就是历史感。

但是，1968年，少年王小波并不喜欢那里的氛围。人民大学虽然武斗得厉害，但总有些书卷气，就是疯疯傻傻也有股“青春热血”，可教育部则充斥着机关作风和小市民气息。有的干部很庸俗，不关心国家大事，也不读书思考，一天到晚都是混日子，忙自己的私事。由于老是有政治运动，大家彼此之间也很戒备，见了面，也就打声招呼，干巴巴地寒暄一下，就各自缩到小天地里。王小波管这些干部叫“烫面饺子干部”，言下之意是庸俗不堪。经历了“文革”初期的大武斗，回到教育部，王小波和一些原二龙路中学的教育部子弟，如胡贝、艾建平、赵和平等，成立了一个十几人的小红卫兵组织——“八一八战斗队”。说起来，这个“八一八”是一个逍遥派，不参加教育部的派系斗争，不欺负人，但也不怕事，院内很多工人的造反组织和其他红卫兵战斗队，也不敢轻易找他们的麻烦。这群小伙伴整日在一起嬉闹，也和别的孩子打群架。据胡贝和艾建平回忆，有一次，他们捉弄了组织里的一个男同学，王小波把他们找过来，郑重其事地说：“不要看不起人，不要欺负人，这样不好！”这对胡贝和艾建平触动很大，小波虽也只是一个孩子，也爱打架和看热闹，但他懂得尊重人、关心人，他们的小红卫兵组织更多是为了自保。这和那些动辄宣读语录、行为暴虐的红卫兵们有很大差别。有的时候，他们也帮着大人们贴大字报，扯扯条幅，跑跑腿，日子倒也过得惬意。教育部有一座灰色办公楼，当时常有巨型条幅从上面垂下来，传达各种运动信息。王小波就趴在办公楼前的一棵大槐树下，态度超然地看着这一幕。在家里晃荡了两年多的王小波，早已厌倦了乱哄哄的生活，想要早点回学校去。可北京市虽然早发布了“复课闹革命”的通知，上课却迟迟不能恢复。

在北京等待分配就业的那段日子，王小波和朋友们玩得最疯。他和胡贝等人，还立志要走遍教育部的每间办公室。教育部原来是老郑王府，结构非常复杂，房间也很多，空房子更多，很多干部都被下放到了干校。他们一伙儿中学生，晚上站在窗台，拉着窗帘，就着月光，尽情地号叫着，笑骂着，发泄着青春的不满。他们还爬上每间房子的屋顶，做危险的高空表演。当时教育部的派系斗争还比较激烈。王小波和胡贝等一群孩子，就在中间捣乱，胡乱帮忙。王小波还出主意，用大头针扎高音喇叭的电线，搞坏了不少喇叭。

他们倒是乐不可支。[1]

一天，小波发现教育部食堂的木板上，贴着一张大字报。一位教育部的年轻干部，正站在一群人中间指指点点地说着些什么。小波挤进去，只见那人一手拿红宝书，一手捂着裆部，模样古怪至极。他正愤怒地向大家喊着口号："毛主席教导我们，反动派不投降，就叫他灭亡。反动派凤某，不闭门思过，反思自己的反动言行，反而向革命群众发动猖狂进攻，踢伤本人，并致使'龟头血肿'，是可忍，孰不可忍?"

小波愣住了。后来一想，不禁偷偷笑起来，并将这件事告诉了小伙伴。原来，那位青年干部，下身被踢伤了，向上级逐级反映，声称被人打伤致"龟头血肿"。他还向围观群众出示了医院的诊断证明。打人的据说是教育部司机班的造反派，一个退伍兵，叫凤师傅。大家很严肃地听着干部慷慨激昂的演讲，但王小波却总觉得气氛暧昧。[2]"龟头血肿"乃个人隐私，将个人之隐私堂而皇之地暴露于公众，且以"革命"名义，这岂非荒唐滑稽？教育部红卫兵组织，大约成立于1966年6月4日，当时又分为几大派系，如"延安公社""五七公社"等，该青年干部就是"延安公社"造反组织的成员。[3]小说《似水流年》中，王小波把这件事用在了"龟头血肿"的李先生身上。据王小平的《我的兄弟王小波》介绍，教育部还发生了好几起"滑稽暧昧"的"文革"事件，比如，"亮屁股展览"，

---

① 胡贝、艾晓明，《顽童时代——与胡贝谈王小波》，《浪漫骑士——记忆王小波》。

② 据2012年12月5日对胡贝的采访。

③ 据2012年10月28日对赵宁的采访。

控诉对方的肉体虐待。教育部的革命干部，甚至利用抓奸羞辱敌对派系，而被抓的一方，竟然将被指女生的检验报告——“兹证明某某某系女性未婚外阴”——贴得满世界都是，借此辩诬，以示清白。

柳湜之死，是少年王小波在“文革”经历的最惨痛事件。它以“死亡”终结了王小波的顽童梦。于是，那些仿佛中世纪武士一般的武斗场景，便不再是少年英雄梦，也不再是超现实主义景观，而是活生生的、狞厉残酷的现实。柳湜是教育部副部长，资历很老的老党员，他的妻子是于立修，而于立修的姐姐于立群则是郭沫若的妻子。1921年，他在湖南自修大学补习学校教书，结识了毛泽东和李维汉等老一辈革命家，积极投身革命，多年来一直在文化和教育部门工作，曾担任《人民教育》主编，是一位颇具儒雅气质的老牌布尔什维克知识分子。

王小波当时住在大木仓胡同一栋叫“小红楼”的职工家属楼。宿舍区还有红星楼、红顶楼、灰楼等办公楼和宿舍单元楼。在红星楼和灰楼之间，有一条窄窄的过道。1968年4月22日上午，柳湜从三层高的楼顶一跃而下，摔在这条过道里，脑浆迸裂而死，情形极为惨烈（也有一种说法，柳湜是被人推下来摔死的）。柳湜的罪名是“叛徒”。1958年，他就被康生打成了“右派”“教育部反党集团的头子”。而直接置他于死地的，还是因为1928年到1934年，柳湜曾被党派往安徽秘书处工作，由于叛徒告密而被捕。六年里，柳湜坚持狱中斗争，并未暴露身份。然而，正是这几年的牢狱之灾，让他多年之后依然受到牵连。死后，人们在他的棉被里发现了一小页纸，写着他留在人间的最后几个字：“政治迫害，毒打取供。我非叛徒，为我伸冤。”柳湜逝世时年六十五岁。

“四月是残忍的季节。”1968年4月22日，少年王小波和他的朋友胡贝目睹了这惊人的一幕。当时，王小波和胡贝相约去学校看看。胡贝刚走出家门，在胡贝前面，还有一个买早点的中年妇女。经过红星楼的过道时，胡贝突然发现，楼顶之上，蹲着一个满头乱发的老人。他穿着青色棉布中山装，浑身血迹和污渍，衣服上还有一些被扯破的口子，狼狈不堪。就在此时，胡贝听到了尖叫声，只见老人猛地一跃而下，由于求死意志太旺盛，他几乎是头朝下扑了下来。他的身体先是撞在巷道里某家人搭建的棚子的石棉瓦顶子上，他的腰马上断了，折成了两段，再摔到地上，脑浆迸裂，飞溅得四处都是。

少年胡贝的眼前仿佛“轰”的一声，有无数星星乱飞。不一会儿，已有很多人在围观。由于摔得太狠，折成两段的中年人脸部朝下，被衣服盖住了，好像是一包被血浸泡的什么东西，完全看不出人的样子。大家都在议论纷纷，但没有人凑上前。一会儿，当地派出所的公安民警来到现场，进行实地勘查。死者的头已被挤压到了胸腔里。胡贝赶紧喊王小波下来。王小波家就在旁边，很快就冲到了现场。两个孩子呆呆地看着惨烈的场景，不知说什么好。民警小心翼翼地提着头发，把死者的脑袋拎起来，大声问围观的王小波和胡贝，这到底是什么人？柳湜！两个少年异口同声地喊出来。[①]尽管，这是一张扭曲的脸，眼眶都已被摔空了，一只眼球还挂在眼边。柳湜对王小波一家“有恩”。王方名在教育部犯了错误，当时有的领导想把他发配新疆，还是柳湜说了好话，王方名才留了下

① 据2012年12月5日对胡贝的采访。

来。后来，王小波在小说《似水流年》中写到了这一幕，基本是按事实来描述的，柳湜就是小说中“贺先生”的原型：

> 贺先生从楼上跳下时，许由正好从楼下经过。贺先生还和许由说了几句话。所以他不是一下子就跳下来的。后来我盘问了许由不下十次，问贺先生说了什么，怎么说的等等。许由这笨蛋只记得贺先生说了：“小孩，走开！”
>
> “然后呢？”
>
> “然后就是砰的一下，好像摔了个西瓜！”
>
> …………
>
> 贺先生死后好久，他坠楼的地方还留下了一摊摊的污迹。原来人脑中有大量的油脂。贺先生是个算无遗策的人（我和他下过棋，对此深有体会），他一定料到了死后会出这样的事。一个人宁可叫自己思想的器官混入别人鞋底的微尘，这种气魄实出我想象之外。

王小波的描述非常沉痛。王小波对“柳湜之死”的感触是，一个有思想的高级红色知识分子，竟能如此决绝地“将脑浆散入别人鞋底的微尘”，其间的痛苦与绝望，令人动容。这不仅是渴望死亡解脱肉体痛苦，更是渴望以死亡解脱“文化大革命”造成的理想幻灭。

过了很久，家属才赶过来。一家人围着柳湜的尸体痛哭起来。公安开始验尸，洒消毒水，又将柳湜洒在地上的脑浆，用白石灰画了圈。晚上的时候，尸体被拉走了，只有柳湜的儿子柳建（后考入北京电影学院，并留校教书），在地上点着一排蜡烛，蹲在一旁，为父亲守灵。他的脸因极大的痛苦变得平静，据说他下午在家里将一把锋利的“军人魂”军刀磨得雪亮，要去找造反派红卫兵算账，后来被家人劝住了。王小波在小说中是这样描述的：

> 只见地上星星点点，点了几十支蜡烛。蜡烛光摇摇晃晃，照着几十个粉笔圈，粉笔圈里是那些脑子，也摇摇晃晃的，好像要跑出来。在烛光一侧，蹲着一个巨大的身影，这整个场面好像是有人在行巫术，要把贺先生救活，后来别人说王二胆子大，都是二三十岁以后的事。十七岁时胆力未坚，遭这一吓，差点转身就跑。
>
> 我之所以没有跑掉，是因为听见有人说：小同学，你要过路吗？过来吧。小心一点，别踩了。我仔细一看，蜡烛光摇晃，是风吹的；对面的人影大，是烛光从底下照的。粉笔圈是白天警察照相时画的。贺先生的脑子一点也没动。

考察王小波的“文革叙事”，我们会发现，王小波与新时期文学有某种承继关系。对“文革”的批判，是伤痕和反思文学的重要主题。然而，这种反思并没有进入更深层次，而仅停留在对“文革”进行“政治上的断裂”。20世纪80年代后期，《古船》等一批力作将这种批判引入了更广阔的历史层面。进入90年代，在后现代思潮影响下，强制性的断裂再次出现，规避了80年代启蒙主题，虽反思了激进主义弊端，但对于理性与自由的精神、个体的人的尊严的表述，其实一直都是尚未完成的任务。王小波恰在这个层面上继承了

80年代启蒙主题。柳湜之死，在王小波笔下，既是悲剧化的，又是喜剧化的。他以儿童的目光去观察“文革”的死亡狂欢，又以肆意的性意味，解构了悲苦和沉重（例如在《似水流年》中，王小波甚至写了贺先生死亡后尸检的性器官）。

第四章　插队云南：热风瘴雾里的“野牛”

我十七岁到南方去插队。旱季里，那儿的天空是蓝湛湛的，站在小竹楼里往四下看，四外的竹林翠绿而又苗条。天上的云彩又洁白又丰腴，缓缓地浮过。我觉得应该去试一试。

——王小波《我在荒岛上迎接黎明》

1

1968年秋，“文化大革命”已进行两年多，不但不见收场，反而有愈演愈烈的趋势。国际形势也是波诡云谲。珍宝岛冲突甚至直接导致中苏边境对峙，美国也深陷越战泥潭，欧洲的无政府主义运动致使戴高乐下台，并引发了法国知识分子的“六月革命”。中央发出“复课闹革命”的通知，北京各学校的学生虽回到课堂，但师道尊严丧尽，学生也都非常调皮，谁也不愿意好好听课。然而，革命的洪流滚滚向前，1967年底的一个事件改变了那个时代北京青年的命运，也改变了王小波的命运。

1967年11月27日晚，周恩来在人民大会堂接见首都各界群众代表，北京东城区中学红代会的红卫兵从笔记本上撕下一页纸，写下了立志下乡的誓言。总理休息时，他们把志愿书呈了上去，并声称："我们要求到云南边疆去！"当周恩来询问他们情况时，他们都异口同声地说："我们是首都中学红卫兵，为建设边疆，发展祖国，自愿要求去云南当农垦战士！"周恩来很高兴，立刻做了批示。

1968年2月8日，来自北京二十多所中学的红卫兵，共55人，开赴云南，并于2月21日到达西双版纳东风农场。3月20日，首都红卫兵机关报《红卫兵报》以《西双版纳来信了》为题报道了他们的消息，并向北京红卫兵发出倡议信。1968年12月，中央决定在全国范围内掀起知识青年上山下乡运动。毛主席发表"知识青年到农村去，接受贫下中农再教育"号召。北京市委下令，全市老三届学生1969年春节前必须到陕北、山西、内蒙古山区插队或到东北、云南等地的建设兵团去。自此，北京知青大规模开赴云南的运动开始了。从1968年开始，先后有8372名北京知青来到云南农场，其中西双版纳一师有4153人，德宏三师有1472人，红河四师有1252人，勐海水利团有1495人。[①]

教育部红卫兵赴云南的行动稍晚，大约在1968年底到1969年初。1969年3月，云南农垦局负责招募知识青年的负责人，在教育部礼堂做了一场报告，那个负责人口才非常好，他描绘的"魅力云南""彩云之南"的美好景象，深深吸引了那些涉世未深的孩子们。

---

① 中共云南省委党史研究室，《云南知识青年上山下乡运动》，云南大学出版社2011年版，第160页。

谈到当年听报告的场景，艾建平半是苦涩半是玩笑地说："那真是天花乱坠，唾沫星子乱飞，说是到了云南，头顶菠萝，脚踏甘蔗，摔一跤伸手就是一大把拇指粗的花生，还有美丽的少数民族风情！大家听得如痴如狂。"

听完报告，很多二龙路中学的孩子都要求去云南，王小波也是态度坚决的一位。然而，大人们是知道利害的。一天吃晚饭时，小波轻轻地说："和大家说个事儿，我想去云南。"

一语出口，大家都沉默了。宋华的手微微有些颤抖。王方名则目光严肃。许久，王方名才缓缓问道："你要求进步，这是好事情，我们不阻拦，但你一定要想清楚，此去云南，迁了户口，想要再回京，可不容易了。"

"到哪里不是干革命，"宋华小心翼翼地说，"小波能不能和我一起去干校？"

王小波咬着嘴唇，想了想，还是摇了摇头。当时按照政策，父母一方在干校，可带一个孩子去干校。但是，王小波还是要求去云南。大家甚至猜测，王小波是为"某个女孩子"才下此决心的。因为那时一起商量去云南的，还有好几个教育部的女孩。但是，王小波后来的行动表明，似乎这也只是猜测。当时在郊区插队的大姐王小芹，曾因此请假回去，劝他三思而后行，但小波去意已决，甚至写下了"青山处处埋忠骨"的悲壮诗句，可见其决心之坚定。[①]而王小平则认为，小波天生有英雄主义浪漫情结："对于小波的浪漫

---

① 王小芹,《吾弟小波——王小芹致李银河信》,《浪漫骑士——记忆王小波》，第117页。

情绪，我觉得很能理解，这好像是一种纯粹精神的追求，一种灵魂深处的奇妙涌动。这种浪漫激情包含着极其美丽的幻想成分，为一代青年人所共享。它首先表现为一种道德上的洁癖……其次是一种视前人为粪土的高傲态度和对于未来的万丈雄心……”[①]人在少年之时，总有一些虚无缥缈却美丽珍贵的理想，闯荡世界，也是这其中之一。赵和平则认为，当时小波和他们一样，都不想在父母身边待着，觉得没出息，都想着出去闯荡一下。

忙碌紧张的准备之后，二龙路中学“老初一”的几个同学，共同商量决定，争取分在一起下乡，也好有个照应。最后，和王小波一起到达云南德宏陇川农场弄巴分场的学生共有八个，三男五女，分别是赵红旗、赵和平、艾建平、沈芬、那佳、朱萍华、岳薇和艾建英。其中，艾建英是艾建平的姐姐，赵红旗是赵和平的哥哥。赵红旗到达弄巴农场不久，就被借调到了勐海水利团。和他们一起去云南的教育部子弟还有很多，比如，在瑞丽的赵东江和肖林。

2

1969年5月15日，这是王小波永远不能忘记的日子。后来，在每次隔几年就要组织活动的教育部知青联谊会上，大家都要念叨一下这个日子。人的一生总有几个“关键日”。这个日子，对那些云南知青而言，不仅意味着曾有过的理想主义，也意味着青春。

天刚蒙蒙亮，这些充满激动和好奇心的少男少女就出现在了

---

① 王小平，《我的兄弟王小波》，第146页。

北京火车站。他们有的激情昂扬，有的平静如水，有的则显得心事重重。但大家都还勉强欢笑着，在锣鼓喧天的欢送乐曲中，一路向前。随身有很多大木箱子，带着各种物品。这些稚气未脱的小红卫兵们慢慢走上火车，他们中的大多数可能不会想到，他们将在艰苦的环境中接受磨难，他们中的一些人，甚至要等到1978年知青大返城后，才能回到北京，某些人甚至就此和北京永远分离了！

汽笛声猛地响起，好似突如其来的惨烈告别，小红卫兵们和他们的送行者都愣了一下子，时间仿佛凝固了。喧闹的锣鼓和雄壮的革命歌曲不见了，天地也仿佛停下来，悲悯地看着这群即将生离死别的人们。“哇”的一声，有人哭了出来，接着，就是哭声一片，特别是女孩子们，一些女性家长甚至哭昏了过去。“悲莫悲兮生别离”，多年之后，作家阿城在小说《棋王》中，还曾追忆过类似场景。王小波当时没哭。他只是目光忧郁地望着泪眼婆娑的亲人们，想要说些什么，却欲言又止。同去的赵和平和艾建平也没哭，只不过沮丧之情也溢于言表，王小波半开玩笑地开解说：“怎么着，建平，你也伤感啦？”

“谁难受了？”艾建平挺了挺胸脯，揉了揉发红的眼，“我就是不愿看这样的场面。”

王小波拍了拍他的肩膀，说：“你就别撑着了，不过，人就像一滴滴在桌布上的墨水，到了哪里都可以向四周慢慢扩散，也不用太难过。”

很快，这些孩子们，就摆脱了沉闷的氛围，沉浸在第一次出远门的新奇中，下棋、打扑克、唱歌、聊天，不亦乐乎。但时间一长，漫长的旅途，让大家变得疲惫不堪。北京始发的火车到湖南就转道入广西，他们经桂林换乘汽车到达昆明。此后一千多公里行程，他们大部分走在滇缅公路上，需穿过中国最坚硬的山区，跨越中国最湍急的河流，翻越高黎贡山，跨过澜沧江，过大理，经保山，由潞西向西一百五十公里，陇川方在眼前。

北京知青们先到云南楚雄集中，经过一次分流，剩下的人到达保山，暂住保山师范学院，然后分陇川、盈江和瑞丽三个方向，进行再次分流。然而，就在保山，几个在京就结下仇的知青，相互看着不顺眼，打起了群架，甚至动了刀子，一个知青被扎伤了。所有知青都停下来整顿，又分流了一批人。到保山时，他们还有九百人左右，经过分流后，人减少许多。最后，从保山再到陇川，到达弄巴农场后，经过简单训话，王小波们还需再走大半天尘土飞扬的土路，转乘牛车才能到达“14队”，这时，北京知青只有二十余人了。[①]路上，王小波度过了他十七岁的生日。可以说，这是王小波的十七岁“第一次出门远行”。

经历十一天长途跋涉，一个炎热的下午，二十二名北京知青最后到达弄巴农场景罕14队，也就是后来的云南建设兵团3师10团3营2连（弄巴农场所属的陇川农场，原来都是安置转业军人的农场，但大规模知青支边之后，大约1970年前后，改成了兵团建制）。全连一百二十多人，管着附近一千多亩水田，各地知青来之前，大约有三十多个老职工，大部分是各地的转业军人，也有本地工人，成分比较复杂。北京、四川、上海等地的知青来到后，农场才变得热闹起来。王小波他们乘坐的是一辆大卡车，只把知青拉到山上的15

① 据2012年11月5日对艾建平及2012年10月29日对赵和平的采访。

队，再由对面山下14队副队长田家应，也就是队长王永贵的爱人带人上山去接，知青们的箱箱柜柜，用牛车拉了两三趟。王小波的行装是一个大木箱，全是换洗衣服和被褥。

刚到农场，大家看什么都新鲜，云南的天是那么蓝，大朵的油菜花盛开在田野，有的知青忍不住要唱起歌。然而，农场革委会主任的训话，让这些对神秘云南充满好奇心的知青娃们心情一下变得沉重了起来。那位农场领导表情严肃，劈头盖脸地来了一个下马威："你们这些知青，来到这里，没有一个不是家里有问题的！你们要认真劳动，不许偷懒，扎根边疆，争取早日成为毛主席的合格的战士！"大家预计的热烈欢迎场面并没有出现。这些教训像一盆凉水，浇得知青们有些迷惘。[①]

当天晚上，大家都暂住在了队上的粮仓，一堵矮墙将男女生隔开。晚上躺在蚊帐里，看着一只只大耗子在屋顶嗖嗖窜来窜去，男生瞅着新鲜，女生则吓得尖叫。还有内地见不到的大蜘蛛，个头都大得吓人，必须用鞋底猛打，才能杀死。艾建平幽默地说，云南也真奇怪，凡是动物和植物，都长得高大，只有人又瘦又黑又矮。不一会儿，疲累的男孩子们就鼾声如雷，女生们想起了万里之外的北京，有人不禁嘤嘤地哭起来，男生们愤怒地敲了敲墙，才止住了哭声。两个月后，队里把知青住的平房修好了，安排四人住一间，王小波和赵红旗、赵和平兄弟，还有杨树龙是同屋。

① 据2012年10月29日对赵和平的采访。

3

接着，就是每天千篇一律的劳动。王小波到达弄巴农场时，正赶上农场插秧。每个知青每天工作量是一天三分地左右。一般人插秧苗，都是弯着腰，支着身子，左手拿秧苗，右手三根手指先要从左手分出一撮秧苗，然后捏住秧苗，把它栽入泥里。王小波个子大，弯着腰，显得很吃力。他的手也大，像小蒲扇似的，因为不太灵敏，只能用大拇指和食指夹住秧苗，向地里摁。每次摁一下，水田都发出“咕嘟咕嘟”的声音，当地的人就笑：“野牛栽秧厉害呀，像蛤蟆放屁。”王小波不仅插秧不行，割稻也做得不太好，个子太高，动作不协调。但他打谷子做得好，一百二十多斤的大麻袋，一个人能从及膝的水田里掂出来。那时大家都想好好表现，争取进步，因此小波和同学们抢着插秧，特别是艾建平，他个子矮，但身手灵活，干活利索，小波把他当作了竞争对手。小波弯腰时比较费力，但也有优势，他的胳膊长，手里拿着秧苗，一下子可以插好多行。很多年来，弄巴农场的职工们还记得王小波插秧的样子，张牙舞爪，像半截黑柱子戳在田里，又像超级大黑蜘蛛。

然而，农场职工们并不叫王小波“大蜘蛛”，而是叫他“野牛”。王小波在初中时期就有这个外号，当时叫“大野牛”，王晨光则被称为“小野牛”。兄弟俩是公认的教育部子弟中的两个“大高个儿”。在弄巴农场，当地人对“野牛”这个外号也颇认同。云南多牛，野牛是公认的厉害角色，而王小波一米八四的身高，在云南也比较罕见。野牛不太爱说话，走起路来松松垮垮、歪歪斜斜的，经常是一头乱发，沉默寡言，“邋里邋遢”。

野牛同志的一大特色正是“邋遢”。王小波在弄巴农场的邋遢，还真是不一般，颇有古代圣人颜回的风范，又似印度苦修教派的污衣教徒。小波的邋遢在二龙路中学就很有名，沈芬对王小波的印象是“总是一根裤腿长、一根裤腿短，走起路来吊着膀子，弓着腰，一晃一晃的”，“乱七八糟的头发从来不梳，白色的背心穿成黄色的，然后再穿成黑色的”。而在云南，王小波的衣服，常是一身干净的穿脏了，也不洗，就挂在屋外面，这样一件件积累下去，等没有新的了，再从挂在外面的脏衣服中找一身看着较干净的穿上。五六件衣服，总要穿上好几轮，直到它们全都变得面目全非。农场上下都对王小波的邋遢之风目瞪口呆，小波安之若素，依然穿着脏衣服看书、吃饭，不管别人的目光。后来，还是一个队上的大嫂段炳芹实在看不下去了，主动提出帮助野牛洗衣服。野牛的床也颇像“牛棚”，从不见收拾过，如果你胆敢把手伸到野牛的被褥，总能发现扳手、钳子、螺丝刀这类小工具。野牛热爱修理事业，但小小的农场，实在没什么让他修的东西，而且野牛的手艺，的确不像他炫耀的那样精湛，常把好东西修坏，再修好，再拆卸，再弄坏，野牛就在这样的修理循环中得到乐趣，全不顾东西所有者“如丧考妣”的惨状，只为满足修理癖，野牛常把工具放在被窝里。

除此之外，王小波的性情也颇像野牛，就是打架够狠。他很少主动挑战别人，也不欺负人。但他为人义气，只要看到有人受欺负，特别是北京知青，总是义无反顾地冲上去，无论能否胜利，都一样骁勇善战。他那沉默的表情、高大的个子，还真能唬人，对身材矮小的云南本土知青、四川知青，特别有震慑力。为了防止被打，野牛和赵红旗都弄了一把阿昌族的“户撒刀”。那是一种水牛角把的、匕首类的小刀，带在身上非常神气。小说《黄金时代》曾写到王二带着户撒刀和一把从公社买的猎枪，领着陈清扬逃到了山里，过起了性爱乌托邦的生活。据赵红旗回忆，当时公社供销社，的确可以买到上海的猎枪，但猎枪不是什么人都能买的，必须要介绍信，倒是他们生产队长有一把猎枪，队上还有两把土枪和一些制式步枪。小波曾玩过气枪，他常拿它装上豆子，在仓库里打老鼠。

王小波讲义气，很多人愿意和他交往。当时，在弄巴的北京知青也分两帮，一群是二龙路中学过来的教育部子弟，另一帮是太平桥中学的普通市民子弟。两帮人时分时合。艾建平说，唯有王小波和太平桥中学的学生能说上话，不为别的，就因为太平桥帮那边有个家伙也很幽默，爱侃故事，小波觉得那人有意思，就跟他慢慢搭上了话。小波和两帮人关系都不错，大家都愿听他的。

赵东江至今对王小波的友谊念念不忘。刚分到瑞丽卡朗农场，他的小腿就被蚊子叮咬感染了。这是一种常见的地方病，知青们因为水土不服，格外难以忍受。王小波得知消息，一定要去看望赵东江。从弄巴到瑞丽，要翻越一座山，还要走上七十多里地。但在家里早就练出一副飞毛腿的王小波并没把困难放在眼里。9点吹了熄灯号，王小波悄悄地对赵和平说，我要去看看东江。大家都困得不行了，就没在意，和平迷迷糊糊答应一声就睡过去了。凌晨3点，王小波拿上一条武装带——当时红卫兵们最流行的武器，打着手电筒就上了路。傍晚时分，疲惫不堪的小波才到达卡朗农场知青点，正在忍受病痛折磨的赵东江，看着一个黑壮的身影从渐起的雾气中钻出来，迎面朝他的屋子走来，正在疑惑，就听见一个瓮声瓮气的声音说："东江，来看你了，我是小波。"

赵东江喜出望外，赶紧把小波叫进屋子。小波低下头，看看赵东江的腿，也没什么安慰的话，只是说："云南的蚊子也欺生呀。"

赵东江咧了咧嘴，说："小波，谢谢你，腿上用了药，不久就会好啦。你不用担心。"

小波笑着说："我不光看你，在路上我还打了一头野猪，可惜个头太大了，要不就扛回来给你补补身子。"

赵东江只当小波开玩笑，也不说话，只是笑着，眼睛却有些湿润了。

小波又端详了一会儿东江的小腿，仿佛要研究那些小脓包的数量。一会儿，困意上来了，倒头就睡。第二天天亮，他又告别赵东江，走一天山路回到弄巴。

4

弄巴农场接近缅甸，处于北回归线附近，基本属于亚热带季风气候，雨量充沛，没有常见的芭蕉和橡胶树林，却有很多水田。一年除了旱季就是雨季，雨季高温潮湿，旱季干燥偏冷，没有四季之分。弄巴附近是水流湍急的陇川江，远一点，还有一条南宛河。知青们到了农场，很多人都因水土不服生病，有的被蚊子叮咬得了疟疾，有的则莫名其妙地得了烂腿病，腿上都是小坑，一摁下去就流脓。农场的伙食也很"枯燥"。前几年一些记者在采访报道中说，王小波队里的伙食不错，有白菜萝卜，一两周还能杀一头猪吃。每个知青每月能分配到三两花生油、三十八斤大米（七十六张饭票）。

其实这不是很准确。据赵和平、艾建平回忆，他们在弄巴农场，米饭倒是有的，不像云南山区和当地少数民族住在一起的知青，连粮食也吃不上。然而，菜却很少，产量也低，既有气候的原因，也有人为的因素。王小波他们最常吃的，是盐水泡饭，好的伙食就是红糖水泡饭。泡饭吃多了，就会感觉自己是一团发起来的东西，一走动胃就翻腾，人也轻飘飘的。韭菜就是不错的菜了，王小波在杂文中，回忆过自己在韭菜中吃出卫生纸的故事。肉则很难见到，平均一个月也杀不上一头猪。最好的伙食，属红糖包子，但要走几十里路，到公社开的食堂去买。红糖包子也不是天天都有，要买的话，必须早早赶过去排队。卖包子的是一位"风韵犹存"的大嫂，她的丈夫是原景颇族的生产队长，因为生活作风不好，"搞破鞋"，被撤了职务，也全家搬到弄巴农场居住，和王小波他们正好住对门。这位大嫂人长得秀丽，说话声音也好听，很多知青去买包子，有的为解馋，有的也是为一睹芳容。

其实，当地少数民族的饭食，品种也颇多样，但在革命年代，生产不仅没有发展，反而有下滑趋势，吃的东西常常青黄不接。王小波他们曾断过两次粮食，没办法只有吃粗粮饲料。当地景颇族有一句俗语："绿的就是菜，动的就是肉。"山上水果很多，有菠萝、甘蔗、槟榔、鼻涕果、枇杷果、老缅桃，还有号称"水果之王"的牛肚子果（波罗蜜），又酸又涩但解渴又解乏。《黄金时代》里，知青王二就是拿枇杷果贿赂了司务长，才跑出去找陈清扬的。

闲暇时，知青常出去参加傣族或景颇族"赶街"，类似我们的赶集。刚开始，大家看什么都觉得新奇，对景颇族和傣族人嚼槟榔的样子大惊小怪——槟榔嚼在嘴里，鲜红一片，知道的觉得"好似祖国江山”，不知道的还以为口吐鲜血。知青买水果，当地人知道他们有钱，要的价钱较高，知青知道了内幕，往往丢下钱，拿着东西就走，有心眼坏的，丢下一点钱就跑了。而老乡们抓知青，喊的口号也很有意思：“不好啦，思想啦！”大概当地农民，看到政府经常开会，“批斗思想”，就把“思想”当成是很不好的东西，吓唬人的“物件”。

不少女知青还自告奋勇，尝试穿筒裙。正确的说法应是“筒裾”，阿昌语为“姆支”。该服装收紧腹部贴身紧裹，裙子呈筒状下垂，更能显出妇女的窈窕身段。阿昌族的抠花筒裙，有“阿波花”“细脚花”“叉子花”“香炉花”“梨翁花”“节子花”等花纹图案。《黄金时代》里，陈清扬就喜欢穿筒裙，“筒裙就像个布筒子，下口只有一尺宽。会穿的人在里面可以干各种事，包括在大街上撒尿，不用蹲下来”；而王二扛着陈清扬，打了陈清扬的筒裙一巴掌，让陈清扬“差一点”爱上了王二。

景颇族做饭，也有炸、腌、煮、烤、剁等诸多讲究，而景颇族的干豆豉、鬼鸡、竹筒煮活鱼、炸沙虫，都是不错的小吃。但当地人不吃蛇，认为蛇是不洁之物，吃了会生病。知青来了后，改变了当地人的生活习俗，他们也开始尝试吃蛇肉。王小波没少出去捕蛇，都是没毒的菜花蛇。小波和赵和平等几个朋友，犁地的时候，常翻出地里的蛇。有的时候，他们下工后，一起悄悄来到小溪旁的丛林，也能找到蛇。打死蛇后，剥了皮，洗干净了，再悄悄拿回来，用瓦罐焖着吃。大家有的贡献盐巴，有的拿出较珍贵的酱油膏，一般都是家里寄的，油则是分肉时用肥肉炼的。不一会儿，瓦罐就“咕嘟咕嘟”地冒出诱人肉香，惹得一屋人都流口水，屋外都能听到肚子“咕咕”叫的声音。根据知青同伴李国强回忆，有一次，王小波打死了一条十多斤的蟒蛇，小波把它剥皮炖熟，大家好好地打了一次牙祭。小波还精通戽鱼，这在小说《黄金时代》中也有描写。“戽鱼”是利用小溪水位的高低，在上游打泥坝，然后缓缓地将水放干，鱼就自然落入了绑在两根木棍中间的小网里。

日子很枯燥。很快王小波和同伴厌倦了插秧。按当时工作安排，早上七点半，队长敲着铁片，喊大家开工，中午十一点半结束。下午两点半再开始，一直到六点半太阳下山。对于一个大个子来说，在田里弯腰干上八个小时农活实在吃不消。野牛同志先后插过秧苗，养过猪，因为生病，还被队上委派协助做饭。他在杂文中记录了协助司务长做“忆苦饭”的经历：

> 说实在的，把饭弄好吃的本领他没有，弄难吃的本领却是有的，再教教就更坏了。就说芭蕉树心吧，本该剥出中间白色细细一段，但他叫我砍了一棵芭蕉树来，斩碎了整个煮进了锅里。那锅水马上变得黄里透绿，冒起泡来，像锅肥皂水，散发着令人恶心的苦味……(《体验生活》)

14队老司务长吕平科负责全队伙食，忆苦饭是他做的，总共没有两次，都是用芭蕉树的根和叶，加上南瓜藤、红薯藤，辅以米糠，投到一口大行军锅里。大家在会场一字排开，一边煮一边虔诚地合唱：“天上布满星，地上亮晶晶，生产队里开大会，诉苦把冤伸……”那忆苦饭，又麻又涩，拉得喉咙生疼，大家吃了以后，都感觉不消化，大半夜一起跑出来，在大月亮地里拉野屎，也算是奇观了。

虽然王小波不是一个好厨师，却是一个好饲养员，对牲畜颇有同情心。他曾喂过一只猪，后来被记入了散文《一只特立独行的猪》。那是一只精瘦的肉猪，聪明强悍，会模仿各种声音，从不安于圈中，它最后在人们的围追堵截中跑掉，成了一只“自由派”野猪。王小波写道：“我已经四十岁了，除了这只猪，还没见过谁敢于如此无视对生活的设置。相反，我倒见过很多想要设置别人生活的人，还有对被设置的生活安之若素的人。因为这个缘故，我一直怀念这只特立独行的猪。”据艾建平等人回忆，队里的确有一头凶悍的家猪，但没王小波写得那么夸张。

5

理想主义逐渐褪色，生活流露出它的残忍无情。王小波的“惫懒相”也露出苗头。当年没有双休日，连周日都没有，农忙时节，半个月才休息一天。但野牛同志三天两头闹病，不是头痛感冒，就是腰疼，算下来一个月也能休息七八天。闲暇的时候，他就躺在屋里看书。14队老队长冯有建，每次见到野牛不干活，就大声吼叫：“你干吗不下地干活，又想偷懒！”遇到这样以势压人的领导，小波干脆不理，而当时管他们生产小组的王文杨则较会做思想工作，常对小波问寒问暖。这样一来，小波反而不好意思了，主动要求干活儿。除了物质生活贫乏，精神生活也单调，报纸永远只能看到三天前的，写封信在路上也要走很长时间。但大家对王小波讲故事的天赋有了新认识。王小波和生人没什么话，只有熟悉了，他才放胆子说，常把大家逗得哈哈大笑。农场职工们休息的时候，最喜欢听野牛讲故事。无论《三国》还是《水浒》，他都讲得绘声绘色，听众们也都听得津津有味。王小波最擅长讲《一千零一夜》和《十日谈》的故事。《一千零一夜》的故事可以给老乡们讲着玩，云南的老乡们，听着几万里之遥的阿拉丁神灯的故事，居然也有很多共鸣。但《十日谈》就不相宜了，小波只在晚上熄灯后，给宿舍的人讲，大家听到“荤段子”时，总发出阵阵怪笑。

插秧、犁地、放牛、养猪都是工作的主要内容。而下棋、看电影、抽烟、打扑克、打篮球、游泳，则是知青们的业余活动。王小波曾在杂文《思维的乐趣》中半开玩笑地说，他一生一大半的棋都是在知青时代下的，但他却从一个不错的业余选手下成了“臭棋篓子”。这里，他说的是，当时知青生活贫乏，下棋作为消遣，最后简直变成了打发时间。阿城的小说《棋王》也写知青下棋，但他笔下的下棋既是传统老庄文化的寄托，也是知青生活的“精神转喻”。这个转喻的合法性被王小波消解了。王小波拒绝赋予知青生活任何正面意义——除了反抗的意义。看电影也是当时不多的娱乐之一。旱季的时候，每隔半个月，电影放映队就来农场放电影。是时，1949年以来的大部分电影都成了毒草，能放的只有“三战一哈”(即《地雷战》《地道战》《南征北战》和西哈努克亲王的宣传片)等少数几部电影，还有就是黑白《新闻简报》。王小波负责接送放映员，一来二去也就混熟了，几部片子大家翻来覆去地看，虽然厌烦，但聊胜于无。小波游泳水平也很高，他身材瘦长，在云南的小河，一个猛子扎下去，能潜出去很远。而说到抽烟，当时每个知青每月发24元，其中有2元边疆补助，这让很多老职工们很羡慕，因为他们也就挣这么多钱。而知青们没有家室拖累，花钱也更大方，当地物产贫瘠，有钱也买不到东西。除了吃饭，知青们很多钱都用在了买烟上，王小波的烟瘾，就是那时养成的。青春年少，大家好胜心强，抽烟也是比着抽，结果上半个月还能抽得起两毛一包的春城和金沙江，到了下半月，就只能抽八分一包的钢花了。小波个头大，嘴巴也大，嘴里常是一排摆开十支烟，一起点起来抽，加上手舞足蹈，乍一看，颇像一个印第安老酋长叼着大麻叶，在煞有其事地做祭祀。

当然，王小波最喜欢的还是看书。王小波不仅吃饭的时候看书，睡觉前看书，下工回来，脚也不洗往床上一坐，拿被子往身上一披，就开始看书。干了一天农活儿，回到宿舍，精力旺盛的孩子们，还要打扑克、下象棋。但是，过了十二点，大家都睡着了，小波也要看一会儿书，有时还做几道几何题。舍友都觉得点灯太亮，影响睡眠，他就偷偷地走出来。弄巴农场处于海拔2400米的北回归线附近，月亮像一个大银盆，把四下照得通亮，王小波就坐在宿舍前的石头上看书，看着看着就入了迷，也不知过了多长时间，直到后半夜或凌晨，天空渐渐升起浓浓白雾，月亮退去，他才会回去。赵和平兄弟俩来云南的时候，带了几本古希腊的历史书，小波曾反复研读，而他自己带的四卷本《毛泽东选集》、奥维德的《变形记》则看了无数遍,《变形记》先是被看成了海带形状，后来生生地被看没了。王小波在《思维的乐趣》提到过没书读的痛苦，有时竟连《赤脚医生手册》都翻得稀烂。20世纪70年代初的弄巴农场，不仅闭塞，而且缺少书籍。对于知识的渴望，让王小波非常苦恼。军代表连知青看书都管着:“假如我们看书被他们看到了，就是一场灾难，甚至

‘著迅鲁’的书也不成。”(《思维的乐趣》)

“斗破鞋”是“文革”时期流行的“半风俗性质”的政治行为，也是老百姓和知青的一项娱乐活动。“破鞋”一词据说源于北京八大胡同。那些没有字号的窑姐，在大门外挂上一只绣花鞋，作为幌子。日久天长，风吹日晒，绣花鞋就成了“破鞋”。“破鞋”于是成为“不正常男女关系”的代称。“文革”期间，人人忙于搞政治这种苦闷危险的事情，但也有人放弃搞政治而专搞男女关系。人们喜欢把搞男女关系的人抓起来，游街，斗争，勒令交代细节，以填满精神生活的空虚无聊。对“破鞋”们的羞辱除了戴高帽，挂破鞋，敲铜锣，搞批斗，繁重的体力劳动也必不可少，谢晋导演的电影《芙蓉镇》中，刘晓庆扮演的胡玉音就有一段“挂破鞋”经历。云南乡野的“斗破鞋”活动，反映了乡愿民俗和政治斗争的结合，如果按弗洛伊德的说法，也带有“性羞辱”的窥视意味。王小波身边的女知青中并没有“破鞋”，据艾建平、赵和平等人回忆，弄巴农场曾在农闲时，组织过一两次“斗破鞋”活动，有时政治运动来了，“破鞋”也跟着陪斗，都是当地农村妇女。王小波的小说《黄金时代》中的“破鞋理论”，其灵感大概来源于此。

随着年龄增长，情窦初开的知青男女们，也开始有了一些微妙变化。刚来弄巴农场时，北京知青的男女之间是不说话的。慢慢地，先是太平桥中学的男生和女生开始搭腔，后来，二龙路中学的学生，也开始男女交流。可惜的是，14队的二龙路和太平桥中学内部，都没有谈成对象的。反而是其他地方的知青，有不少谈成的。王小波虽然邋遢，人有几分放荡不羁，但却吸引了一些女生的注意。据很多当事人回忆，那佳对王小波颇有好感。那佳是一个高挑秀丽的姑娘，她对王小波特立独行的派头，有几分欣赏。那佳从北京探亲回来后，带来很多北京挂面，这虽是不值钱的东西，但在当地却还是稀罕物件。那佳给二龙路中学来的知青每人分了一点挂面，那些馋嘴的男孩子很快就吃完了。每次，大家都撺掇着王小波去向那佳要挂面——别人还真没那么大面子。农场老职工私下爱给知青“配对”，大致按照外表和性格议论哪两个人比较合适，他们总爱把那佳和小波配到一起。但这段可能出现的情感却没结果。那佳认为，小波心高气傲，肯定是想找有思想、能和他精神上交流的人，用小波的话说就是，他抛出一个球，对方得能接得住。曾有寻访者追索《黄金时代》里陈清扬的原型。据他们查访，14队太平桥中学女知青韩玉林，长得苗条白皙，比王小波大一点，符合陈清扬的外形，只是和王小波没有交往，也没做过医生，更没因作风问题被批斗过。而据赵和平回忆，陈清扬和王二的原型，应另有其人：他们都是北京知青，因生活作风问题，两人从山上15队被“发配”到14队看守水泵房。当时也没人来批斗他们。但那女人长得漂亮，男人则比较彪悍，符合王二的形象。[①]他们到14队后，王小波和赵和平、艾建平他们，都曾去看过，王小波对他们的事比较了解。所谓“陈清扬”原型，应是几个女孩形象的捏合。

偷鸡和打架，也是知青们生活的主要内容。偷鸡是知青的“必修课”。偷鸡大多有两种原因：一是嘴馋，要打牙祭；二是私人恩怨。知青主要和农场老职工这个群体有矛盾，和少数民族群众，却大多处得不错。1969年，王小波和其他知青一样，在初抵农场后变

---

① 据2012年10月29日对赵和平的采访。

得消沉，消极怠工，躲避劳动，爱说反动怪话，跟着就是各方“帮教”。他是属于“被教育”的部分。14队1组组长王文杨告诉他，要好好劳动，总有一天，知青会有机会返回家乡。知青们从心底里愿意相信王文杨的说法，于是换来了“表面和平”。和平不是没有代价——有谁骂知青，过两天家里养的鸡就没了。知青们偷老职工的鸡，农场职工也偷知青养的鸡及鸡下的蛋。知青点为补助生活，也允许知青养鸡。经常是鸡要下蛋了，听到母鸡“咯咯嗒”地叫个不停，等知青到了鸡窝，却只能和母鸡大眼瞪小眼，母鸡眼中是被偷走胜利果实的羞愤，而知青们只能在鸡窝里，找到带母鸡体温的茅草，或一摊可爱的鸡粪，鸡蛋却化作了燥热的空气，像孙猴子一样，变得无影无踪。知青找职工们讨要鸡蛋，职工们则显露出无辜的朴实面孔。好几次，连知青都相信了老职工们的确无辜，直到一次有个职工偷鸡蛋被知青们抓了个正着。

这样，知青和老职工们的矛盾就公开化了。王小波他们甚至还偷了队长家的狗。有关这只狗，在小说《黄金时代》中也有记载。它印证着王小波著名的“辩诬逻辑”。队长的狗的左眼被人打瞎了，队长怀疑是王二，原因有三：一是王二有手，能拿气枪；二是王二有把气枪；三是王二和队长有隙，还曾拿气枪打东西。因此，队长就给王二小鞋穿。而王二的办法是，打瞎狗的右眼，让它彻底走失。队长认定王二有罪，是从王二可能是罪犯的前提出发的，王二必须证明自己无罪，才能摆脱嫌疑。而王二的做法是直接取消逻辑前提，即不启动辩诬程序，而是让逻辑辩诬的整个形式不成立。不能小看这只狗，因为它颠覆了新时期伤痕文学的一个潜在逻辑，即“辩诬”。例如，从维熙的《大墙下的红玉兰》、鲁彦周的《天云山传奇》、古华的《芙蓉镇》等，这些“文革”反思小说，都存在着“忠奸对立”的内在文化逻辑，即“四人帮”是奸臣，而老干部是忠臣，老干部虽受尽冤屈，却痴心不悔。《黄金时代》中的这条狗，包括陈清扬的“破鞋”辩诬方式（即拒绝权力窥视程序，干脆做一个真正的破鞋），彻底颠覆并嘲弄了“文革”逻辑，彰显出一种强悍的个人主义气质。

6

日子枯燥乏味，却也不是全无波澜。一个突发事件差点改变了王小波的命运。

天气炎热，太阳直直晒着人们的头脸，亚热带的热风吹在人身上，使人像是披了一件湿牛皮，浑身不舒服。农闲的时候，耕牛必须及早撒出去，让它们洗澡、吃草，才有力气干活。由于缺乏机械，牛是当地主要劳动力，简直比人还金贵。农场在牛出工的时候，都给它们喂红糖稀饭，以保持体力。当地青年职工龙闷儿，负责赶牛车，王小波负责放牛。小波虽然较邋遢，但却对牲口很好，经常给手底下的大水牛加料，而这几位家养的牛兄，对野牛同志也颇亲近，从不给他找麻烦。那天，龙闷儿不知为了什么，心情不痛快，手里的鞭子像把细刀子，专门抽牛耳朵，小波不高兴了，就说了龙闷儿一句：“有啥事儿，别对着牲口使劲，牲口整天给咱干活，可不欠咱们的打。”

龙闷儿是个黝黑的矮个青年，脾气暴躁，就跳下牛车，叉着腰，用当地土话骂道：“野牛，我放我的牛，关你鸟事！”

当地农场职工很粗俗，小波对此早有领教。《黄金时代》里的景颇族小孩，就这样说话。别看小波平时蔫蔫的，不太讲话，可也有几分性格，一听龙闷儿的话，也有些绷不住劲了，就把拳头凑近龙闷儿，利索地用北京话回骂："你会说人话吗？我看你还不如牛，牛也不会乱踢人，牲口让你使唤坏了，到时候我也跟着受连累！"

龙闷儿一听，火气更大了，也不搭话，扑上来就要打小波。他哪是小波的对手，小波个子大，胳膊长，龙闷儿还没碰到小波，就被横着丢在了水田，像一块板结的牛粪。很快，周围就聚集了一大群知青和当地职工，大家都给打架的双方呐喊助威。只有无辜的牛们，纷纷瞪着大眼，疑惑地注视着人之间的战争。

不一会儿，胜负分了出来。龙闷儿被小波打了一个乌眼青，小波脸上也被挠了几道口子，衣服扣子也被扯下几个。拉架的把两人劝开，龙闷儿哭哭咧咧地跑回家去了。虽然这次打架事件很快被平息了，但还是被农场领导知道了，14队野牛王小波能打架的"名声"也传了出来，有的职工甚至拿王小波吓唬孩子，颇有点"止小儿夜啼"的效果。没过多久，一个北京知青慰问团来云南，王小波打架的事情，不知怎的，慰问团也知道了。营指导员很生气，非要批斗王小波。

王小波的小说《地久天长》中，写了王二与"军代表"之间的矛盾。军代表还真有原型。据赵和平讲，此人是三营王指导员，长得白白净净，毕业于通县炮兵学校，也算是小知识分子，但为人死板，教条主义，且对北京知青颇有微词，有些偏见。[①]正是此人，

---

① 据2012年10月29日对赵和平的采访。

让王小波接连被批斗三天。但是，王指导员并没有小说中所写的男女作风问题。他一度颇欣赏赵红旗和赵和平。赵红旗被借调入水利团，不但提干入党，且还被推荐为团里的学毛著积极分子。但因他探亲后再也没回来，军代表为此恨透了北京知青，后来在赵和平调回北京拿档案的问题上，也是百般刁难。王小波在杂文《我为什么要写作》里写道："插队的时候，我遇上一个很坏的家伙（他还是我们的领导，属于在我们这个社会里少数坏干部之列），我就编了一个故事，描写他从尾骨开始一寸寸变成了一头驴，并且把它写了出来，以泄心头之愤。"这个军代表变成驴的故事到底如何，我们现在已不得而知，但王小波后来以牟平的水道联中为背景的小说《这是真的》，的确写了一个仗势欺人的姜助理，整日借着身份欺负教师，后来他喝醉了酒，变成了一头驴。想来，这个故事，应该就是从王指导员的言行中演化而来的。

云南生产建设兵团生活很苦，比如弄巴农场，缺粮少菜，还要养活一大堆知青。比弄巴农场艰苦的地方还有很多，尽管大家都在唱"献身边疆"的高调，如当时的一首知青诗歌《我爱第二故乡》，就很具"文革"话语气息："从边疆的风，/我们能辨出阶级斗争的动向；/从边疆的雨，/我们能估计出又可增产多少胶树乳浆……/呵！喝一口边疆的水呵，/甜到了心上；/望一眼边疆的山呵，/豪情满胸膛！"[①]而关良的《这也是战斗》，则代表了当时将艰苦劳作进行审美浪漫化的倾向："粗壮的手臂，/树起钢的林，织成铁的网；/

① 云南农垦局编，《边陲花正红——云南农垦知识青年诗歌集》，云南人民出版社1976年版，第189页。

震动山岳的吼声，/倾吐出爱的波，恨的浪！ //激烈的战斗，/在新生活的前沿打响；/战斗的激情呵，/在这创业的日子里奔放！"[①]但当浪漫变成了"瞎浪漫"，空虚无聊的心只能越来越消沉。

同时，兵团对知青的关怀也不够，有的甚至还故意虐待。这种情况四师比较严重。很多知青已到谈婚论嫁的年龄，却连对象都没有，谈恋爱的知青也没有几个打算在云南成家，生怕一结婚就永远不能回城。另一个方面，知青中未婚同居的现象又非常普遍，由此引起的怀孕堕胎、未婚生育的情况时有发生。一些农场知青连住房问题也没解决，几个人挤在破烂的茅草房。有的农场干部动不动就对犯错误的知青捆绑吊打，个别干部还利用职权奸污女知青，这些问题日积月累，长期得不到解决。[②]1973年7月4日，新华社《国内动态》第241号刊登《云南建设兵团四师十八团摧残迫害知识青年的情况》，震惊了全国。《情况》披露，1969年到1974年7月，云南建设兵团共发生破坏上山下乡案件411件，奸污207件，捆打98件，凶杀2件，逼婚3件，打击报复5件，煽动外逃1件，死因未明3件，猥亵83件，强奸未遂9件；犯罪分子包括现役军人166人，师级4人，团级9人，营级31人，连级105人。[③]据沈芬回忆，王小波还写过小字报，促使农场领导在处理知青问题上更多考虑知青利益。知青们逐渐"挑起了连队大梁"，司务长、文书、会计、记工员、教师、卫生员、炊事员、拖拉机手、宣传队员等，需要文化的

---

① 云南农垦局编,《边陲花正红——云南农垦知识青年诗歌集》，第18页。

② 杨全,《1979：云南支边知青大返城》,《龙门阵》，2005年第11期。

③ 中共云南省委党史研究室,《云南知识青年上山下乡运动》，第168页。

工作全由知青承担。[1]王小波他们所在的农三师，虐待知青的事情较少，如果说有批斗的情况，王小波、赵和平、杨树龙三人算一个案例。挨批斗的心理感受，王小波在《黄金时代》中写得非常逼真：

> 我在人保组，罗小四来看我，趴窗户一看，我被捆得像粽子一样。他以为案情严重，我会被枪毙掉，把一盒烟从窗里扔进来，说道：二哥，哥们儿一点意思。然后哭了。罗小四感情丰富，很容易哭。我让他点着了烟从窗口递进来，他照办了，差点肩关节脱臼才递到我嘴上。然后他问我还有什么事要办，我说没有。我还说，你别招一大群人来看我。他也照办了。他走后，又有一帮孩子爬上窗台看，正看见我被烟熏得睁一眼闭一眼，样子非常难看。打头的一个不禁说道：耍流氓。我说，你爸你妈才耍流氓，他们不流氓能有你？那孩子抓了些泥巴扔我。等把我放开，我就去找他爸，说道：今天我在人保组，被人像捆猪一样捆上。令郎人小志大，趁那时朝我扔泥巴。那人一听，揪住他儿子就揍。我在一边看完了才走。陈清扬听说这事，就有这种评价：王二，你是个混蛋。

王小波受群众批判，并没有被捆起来。当时娱乐生活匮乏，晚上点起煤油灯搞批判也是娱乐活动。和王小波他们同时受批判的，还有“破鞋”和其他“坏分子”。赵和平、杨树龙和王小波，是作为打架斗殴，破坏知青和当地职工关系，好吃懒做的典型被揪了出

---

① 据艾建平提供的沈芬与艾建平往来的电子邮件。

来的。当时虽没对他们吊打，但滋味肯定不好受，小波开始还辩白几句，但很多其他知青的事情，也都安到了他头上，也就懒得张嘴了。这样的大批判，持续了三四天。每天晚饭后，三人都会被叫到农场托儿所，蹲在不到一米长的婴儿床里，接受广大人民群众的教育。小波个子大，蹲在婴儿床里，难受得要命，别人看着也揪心，活像闯入鹅群的一只大海豹。

后来，赵和平被发配到场院晒粮食，杨树龙被罚打扫厕所，王小波却被勒令到打谷场上扛两百斤重的大麻袋。队里把所有坏事都加到他们头上：偷鸡摸狗、蒙混老乡、偷工偷懒、打架斗殴，他们成了名副其实的“坏分子”。《黄金时代》中提到的“人保组”作为当时集公检法于一身的专制机构，实际上是处理农场和知青内部法律事务的最高裁决机构①，对知青们有生杀大权。王小波他们的“错误”，实际上还没到人保组的层次，只是在队上批评教育。然而，这种人身羞辱，却使王小波难以忍受。他甚至想到了外逃缅甸。

王小波变得忧郁苦闷，心事重重。被批斗的第三个晚上，三个垂头丧气的小伙子聚在一起，商量对策，计划逃离弄巴农场。可

① “文革”中，公检法全部被砸烂，司法职能全都由“革委会”中的“人民保卫组”承担。当年的“人保组”是如何工作的？以县级为例，今天的政权机构除了政府、人大、政协、法院、检院这“五大班子”外，还有一个县委系统；除了党政这两大系统，还有工、青、妇、团等各种机构和其他社会组织。而“文革”的县“革委会”所有机构全部加起来总共只有四个组：政工组、生产指挥组、人保组和办事组。政工组囊括了原县委的职能，生产指挥组囊括了原县政府各部门的职能，办事组管“革委会”大院里的吃喝拉撒睡，而一个人保组就完成了今天的公、检、法、司和国安局、政法委六个机构的职能。

计划了半天，又觉得每条路线的守卫都很森严，想要逃走还真不容易。陇川江水流十分湍急，江上的大桥有解放军把守，有的知青实在想家，想泅渡过去，却淹死在江里。逃离背后，他们还有另一种幻想和冲动，那就是像真正的英雄一样，去参加缅甸革命。当时大量逃缅中国知青，都是抱着纯洁的心去参加革命的。然而，缅甸的环境更恶劣，缅共对知青军人也很提防。孟古河是中缅边境两山间夹着的一条小河，宽不过十米，却得脱鞋卷着裤腿涉水而过，凡是投身缅共的中国志愿者都要在此偷偷渡河，因此逃缅知青又被称为“裤脚兵”。据曾进入缅共上层的知青李书明回忆，仅1969年到1970年出境参加缅甸人民军的知青，昆明就有三千余人，此外还有保山的、德宏的、北京的、上海的、四川的、重庆的……总数万人以上。王小波的同学，在瑞丽卡朗农场的肖林，就曾去过缅甸，后又回到国内。（笔者曾对肖林进行过采访，但她却对这段经历讳莫如深。据说他们那批去过缅甸的热血青年，回国后遇到很多麻烦。好在肖林最终解决了户口、工龄等问题，在一家出版社做了编辑。）

王小波蹲在屋子外面，抽了两包烟，理智最终战胜了革命狂想，没有逃走。自作多情和一厢情愿，总不能拿来当真。事实证明，在缅共打通南线的腊戌战役失败后，中国知青死伤很多，世界革命的梦想破灭了，很多知青跑回来，继续在云南农场当农民。①

后来，赵红旗找到了弄巴农场的老场长于云生。于场长当时正受批判，在连队里劳动，和赵红旗关系不错。于云生虽不当领导了，但还有很多人脉，就找了一些老关系，做了一点说服工作，把

---

① 文晔，《老知青的缅甸丛林记》，《中国新闻周刊》，2009年第1期。

这件事压下去了。后来，于又回到农场，重新当了领导，王小波曾向他提议建沼气池。于云生是厦门大学毕业的高才生，对王小波的建议大加赞赏。王小波找来书，照着书上的图在宿舍前面的空地上挖沼气池，那佳还常过来当帮手。沼气池快要完工时候，王小波却因生病住院了，这项计划最终流产，但提到王小波，于云生竖起大拇指夸他是“队里最聪明、最有内涵的人”。

7

“经历了云南的知青生涯，我失去了天真和善良。”王小波后来这样感叹。批斗事件过去了，但王小波性格大变，他开始感受现实社会的残酷，逐渐思考造成这些问题的根源。他在《黄金时代》写道：

> 那一天我二十一岁，在我一生的黄金时代。我有好多奢望。我想爱，想吃，还想在一瞬间变成天上半明半暗的云。后来我才知道，生活就是个缓慢受锤的过程，人一天天老下去，奢望也一天天消失，最后变得像挨了锤的牛一样。

这时候，仿佛神启一般，王小波开始了真正意义上的文学实验，他不止一次在文章中提到那种神秘体验：

> 开始的时候像初恋一样神秘，我想避开别人来试试我自己。午夜时分，我从床上溜下来，听着别人的鼻息，悄悄地走

到窗前去，在皎洁的月光下坐着想。似乎有一些感受、一些模糊不清的字句，不知写下来是什么样的。在月光下，我用自来水笔在一面镜子上写。写出的字句幼稚得可怕。我涂了又写，写了又涂，直到把镜子涂成暗蓝色，把手指和手掌全涂成蓝色才罢手。回到床上，我哭了。这好像是一个更可怕的噩梦。（《我在荒岛上迎接黎明》）

今天，我们已无法看到这些“镜子写作”的内容了，但他要表达的，不仅是青春的感伤、隐秘的欢乐和激情，更是一个青年真诚的反思和质疑，是对人生痛苦和无奈的反抗。如果说，王小波具有一种与生俱来的浪漫气质，那么，这种气质在云南的暗夜之下，在那面被涂成蓝色的镜子里，也许就已显现了。每个作家其实都有一个灵魂主题，这个主题决定着他的创作境界、格局和气度。海明威的主题是男人的尊严，托尔斯泰思考的是人性的救赎，狄更斯侧重观察社会与人心，马克·吐温关心的是金钱和权势对人性的伤害，莫言则追寻着野性的自由与不羁的想象，而王小波的主题是激情反抗庸俗，真诚反抗虚伪。这种反抗，联系着一种坦诚的却也是夸张的想象。蓝色、镜子、噩梦，都是我们理解它的重要元素。“镜子”关乎自恋和成长。按照拉康的学说，从镜像阶段开始，婴儿确立了“自我”与“他人”之间的对立。换句话说，婴儿只有通过镜子认识到“他人是谁”，才能意识到“我是谁”。很多文学青年，都有过类似的、神秘的创作冲动，大多用笔记本记录凌乱幼稚的想法，而王小波却将之写在镜子上，且是一个反复涂改的过程。王小波对“镜子式写作”的迷恋，既与当时创作环境有关（“文革”期间，很少有人敢将日记等私人文字公开示人，因为那有可能成为政治攻击的把柄），且与王小波的写作特质有关，即一种儿童式的纯真浪漫。伴随着王小波精神和文字的成长，这种“纯真”发展成为一种与现实的反讽关系。

知青们的思乡情绪越来越严重。业余时间，王小波他们除了打扑克、下棋、打篮球、读书、看报，就是给家人和朋友写信，相互打气。教育部大院的很多中学生，都参加了上山下乡运动，都分在不同地区。王小波童年的好友胡贝，就去了延安的农村，生活条件也是非常艰苦。当时通信，时髦的做法是在信封后面写上些毛主席语录，类似“前途是光明的，道路是曲折的”这类话。但王小波和胡贝的通信，信封后面却写着些民谣、民谚，诸如“蒿蓬隐匿灵芝草，污泥失陷紫金盆”之类的牢骚话[①]。有的北京知青，甚至冒着生命危险，偷渡陇川江。他们开始想办法探亲回家。14队第一个请探亲假回去的是那佳，她前后走了一个月。这次探亲，对北京知青影响很大。大家既羡慕又伤感。那佳回来后，赵和平又请假离开了。当时大家都知道赵和平不想回来，但都悄悄瞒着队上。赵和平回去后，在安徽干校和父母度过了春节。后来，他在北京又待了一阵，就碰到了小波。小波是请病假回去的。而赵家的亲戚大多在部队任职，当时他们想，如果能离开农场，就有机会参军。但这些秘密赵家两兄弟只跟小波偶尔谈及，没有跟其他人说过。

要离开农场，当时有几种方式，探亲是最易被批准的方式。到农场满一年后就可报名，连队到知青中调查摸底，要其他知青推举

---

① 胡贝、艾晓明，《顽童时代——与胡贝谈王小波》，《浪漫骑士——记忆王小波》。

才有资格，名额有限，大家要轮流回去。另外，办理“困退”或“病退”，也是经常被运用的方式。

当时流传一种说法，叫“北京知青靠父母，昆明知青靠大夫”，说的是北京和云南知青回原籍的办法。昆明知青多找大夫帮忙，开假病历，办理病退，而北京知青，则多是办“困退”或“家照”。云南省革委会1970年曾出台《关于上山下乡知识青年患有严重疾病和残疾问题的处理办法》的文件，又在1975年出台《关于批转省知青办公室〈关于处理下乡知识青年病残和家庭特殊困难问题的请示报告〉》，都对知青回城做了严格规定：如办理病退必须与接受和动员的地区县团级以上单位协商解决，单方退回，则不予落户；而对“困退”要求更高，必须是独生子女，或父母已丧，弟妹年幼，或父母病重不能自理，或其他严重病残，还要经动员城市的知青办审查，及地、州、市知青办与农垦局的联合审查。[①]1970年，赵和平先以探亲名义离开云南，到安徽干校去和父母会合，然后再打一封父母病危的电报回去，让赵红旗也有机会离开。王小波不符合困退条件，但他得过肝炎，可能因病退回城。1971年8月，云南东川退回55人，就有6人是因得肝炎。[②]但即使病退，名额也非常少，很难得到批准，而探亲假相对容易。1970年底，王小波因病回京探亲。假期满了后，他准时回队，给大伙带了几条“大前门”香烟，还给常照顾他的班长带了四条肥皂。

大家看到小波回来，又惊又喜，但又有一点惋惜，艾建平跟他

① 中共云南省委党史研究室，《云南知识青年上山下乡运动》，第154页。

② 中共云南省委党史研究室，《云南知识青年上山下乡运动》，第155页。

开玩笑："人家走了就不回来，你怎么还自己上赶着往回跑？真热爱美丽的边疆呀。"

王小波淡淡地说："不回来能去哪里？"

在"文革"时期的举国计划体制下，如果知青偷跑回来，首先就没有户口。没有户口，就意味着没有一切：没工作，没身份，没粮食关系。1971年5月，王小波再次请假回家，队上觉得小波上次归队及时，就爽快答应了。队上的领导对王小波也很同情，连续两次准假，主要是因为王小波是一个"病号"。

从1970年夏天开始，王小波就觉得胃疼，不爱吃饭，但没当回事。没多久，赵红旗发现王小波眼白发黄，吃不进饭。11月，王小波高烧不退，大家最初以为是感冒，可小波在床上躺了三天三夜，滴水不进，吐了胆汁，大家才意识到病情严重，于是连夜找来担架，抬着他赶到八里地外的农场医院。"幸亏那天晚上把小波送到医院，要不然命都难保。"他的朋友们后来说。王小波在文章里还专门写了赵和平送他去医院的事情。而进医院之后的情景，则颇具喜剧色彩，王小波调侃说："我年轻时，有一回得了病，住进了医院……我入院第一天，大夫来查房，看过我的化验单，又拿听诊器把我上下听了一遍，最后还是开口来问：你得了什么病？原来那张化验单他没看懂。其实不用化验单也能看出我的病来：我浑身上下像隔夜的茶水一样的颜色，正在闹黄疸。我告诉他，据我自己的估计，大概是得了肝炎。"（《肚子里的战争》）王小波患的是黄疸型肝炎，属于烈性传染病，医生不让陪床照顾，王小波一个人在医院住了半个多月，"出院的时候人瘦了一大圈，一脱衣服全是清晰可见的肋骨"。当时治疗肝炎没什么好办法，医生就让多吃糖。出院后，王小波被分到糖厂待了几天，“搬起砖头大的糖块就啃”。王小波向农场请假回家探亲，前段时间农场刚因肝炎死了一个北京知青，领导很谨慎，于是顺利准了假。“在这里继续待下去，我身体就彻底毁了。”王小波有一次对朋友说。两年后，政策有所松动，知青可办理病退，只需当地医院开证明，回到北京以后再做复查即可。1972年，患胃病的艾建平就以病退的方式离开了云南。而1971年的这次回京，实际上意味着王小波云南知青生涯的终结。

8

1971年前后，国内形势已发生了很大变化。林彪事件让“文化大革命”的神话骤然破灭。政治运动还是一波接一波，从“批林批孔”到“批邓、反击右倾翻案风”，然而，噩梦中醒来的人们，已开始产生怀疑。王小波在散文《积极的结论》中，记载了林彪事件发生时的心灵撼动。一天，军代表把所有知青集合起来，一顿训斥：“你们这些人，口口声声要保卫毛主席，现在却是毛主席保卫了你们!”正是在那一刻，王小波发现，原来大家都生活在表面“积极乐观”、事实上却“毫无理性”的生活中，而如果按理性轨迹理解问题，则会将生活看得过于悲观：“理性就像贞操，失去了就不会再有。”

云南知青生活虽很短暂，却是王小波一生的转折点。如果说，“革命北京”是王小波的文学想象凝聚的核心空间，那么，“边陲云南”则相当于一个“觉醒的时空”。正是经历了云南的苦难磨砺，王小波才从一个精灵古怪的少年，褪去理想的浪漫情调，认真思考生活，并对革命的宏大叙事开始了思考。那些小时候孕育的思想，也生根发芽，并走向成熟。当时知识青年有一些出人头地的机会，比如说，积极参加各种文艺宣传活动，就有希望通过文艺才能，引起“上层”注意，从而摆脱底层命运。20世纪50年代出生的知青作家，很多都是这样走上文学道路的，比如，著名作家陆天明。赵和平也曾因会拉乐器，被抽调到团里的文艺宣传队，过了几天不用下大力的日子。当然，文艺活动也有犯错误的危险。还有一种是通过“政治活动”改善生存。例如，那个时期流行的“积代会讲用”活动，即“在‘活学活用毛主席著作积极分子代表大会’上讲心得体会”。这些主流话语活动，王小波都自愿放弃了。多年以后，他是这样解释的：

> 话语即权力，权力又是个好意思，所以的确有不少人挖空心思要打进话语的圈子，甚至在争夺“话语权”。我说我是自愿放弃的，有人会不信——好在还有不少人会相信。主要的原因是进了那个圈子就要说那种话，甚至要以那种话来思索，我觉得不够有意思。据我所知，那个圈子里常常犯着贫乏症。（《沉默的大多数》）

当然，王小波对话语圈的疏离，本身并不是政治式的，而是文化式的、黑色幽默式的。王小波说：

> 假如要我举出一生最善良的时刻，那我就要举出刚当知青时，当时我一心想要解放全人类，丝毫也没有想到自己。同时

我也要承认，当时我愚蠢得很，所以不仅没干成什么事情，反而染上了一身病，丢盔卸甲地逃回城里。现在我认为，愚蠢是一种极大的痛苦；降低人类的智能，乃是一种最大的罪孽。(《思维的乐趣》)

正是在这种反思基础上，他坚定了要做“智慧精英”，而不是“政治精英”的信念，以此反思整个20世纪以来中国激进主义狂潮。

青春期的经历，总能深刻地影响一个人。多年之后，接受了理性主义和自由主义思想的王小波，在谈到知青生活时，已没有了当初的情绪性，反而多了一份“平常心”。首先，他否认“无悔青春”的说法：不能因为年轻的时候，在云南吃过苦，就说吃这样的苦是应该的，是美好的。他说：“上山下乡是件大坏事，对我们全体老三届来说，它还是一场飞来的横祸……坏事就是坏事，好事就是好事……至于坏事可不可以变成好事，已经是另一个问题了。”同时，老三届的痛苦经历，并不是因此变得特殊起来了，特殊地好，或特殊地坏，而应以“平常心”看待上山下乡，并以平常人的心态来看待上山下乡的经历：“‘老三届’的遭遇是特别，但我看他们也是些寻常人。对黑人、少数民族、女人，都该做如是观。罗素先生曾说，真正的伦理原则把人人同等看待。我以为这个原则是说，当语及他人时，首先该把他当个寻常人，然后再论他的善恶是非。这不是尊重他，而是尊重‘那人’……”(《我看“老三届”》）他还说：“不幸的是，任何一种负面的生活都能产生很多乱七八糟的细节，使它变得蛮有趣的；人就在这种趣味中沉沦下去，从根本上忘记了这种生活需要改进。”在王小波看来，沉溺于过去的痛苦生活，进而把它特殊化，甚至是美化，进而达到美化自身的目的，是懦夫行为，也是“理性的逃避”。正是平常心，让王小波能保持冷静的距离以观照生活，他的知青题材小说，尽管没有豪迈悲壮的誓言，醇厚的乡土热恋，却有一份超越其外的理性思维。

王小波第一篇发表的小说《地久天长》，大致创作于1980年前后，不是他最早的习作，却是他最早发表的作品。在这篇作品中，王小波已开始确立他云南知青叙事的基本元素和调子。当然，这篇作品中，浪漫主义还未与反抗强权的现实所指进行很好结合。因此，这篇小说还表现出一些时代共有的伤感气息。

该小说发表于1982年第7期《丑小鸭》。该年度被称为“知青文学年”，很多重要知青作家，都在这一年发表了代表作，如梁晓声的《这是一片神奇的土地》(《北方文学》1982年第8期)、孔捷生的《南方的岸》(北京出版社1982年版)，王安忆也发表了成名作《本次列车终点》，并获得1982年全国优秀短篇小说奖。这一年也是“知青大返城”接近高潮的时候，这些知青小说正是对那个时代青年共同心声的表达。1982年的知青小说有其显著特点：一方面，它规避了很多“敏感点”，例如,“文化大革命”与革命传统之间的隐秘联系；另一方面，叙事方面又以青春理想激情、战天斗地的英雄主义情怀，显现了“十七年文学”中理想主义元素的影响。尽管革命作为社会符号，已丧失了权威地位，但是，知青英雄在“无悔青春”的边疆开垦中，在征服大自然的“野蛮与文明的碰撞”中，怪异地呼应了新时期小说的启蒙色彩。同时，城市与乡村的对立，也开始出现在知青文学中，艰苦的乡村磨砺，被赋予了俄罗斯民粹主义般的热情，而城市成为知青在现实中无所适从的“隐喻”。这在《本次列车终点》与《南方的岸》中都有描述。回城知青陈信，在上海繁华的马路，无法找到心灵归宿；易杰和暮珍毅然放弃城市生活，重新投身于瘴疠迷漫的海南孤岛。

相比而言，王小波的这部稚嫩的小说中，英雄、历史、国家现代化等“宏大语汇”，很少出现，而小说凸显的品质，明显地集中于两点：一是反抗权力压迫，二是爱情。20世纪80年代初的小说，对权力关系的反思是不够的，直到1987年老鬼的小说《血色黄昏》出版，那些非人性的压迫，才真正浮出遮遮掩掩的文字水面，不再依托于反“四人帮”之类的托词，拥有了批判的锋芒和力度。此外，爱情描写，在80年代初的知青文学中，也多表现为崇高战友情、纯真初恋情结，而较少具性意味的突破。

《地久天长》故事并不复杂。下乡知青大许、小王和邢红三个人，产生了深厚友谊。而指导员是个蛮横、愚昧的权力狂，他多次利用耕牛事件、割领袖像事件整治三人。然而，三人同甘苦、共患难，最终让指导员无计可施。最后，邢红生病住院，含情而逝。

这个故事中，指导员褪去了政治的魅力光环，呈现出极强的权力控制欲，既不懂耕田事务，还强迫大许服从他。对于这个人物形象，王小波的写作姿态是，一开始就没有将他视为“左”倾流毒影响者，而是用戏谑的口吻，进行讽刺与解构。除了指导员，小说中最令我们关注的，是邢红这个人物形象。从她身上，已可看出王小波以后很多小说中女性形象的一些基本特征（如《黄金时代》中的陈清扬、《似水流年》中的线条）。邢红身上没有当时知青小说中女性牺牲的符号象征意义（如《这是一片神奇的土地》中的张指导员、《南方的岸》中的暮珍），也没有女性压抑的痕迹（如王安忆后来的“三恋”系列小说中的女主人公），或是对女性的乡土品质的赞美（如史铁生的《我的遥远的清平湾》），而是一个热情奔放的女性形象。她身体健美，容貌秀丽，性格热情豪爽，富有智慧，令人难忘。但邢红给我们印象最深的，是她对爱情和权力的态度。对于革命的意识形态，邢红并不放在心上，甚至以戏谑的态度对待它，充满了自信和智慧，有时更能直接看穿权力控制背后的阴暗心理：

> 她吃惊地挑起眉毛来：“怎么啦？教导员有什么了不起，我看他不能把咱们怎么办。当然了，也不能和他顶僵了，这个检查还是要写。可我还真不会写这玩意呢，你写的检查让我参考参考好不好？”
>
> 听了这种话，我感到沉重。不管怎么说，我们在向组织隐瞒一个重大问题，这是不可宽恕的。可是邢红说：“你多笨哪！明摆着教导员要整你，你还要自己送上门去。”

在对待爱情上，邢红的态度也惊世骇俗。她同时喜欢大许和小王。20世纪80年代初期的知青小说，对于女性爱情，很少做这样极端浪漫化的处理。即使小说中女性处于两难选择之间，作者一般也要凸显女主人公的道德负罪感和在情感、理性与现实之间的挣扎。对邢红而言，这样的选择根本没有道德羁绊，她和大许、小王，沉溺于类似童话般的情感世界：

> 她笑了。她在草地上笑好看极了。她说：“你们两个好像互相牵制呢。不管谁和我好都要回头看看另一个跟上来没有。

是不是怕我会跟谁特别好，疏远另一个呢？”

我辩白：“没有。”其实是有这么回事的。

她一本正经地说：“你们别这样了。我不会喜欢这一个就忘了另一个的。你们两个我都喜欢。你们都来爱我吧，我要人爱。”

我也很高兴。她又说：“将来咱们都不结婚，永远生活在一起。”

我也像应声虫一样地说：“不结婚，永远在一起。”

在这些抒情的文字中，我们看到的邢红形象，与当时流行的知青女性形象有很大差异。当然，那一时期王小波的小说，还比较稚嫩，这也体现在对人物的把握上。结尾，邢红之死，又回到了感伤的路上，显得有些俗套。

值得注意的是，这期刊物还配有一篇评论：《心灵向美敞开》。作者是陈静。严格意义上讲，这是第一篇王小波的研究文章。该评论开篇就说：“作者匠心独运地把笔触细腻地伸向青年人的心灵，描写了在那个特殊的年月中，珍贵的友情给知青的生活带来无穷尽的欢乐和美的享受。小说情节简单，格调明丽，犹如一条清澈的小溪。”评论将《地久天长》定位于描写知青“珍贵的友情”，对教导员的形象，则评论为“心术不正、思想僵化”。而知青生活也被划分为“浪漫却艰苦”的与“受迫害”的两种。通过这样的二分法，评论者将王小波暗含的越轨笔致加以悬置，忽视了这篇小说的内在价值。

第五章　青虎山："绿毛水怪"的魔幻家园

妖妖抬起头，仔细地看了我一眼，然后"嗵"的一声跃入海里。等到我把脸上的水抹掉，它已经游出很远了。我看到它迎着波涛冲去，黑色的身躯两侧泛起白色的浪花。它朝着广阔无垠的大海——无穷无尽的波涛，昏暗无光之下的一片黑色的、广袤浩瀚的大海游去了。

——王小波《绿毛水怪》

1

王小波在牟平插队的时间，目前有一定争议，存在1971—1972年说、1971—1974年说、1973—1974年说几种。而比较流行的看法，王小波待在牟平的时间大致是1971—1972年。[①]王小波自己则在文

① 比如，北京理工大学出版社2009年出版的《王小波全集》，认可了"1971—1972"这一时间段，李银河与艾晓明合编的《浪漫骑士——记忆王小波》，也认可了这一时间。而王小平的《我的兄弟王小波》，虽认可这一说法，但在具体章节中，却有出入，如"青虎山"一章中，出现了"这样过了几年""一晃又过了两三年"的字样，而前面章节写到王小波从云南回到北京，是在1971年。

章中讲述，他是1973年去山东牟平插队的。[①]然后，1974年，他离开牟平，回到北京，在一家街道办小厂工作，直到1978年考上中国人民大学。据牟平青虎山村老支书张玉敏回忆，王小波来牟平的时间大约是1971年春，牟平“王小波故居”认可的王小波居住时间是1971—1974年[②]，可据其他当事人，如王小波在村子里居住时的房东张玉滈和妻子刘日花回忆，大约是1973年秋[③]。在笔者的采访中，据王小波的大姐王小芹回忆，1971年秋，她回过一次牟平。1972年秋冬之际，她陪母亲宋华，一起为姥姥奔丧，也回过牟平，算是为小波插队的事打了前站，而王小波最后确定去牟平的时间，应是1973年春天，而离开应是1974年底到1975年初。

据笔者考证，以上说法中争议最大的1971—1972年，实则为王小波“蛰居”京城及另寻出路的空当期。大概因1971年王小波从云南回京后，一直闲居养病。其间，还曾短暂在安徽干校和四川尝试插队。但安徽干校不久解散，而四川的环境，王小波同样难以适应。王小波作为没户口的“黑户”，随时面临着各级部门的检查和监督。按照当时的知青政策，他可以选择再次集体下乡，去新疆、内蒙古等地的建设兵团，也可选择回原籍，以“回乡知青”的方式接受贫下中农再教育。据《二龙路街道简史》记载，1970—1971年，

① 王小波在《对中国文化的布罗代尔式考证》一文中指出：“1973年，我到山东老家去插队。”而发表于《丑小鸭》1982年第7期的小说《地久天长》后的作者简介，也写到“1973年，在山东牟平插队”。

② 据笔者2012年10月15日在山东牟平水道镇等地的采访。

③ 孙珩滔、王洪涛，《王小波插队牟平青虎山》，《烟台晚报》，2010年4月27日。

二龙路街道办曾大规模动员社会青年和无业人员，共578人到农村落户。其中，72名社会青年被安置陕西、东北、山东等地插队。[1]王小波也正是在这样的背景下，二次插队去了山东。

因此，据笔者推断，1973年春到1974年底，应是王小波在山东牟平的较可靠的时间段。王小波在牟平生活和工作期间，既是他对过去云南插队生活经验的总结、沉淀、提升和概括的时期，也直接孕育了《战福》《这辈子》《这是真的》《绿毛水怪》《我在荒岛上迎接黎明》等早期小说作品。更重要的是，牟平的插队生活，使他对于中国农村、中国农民，进而对中国当代政治文化环境，具有了第一手鲜活经验，并进而产生了深刻反思。后来，王小波的很多著名杂文，如《荷兰牧场与父老乡亲》《对中国文化的布罗代尔式考证》等，都是从这些早年生活经验出发的智慧火花。

山东牟平，地处胶东半岛，《辞源》说："县名，属山东省。汉置，属东莱郡。以在牟山之阳，其地平坦，故曰牟平。"另据传说，牟平起源于牟子国，《风俗志》载："牟子国，祝融后。"公元前206年，西汉设东牟县，属东莱郡。素有"南山北海"之称，南依"胶东屋脊"昆嵛山，属崂山山脉，传说中的海上仙山蓬莱、瀛洲、方丈即由昆嵛山衍生出来，道教分支"全真教"也发祥于此；北濒黄海，有发达的海洋文化。牟平是有名的"文化之乡"，也是有名的"作家之乡"。1949年后，牟平相继走出冯德英、邓刚、李延国、尤凤伟等知名作家，而王小波作为牟平的"短暂过客"，也成了这个名单上的一员。

---

① 据《北京市西城区二龙路街道简史》。

牟平水道镇青虎山村，坐落在昆嵛山支脉、金牛山山脉中，因村前有一片山，颇像“青色卧虎”而得名。如今，村前的青虎山石，已因修建水库被炸掉，只剩下光秃秃的洼地。这里地势不平坦，耕地主要在村周围高低不平的山上，种植、施肥和收获，都颇为不易。除了番薯、水稻、小麦等作物外，村里也有果园。烟台等胶东地区，水土适宜，苹果、梨等水果颇为有名。20世纪70年代，青虎山村大约有一百多户人家，均生活艰苦。据王小波回忆，50年代的青虎山，只有几十户人家，家家户户养驴。“文革”中，人口翻了一倍多，驴等畜力却利用得越来越少，驴大多被杀了，于是人力代替了畜力。这里一年四季以白薯干为主食，很难见到白面馒头，但胶东气候良好，村民朴实善良，亲属和朋友对王小波也都很照顾。

水道镇是牟平交通枢纽之一，也产出黄金等矿产。1938年，日军侵入烟台，曾在此驻扎一个小队和大量伪军（原址在今水道镇政府驻地）。1943年后，该地区是胶东抗日根据地的重点控制区。70年代，水道镇（公社）有一个知青点、一所小学——水道完小。知青点靠近公社政府，聚集着水道大部分知青，有一百多人，大多为烟台本地人。知青点分建男女宿舍。据当事人回忆，当时知青生活很苦，但伙食比当地百姓还是要强很多，常吃棒子面窝头，有时也可吃上白面馒头，不像村里农民以薯干为主食。王小波是来自北京的知青，加之个性内向，很少和本地知青打交道。和王小波一起来青虎山插队的，还有一个叫秦芹的北京女知青，但二人交往很少。水道完小虽然不大，但历史久远，是清末八国联军侵华、日本人在昆嵛山挖矿时所建。后来，在水道完小基础上又加入初中部三个年级组，成立联中，大概有四百多名学生。该校后转移校址，1986年更名为水道镇第一初级中学。当年教书时，王小波主要负责数学和物理。

沧海桑田，几十年光阴不过转瞬须臾，当年的水道完小、水道联中，其址现如今已变为水道幼儿园。学校整体面积不大，这些年的整体布局变化也不大。院子里有不少柳树，据王小波当年的学生、现任职水道镇政府的初乐永介绍，东头的两棵是20世纪70年代种的，其他都是后来栽的。学校的大门已换了，教室前的地面铺了水泥，房顶换了新瓦，王小波教课的旧教室，已卖给了村民，原有的一个过道门已被水泥封死，而他当年住过的旧宿舍则改成了仓库。教室外的砖墙仍保留着最初模样，白色的墙皮虽脱落，但原先的大字依然清晰可辨。笔者采访的时候，好奇的当地孩子们，围着我们，天真地笑着，前前后后地打量着。他们可曾想象，多年前，有一个叫王小波的知青曾在这里教书育人？当下课的铃声响起，身穿大号蓝色中山装的王小波，面色忧郁地走出教室，他抬头看看蓝色的天空，又回头看看成群嬉闹而过的孩子们，他在想些什么？

2

1972年秋，牟平县水道公社青虎山村前书记张同良，收到王小波的母亲宋华的一封来信，信中透露出想把小波落户青虎山的想法。老书记年龄已高，已不担任青虎山村书记。他来到自己的大儿子、时任水道公社党委委员兼青虎山村党支部书记的张玉敏家中。张玉敏听了父亲的诉说，立刻拍板说："咱村出去的娃，别人不要，咱要，来吧，不就是添口人嘛，有我们吃的就有他吃的！"朴实的张家父子，为王小波的插队做了很多工作。很快，第二年春天，王小波就来到青虎山村插队落户。

老书记张同良在当地很有名气。他是小波一家的“恩人”。如果不是他介绍宋华入党，并将她送入八路军，王家的历史可能就此改写。而没有他的仗义慷慨，和儿子张玉敏、张玉滈一起收留王小波，照当时在北京处境堪忧的情形，王小波具有怎样的未来走向，也不得而知。可以说，张家两代人，都有恩于王家。老书记最让人敬佩之处在于，敢于实事求是，从不违背良心，对“假大空”的东西坚决抵制。50年代末，张书记就做了一件惊天动地的大事：当时村村虚报粮食产量，“卫星”一颗比一颗“夺目”，可秋后政府来收粮，百姓就遭了殃，连口粮和种子都保不住，上面还要派人来查，通常都是鸡飞狗跳。某年冬天，寒冬腊月，牟平地区大雪纷飞，很多人家砸锅卖铁，村里的树都被砍没了，连生火取暖的东西都没有。在缺吃少穿的严峻形势下，有的人家全家被饿死或冻死在炕头上。可是，青虎山却没饿死人，有的牲口甚至也活了下来，原因在于，老书记张同良，这名老共产党员，出于朴素的本能及正义的感召，偷偷地召集村民开会，当场拍板将村里的粮食分掉，各家各户都各自找地方埋好藏好，谁也不能告密。张同良悲壮地宣布，如果上级追查，他就去顶罪。为给村民一条活路，他豁出去了。村民们也纷纷表态，如果有人告密，就把他打死。可见，张一弓的小说《犯人李铜钟的故事》中讲述的事情，在那个特殊年代并不罕见。这些冒着死罪、“以下犯上”的基层农村干部，文化水平不高，心中并没有太多大道理，可朴素的正义感和责任感，却让他们选择了一条抗争之路。

宋华在老书记张同良的培养下，走上革命道路。宋华原名杜翠云。青虎山村以张姓为主，杜姓是小姓，只有十几户。现在青虎山还有宋华父母的老宅。据《牟平游子》记载，宋华1923年出生，1940年9月加入中国共产党，同年，任本乡妇女抗日救国会会长。1941年春于抗大分校学习，任民运小队长、干事。1943年春，调任东柄二区分运委任组织委员。1944年秋，于胶东建国学校学习。1946年秋调任烟台胶东公学及东山中学任职员。1949年春，调山东行政学院任辅导员。1950年，调入中央教育（高教）部工作，历任统计处处长、机关党委委员。1983年离休。

据张玉敏回忆，宋华年轻的时候，聪敏好学，性格刚毅。在有着红色革命传统的烟台地区，宋华追求进步，积极参加各类活动。根据王小波回忆，她早年做过刺绣女工，受了不少苦，很小就生出反抗旧制度，向党组织靠拢的倾向[①]。1938年，日军进犯烟台，全民抗战热情高涨，宋华参加了共产党领导的县崖子地下抗大，即原牟平县国防教育委员会。据《中共胶东区党史大事记（1937—1949）》记载：牟平县国防教育委员会，是“三军”西进驻防于牟平县县崖子一带时，牟平县共产党员李国屏和于克恭，为团结知识分子共同抗日成立的。1938年8月，中共胶东特委决定在原牟平县国防教育委员会基础上成立“胶东国防教育委员会”，李国屏任主任。当时国防教育委员会主要任务是：（1）宣传国防教育，组织中小学教师救国会；（2）编写中小学抗日课本；（3）开办中小学教师训练班。国防教育委员会成立后，领导蓬、黄、掖三县举办了多

① 王小波致宋华的家信，1986年2月13日。

期培训班，培训革命青年和教师一千余人。县崖子与青虎山只有一山之隔。同月底，胶东特委设立妇女部，以发挥妇女在抗战中的作用，对外称“胶东妇女抗日救国联合委员会筹备委员会”。[①]

宋华担任了胶东“妇救会”的下属机构青虎山妇救会的会长。与宋华同时参加革命的还有张同芝。张同芝后来在新疆建设兵团做妇女工作。1941年3月初，经中共东海地委组织部的介绍，宋华决心入胶东抗大学习。老书记张同良，不仅介绍宋华入党，且冒着生命危险，穿越封锁线，将她秘密送往集结点——通海。为秘密抗战的需要，杜翠云在老书记的建议下，将名字改为“宋华”，取母姓“宋”，又谐音“歌颂中华”。宋华在《在抗大学习的点滴回忆》[②]中，曾追忆过自己在胶东的革命经历。

1941年3月中旬，宋华来到胶东抗大第三期二营八连学习。后在抗大政治处民运股工作，并担任抗日游击队牙山大队政治指导员，领导三十多人。当时，队长姓陈，宋华担任指导员，战士大部分是扩军动员来的新兵。在残酷的斗争面前，宋华凛然不惧，颇有巾帼英雄风范，常带着战士们搞军事训练，还对敌伪进行袭扰破坏。他们到敌人的炮楼喊话，瓦解伪军斗志，还到敌人据点外围割电话线。有一次，他们足足割了一大捆电话线，在全区群众面前展览。他们还带领群众去破坏公路。1942年，宋华调校部直属宣传

---

① 中共烟台市委党史资料征集研究委员会，《中共胶东区党史大事记（1937—1949）》，中共党史资料出版社1990年版，第71、74页。

② 抗大一分校校史研究会烟台联络组、中共烟台市委党史资料征集研究委员会，《烟台党史资料丛书·胶东抗大》，烟台师范学院印刷厂1993年12月印刷。

队。1943年，任校参谋处图书干事，几个人一起负责近千册各类图书的保存、借阅。1943年秋季备战，宋华因疏散书籍，差点被惊马摔死。这一时期，尚是学生的宋华认识了时任抗大政教组长的王方名。宋华对王方名的刻苦工作精神非常景仰，王曾因工作而咳血，但从不叫苦叫累。两人随后结成终身伴侣。宋华参加革命的经历，在村里颇有一些故事流传。而据王小波的好友赵宁讲，宋华也写了回忆录，不过并不想公开发表，其中有很多当年参加革命的逸事，比如，如何在本村和外村动员群众参加革命，如何翻墙越瓦躲避日伪搜捕等。[1]

3

在老书记安排下，王小波来到牟平水道公社青虎山村插队。牟平作协主席焦红军，对王小波来牟平的情形进行了想象：

> 从牟平县城通往水道公社的乡村土路上，风尘仆仆地走来了一老一少。老的浑身粗壮，一副紫铜色的脸膛，是水道公社青虎山村的大队书记，姓张。少的年约十八九岁，长得一米八几的高个，一身蓝色布褂套身，显得又高、又黑、又瘦，姓王。在迎接这一老一少的农村人群中，谁也不会想到，若干年后，这位少年会成为“生前文坛无人问，死后成名天下知”、

① 据2012年10月26日对赵宁的采访。

轰动中国文坛的王小波。[1]

这是一个类似“十七年文学”经典小说开头的出场，又仿佛充满了神奇寓言。朴实的老农、忧郁落魄的城市少年、乡野的土路，都在牟平的青山绿海之间，形成了神秘的童话氛围，应和了“于连·索黑尔式”的青年成长的挫折主题。这个高大的少年，在牟平的几年岁月里，时常奔波在这样的“土路”上。从水道镇到青虎山村，约半个小时车程，几十里地，走路约需要一个多小时。在水道完小教书时，逢周六或周日，王小波就告别学校，独自踏上回村的道路。王小波当年的房东，张玉敏的二弟张玉滈说，当年他常开拖拉机接送王小波。然而，据张玉敏回忆，王小波不好意思总麻烦二舅（王小波分别管张玉敏和张玉滈叫大舅、二舅），经常一个人走着回来。20世纪70年代初，水道镇和青虎山村之间有很多引水沟渠，沟很深，路上又没路灯，完全靠月色才能判断大致方位。1974年秋天的某天，王小波独自从镇上回青虎山村，竟然迷了路，在沟里整整走了一夜，才摸到村里。多年后，当笔者走在这条小路上，脑海中不禁闪现出这样的画面：

胶东半岛的初秋之夜已有些凉了，夜露在月亮下闪烁着晶莹的光，沟渠、群山、花朵，躲在树影后的月亮，都被记忆的伤口平铺成了奇异的风景。那条寂静的土路上，风也睡在枝头，飞尘也早已没有了白日的嚣张。而那个心中充满神秘的少年，在暗蓝夜空下，拖着高瘦的身影，显得孤单又倔强。他一身天蓝中山装，乱发挡住

---

① 焦红军，《王小波牟平插队往事》，《烟台日报·十字街周刊》，2012年9月3日。

了额头。他沉默如金，奔走如风，把影子留给旷野，把压抑和忧伤，化为漫天的星……

当然，这只是笔者身临其境时的一种想象，但却可使我们想到王小平对童年时代王小波走路功夫的描述。王小平说，王小波虽是天生平足，却酷爱行走。步行的妙处在于，可以以一种不疾不徐的自由方式在万物中穿行，或者说，以一种任意控制、行止随心的方式扫描这个世界。[①]行走荒野的意象，对于王小波来说，既非常典型，又极具独特性。这个意象在鲁迅笔下曾被赋予了知识分子启蒙的悲剧意味，如《过客》《这样的战士》，荒野的行走，是从无路的荆棘中寻找出路的悲壮，也是孤独寂寞的强者命运使然。然而，王小波将儿童、少年时期的这些有关“旷野奔走”的生命体验，外化为喷薄而出的反抗性意象。这种旷野的奔走，就被赋予了强烈的生命探索意味和童话气质，充满了华丽的狂想、奔放的生命自由意志。如《黄金时代》中，王小波对陈清扬在云南荒山中奔走的描述：

> 树林里飞舞着金蝇。风从所有的方向吹来，穿过衣襟，爬到身上。我待的那个地方可算是空山无人。炎热的阳光好像细碎的云母片，从天顶落下来。

小说《三十而立》中，也有一段在旷野奔走的文字：

> 好多年前，我在京郊插队时，常常在秋天走路回家，路长

---

① 王小平，《我的兄弟王小波》，第139—140页。

得走不完。我心里紧绷绷，不知道走到哪里去，也不知走完了路以后干什么。路边全是高高的杨树，风过处无数落叶就如一场黄金雨从天顶飘落。风声呼啸，时紧时松。风把道沟里的落叶吹出来，像金色的潮水涌过路面。我一个人走着，前后不见一个人。忽然之间，我的心里开始松动。走着走着，觉得要头朝下坠入蓝天，两边的纷纷落叶好像天国金色的大门。

这里提到了回家，很明显这一景象不可能发生在云南农场，而那些有关杨树、道沟的描述，也颇有牟平水道镇的感觉。又如，《红拂夜奔》中对李靖和红拂出逃、《万寿寺》中对唐代节度使薛嵩赤身裸体在湘西红土地奔走的描写，都充满了神奇的想象力。

4

20世纪70年代的胶东农村，住房卫生条件差，张玉敏把王小波安置到住房条件稍好、结婚刚一年的二弟张玉滈的家里。张玉滈与媳妇刘日花就着小波来的喜事儿，给刚出生的女儿起名“毛京”，即毛主席的北京之意。他们拾掇出正房向阳的最东间，约有八九平方米的屋子给王小波住。张玉滈一家五口人，就分散挤在其他两间房。到了晚上，为了让王小波有条件学习，张玉滈一家就将煤油省下来，供王小波看书。干了一天农活，只有在读书的时候，王小波才能忘记无聊和苦闷，忘记艰苦劳动带来的身心疲惫。今天，王小波居住的东屋还被完整地保留着，有一块土炕和一张小木桌、一盏小煤油灯。农村的炕头短，小波个子高，只好斜躺着，看书也是斜躺着。在王小波的回忆中，居住的这间屋子条件却十分艰苦：窗口对着猪圈，到了夏天，还有蛆向屋里爬。(《三十而立》) 虽然张家对王小波比较照顾，但王小波显然对农村生活缺乏准备。

村民们把这个北京知青当成了“落难大家公子”，对他充满好奇，又充满了同情和怜悯。刘日花仍清晰地记得王小波的样子：“一米八四、八五的大高个子，又黑又瘦，有点敛肩，穿一件很大的蓝布褂子，说话语速很慢，从不抢话，但有时蹦出一句来，让农村人能琢磨大半天。”小波刚来时有点腼腆，一段日子后，就和身边的人熟了。他与生俱来的幽默诙谐感，也表现出来。一次饭后，小波帮刘日花看孩子，刚把六个月大的小毛京放到炕上，小毛京便尿炕了。小波用手一点小毛京的嘴说：“小丫头片子，自来水说放就放。”

当然，老乡们并不看好王小波干农活的能力。五十七岁的刘仁成，和王小波的岁数差不多，当年在村里和王小波一起拉过电线。他说，小波的农活干得不好，对电的知识却特别多，和他一起拉电线时，给他讲了很多“电线理论”。

村里的居民以张姓居多，杜姓和万姓也有一些。但由于多年的联姻，村民们很多都沾亲带故。因此，小波总能得到很多人的照顾，张玉敏一家人自不必说，杜家的本家、亲戚，如王小波姥爷的兄弟（宋华的兄弟姐妹都在外地，王小波的姥爷已不在世），对王小波也较关照。据牟平作协、博物馆等机构的考察，现年九十七岁的杜树荣老人是王小波的亲叔伯姥爷，也是青虎山村与王小波亲戚关系最近的村民。“小波来插队那年他姥爷就去世了，他姥姥在北京生活，所以全村跟他最亲近的就是我。”杜树荣说。他至今仍清晰地记得外孙的样子："比我高一头，走路敛着肩膀，黑黑瘦瘦的，梳着分头，不爱说话。"杜树荣很快就跟王小波"混熟"了，村里安排王小波在果园里洗苹果、拔草时，王小波有空就来找杜树荣聊天。"就是唠唠家常，我跟他讲一些他母亲小时候的事，他挺乐意听，但不作评价。"[①]七十五岁的万庆美，也是当年与王小波有过交往的村民。说起来，王小波要喊她舅妈。家里当时穷得揭不开锅，但万庆美还是把王小波叫到家里吃了一顿饱饭。她给王小波做的是一盆豇豆汤，外加一碟苦菜豆磨（豆磨为一种当地食物），王小波吃得大汗淋漓。王小波可能不知道，这在当时的万庆美家里，已是最好的招待客人的饮食了。至今，万庆美家中，还保留着王小波当年给她照的相片。据说，王小波下乡时，带着一台照相机，这在当时也是稀罕事。王小平在回忆录里，曾提及家中有过一台德国蔡斯120照相机，但是否就是这台照相机，有待查证。万庆美回忆，王小波给她拍照片，洗了出来，亲手送给她。画面上一共站着三个三十多岁的农村妇女，中间就是万庆美。这张照片的构图也有意思，镜头偏高，画面上，人物比例要小于背景白杨树，很有创意；张扬舒展的树枝，和健康朴实的农村妇女相映成趣。

地里的劳作很繁重，特别是青虎山的耕地大多在山上，每天推车送粪上山，让王小波的一双新布鞋，很快就变得惨不忍睹，裂开了很多口子。张玉敏看王小波吃不消，就将他调到果园技术队。王小波在果园的工作较轻松，多为跟着一些老人和妇女，做些剪枝和

① 刘向南，《牟平王小波故居昨挂牌记者探访深藏的知青往事》，《蓝色快报》，2012年9月9日。

浇灌工作。当时大家常在果树上抓一种虫子烤着吃，大伙儿吃得津津有味，王小波却不敢随大流，只是眨着眼睛说，虫子不敢吃，要是有条蛇倒是不错——云南的插队生活，王小波没少吃蛇。王小波虽然和村人交往不多，却很慷慨，母亲常从北京给他寄的巧克力等稀罕食品，他从来都是拿出来和大家分享，也让村民们能“打打牙祭”。

1974年初，张玉敏找到时任水道公社书记的周佩奇、教育助理姜玉山，介绍了王小波的情况，称赞“这个孩子一肚子文化水”，极力推荐王小波担任水道联中代课教师。经过公社同意，张玉敏又找到水道联中的罗福喜校长，经过努力，王小波终于摆脱农业活儿。吃上了教师这碗饭。这在当时也是很大的照顾。一般知青都在地里劳动，只有少数幸运儿，或表现突出的，才有机会当代课教师，或进入当地工厂当工人。据王小波的学生初乐永介绍，当时代课教师能挣九或十个工分，相当于地里一个整劳力，工作却相对轻松。水道公社当时虽比较简陋，但驻地有信用社、邮局、派出所、供销社、饭店等公家单位，是一个不折不扣的小地方政治、文化、信息传播中心，这对王小波的处境和心情的改善，都有一定程度作用。

牟平生活期间，王小波依然是一个“逍遥派”和“边缘人”。对于王小波常在灯下看书写作的事情，村支书张玉敏、学校的领导和老师们都知道，但王小波从没有宣扬过他的文学才能，更没有用这些才能去改变自己的处境。照王小波一家和牟平当地的渊源，如果王小波“积极”一点，搞到一个推荐上大学的名额，也不是不可能的事情。然而，王小波以自己的“消极”，展现出他对尊严的维护和对政治的厌恶。他对很多歌颂农村苦难生活的作品嗤之以鼻。在王小波看来，这些作品的虚伪在于不承认“苦难”是一个“不好”的事情，进而通过努力，改善人的物质和精神生活，而是通过歌颂苦难，获得道德优越感和精神虚幻的满足感。多年后，他在杂文中调侃道：

> 在老家时，我和乡亲们相比，显得更加勤劳朴实、更加少心计。当年我想的是：我得装出很能吃苦的样子，让村里的贫下中农觉得我是个好人，推荐我去上大学……当年我在老家插队时，共有两种选择：一种朴实的想法是在村里苦挨下去，将来成为一位可敬的父老乡亲；一种狡猾的想法就是从村里混出去，自己不当父老乡亲，反过来歌颂父老乡亲。这种歌颂虽然动听，但多少有些虚伪……(《荷兰牧场与父老乡亲》)

王小波待人谦和，态度低调，不爱与人争执，极少对人发表意见，很少参与公众事务，对当时的乡镇政治也保持着相当距离。他也很少参与知青群体活动，更多的时间耗在读书、思考上。和在云南插队时一样，下棋和抽烟，仍是他不多的爱好。教书的日子里，尽管备课、上课占据了他许多时间，但他嗜书如故。据王小波当年的同事曲延刚回忆，王小波走路也要读书，工资发下来就去买书，外国的、古典的，都在办公桌抽屉里。王小波烟瘾很大，一天差不多要抽两三盒，且是二角六分的青岛香烟。而下棋——在当时的生活圈子里，他可以被称为“高手”：当时全学校能下棋的老师都和他较量过，没人是他的对手，甚至连校长和公社书记也慕名而来，仍是手下败将。王小波常坐在乒乓球台，用粉笔画上格子当棋盘，一个课间能下一局棋。据张玉敏回忆，一天下班后，下着小雨，张玉敏领着小波到公社办事，正好碰上公社书记与公社兽医站站长下象棋。小波站立一旁观战，但观棋不语。一会儿，公社书记无可奈何地说："我输了！"王小波在一旁说了一句："不，你赢了！"众目睽睽之下，书记按小波指点的棋着走下来，杀得对方完败。自此，"水道有个象棋好手王小波"的消息，在公社不胫而走，找王小波下象棋的"臭棋篓子"排成了队，让王小波应接不暇。

下棋不仅是消遣，也关乎世界观。王小波的知青下棋经历，淬炼的是他对智慧的热爱。他看不起纯粹为"打发时间"的下棋。据王小平回忆，当时王家藏有两本棋谱，一本是《橘中秘》，一本是《梅花谱》，王小波和哥哥王小平，都曾对象棋神魂颠倒，学会了很多规矩和章法，例如，《似水流年》中杀得刘先生大败的"大列手炮"，就是王小波从《橘中秘》得到的开局妙法。王小平进而由象棋阐发至图灵机思想，指出象棋的好处在于，它是一个足以触发因果直觉的简单而清晰的模型。象棋从逻辑推演出发，清晰明了，却蕴含着过去时刻的种种可能性。这种对智力的考验，也许是让王小波兄弟着迷的地方吧。而从下棋入手，进而引发对逻辑思维的酷爱，则有着王小波的家学渊源。

王小波在水道联中教课的状态如何？据王小波当年的学生曲延霞、初乐永介绍，他依然是一副特立独行、我行我素的派头！他总是不修边幅，"失魂落魄"。上课铃一响，他一言不发，快步冲进教室，能把调皮的孩子吓一跳。他有一件大号蓝色中山装，是他的招牌"行头"，总是敞开怀穿着，很少严谨地系上扣子，中山装也不干净，上面的粉笔灰和油渍混杂在一起，斑斑点点的（这件蓝色的大号中山装，依然保留在老支书张玉敏的家中，是王小波留给他们的纪念。如今，它成为王小波在青虎山生活过的痕迹证明。由于号太大，中山装一直无法给别人穿，就放在衣服箱子里）。他的物理书，从来都是卷成一个卷，像海带一般，插在大衣口袋，好像携带着一件特殊武器，再配上满头的乱发、黝黑高大的身材，足以让孩子们目瞪口呆。他从不看课本，讲起课来，兴之所至，旁征博引，令学生们叹为观止。他的语调低沉，语速缓慢，波澜不惊，却时不时地冒出几句幽默话。当然，也有学生反映，王小波上课，不太讲课堂效果，常是信马由缰，基础好的学生听得津津有味，基础不好的学生，就有些跟不上趟。而且，王小波从来不维持课堂纪律，脾气好得出奇，学生们也都不怕他。

更令学生们痴迷的，是他带有京城味道的普通话。当时的老师，大多使用牟平方言上课，王小波的普通话，让学生们新奇不已，还有老师跑过来旁听，想学真正的“京腔”。当然，新鲜劲过了，很多捣蛋的孩子，就不再认真听，但王小波很少呵斥他们，总是很宽容地笑笑。

当时数学和物理老师，在一个办公室，大家交流挺多。王小波较沉默，但一开口就知识渊博，让大家很佩服。《战福》中“恬不知耻”被供销社的售货员小苏念成“刮不知耻”的笑话，大概就是这样在交流中产生的。

水道联中的日子，王小波的生活很有规律。每天早上起床很早，天刚蒙蒙亮，他就赶到教室生炉子，四点多钟开始备课。他对学生也非常照顾，周末有时带学生上山去玩，还一起聊天。那时水道联中的食堂饭菜简单，但比起村里，已经好很多，有白菜、菠菜汤，也有馒头，虽不是纯粹的白面馒头，但也不错。王小波睡觉的地方，是集体宿舍里的大炕。这对王小波的确也是考验，大家都认为城里的孩子，睡在这里，肯定不适应，但在云南插过队、受过很多苦的王小波，却并没有提出抱怨，也没有和学校闹什么矛盾。到了周末，张玉滈开手扶拖拉机来接他回村，有时他也走回去。王小波在烟台的二姐夫衣秀东，也常来看他，并把他带到烟台去玩。他对大海的体验，大概也多出于此。姐夫衣秀东和二姐王征，对王小波都有很大帮助。王小波当民办教师，返回北京，衣秀东都帮忙找人，出了不少力，甚至直接找到了牟平当地的领导。后来，王小波的小说集《唐人秘传故事》，也是衣秀东找书商帮忙出版的。谈到牟平时期的王小波，王征的印象，还是“嗜书如命”。她回忆说，王小波到了烟台二姐的家中，看到了姐姐的藏书，郑重地说，你可要好好保存你的这些书。这些书在当时都是禁书，大多是文学名著。那时王小波在青虎山也比较困难，但只要去烟台姐姐家里，首先想的不是吃什么，而是先看书。他对书籍的迷恋，让二姐和二姐夫感叹不已。[①]

谈到当时牟平的手扶拖拉机等农用车，还有一件趣事。王小波曾在文章中谈到20世纪70年代烟台插队时的一种原始农用车“宁死不屈”:“它是大车改制的，大车已经有两个轮子，在车辕部位装上个转盘，安上抽水磨面的柴油机，下面装上第三个轮子，用三角皮带带动，驾驶员坐在车辕上，转弯时推动转盘，连柴油机带底下

---

① 王征,《我的弟弟王小波》,《浪漫骑士——回忆王小波》。

的轮子一块转。”(《环境问题》）如果转弯太急，它就会把驾驶员甩下来，然后头在后，屁股在前，一路猛冲，一直撞到某坚实的物体才会停下来。这种古怪好玩的农用车，对环境污染很大，不久就被取缔了，不知道王小波的二舅张玉滈是否也曾开着这种“宁死不屈”去学校接过王小波呢？遥遥想来，当年的乡村土路上，黑壮高大的知青少年王小波，穿着蓝色的中山装，在车上东摇西晃，张牙舞爪，而短小精悍的胶东农民张玉滈，手忙脚乱地驾驶着“宁死不屈”，还真是很好玩。

这段民办教师的经历，也留在王小波的文学之中，这在小说《这是真的》中最明显。这部受到奥维德《变形记》影响的小说，表现了王小波的幽默气质和想象力，以及对现实的批判。小说开头写到的校园傍晚的静谧景致，显然就是水道联中操场的真实还原，而民办教师可怜的处境，也反映了那个时代共同的问题。小说中，水道公社管教育的赵助理，平时欺男霸女，还经常索要贿赂。一次醉酒之后，赵助理居然变成了驴子。小说的精妙之处在于，逼真地描述了赵助理变成驴子后的一系列举动和内心活动。例如，小说写到赵助理变成驴后对奔跑的感受：“赵助理员在野外胡撞了好几天，到底是几天就不清楚了。因为他被人踢了一脚朝村外狂奔的时候，开始感到很奇怪：自己居然那么善于奔驰，跑得两肋生风，风儿在耳朵里呼啸，当时居然感到一种莫名其妙的自豪。后来突然领悟到自己现状的可悲，不由得急火攻心，胡冲乱撞，乱尥蹶子，弄得尘土飞扬，好像一阵旋风。然后就陷入狂乱状态，失去了时间的概念。”

讽刺不正之风，在“文革”后期，及至新时期的文学作品中屡见不鲜。但是，王小波的这篇小说，最大的特点，不在于他讽刺了农村教育的不良习气，而在于他的讽刺是彻底的，即这种讽刺，并没有停留在批判不正之风、进而引出对正确路线和政策的拥护上，而是在彻底狂欢之中，超越意识形态，直指人性深处的丑陋。小说充满了拉伯雷式狂野甚至粗鄙的笑声，也有奥维德式的机智幽默。更有意思的是，小说出现了具“性意味”的描写，展现“文革”地下文学（该小说创作于1974年到1980年之间）的另一面风采。比如，小说中变成了驴的赵助理，依然对民办教师小于色心不死，结果被骗掉了，小说煞有其事地写道：

> 后来，老赵总是心情恍惚，脑子好像是死了一部分。他发现，原来他的脑子有下面四个部分，管吹拍的，管作威作福的，管图吃喝的，管图那个的。现在脑子空了四分之三，剩下的四分之一也不管事了。

5

牟平时期的生活，对王小波的影响主要是三个方面：

第一，农村艰苦的生活，引发了王小波对物质和精神的关系、中国文化中对物质的消极态度等问题的思考，并进而成为他反对20世纪90年代泛滥的伪科学思潮的重要基点。一方面，王小波同情苦难者，对受苦的人们，有深深的怜悯；另一方面，王小波对以贫穷为美的反智行为，或借贫穷之名、行个人私利的虚伪行径，则更为警惕。面对苦难，敏感甚至有几分尖刻的王小波，绝不会照史铁生的《我的遥远的清平湾》那样去歌颂乡土道德，也不会像张承志的《黑骏马》，赋予苦难雄浑浪漫的气息，更不会像梁晓声《这是一片神奇的土地》般青春无悔。他甚至采取了尖锐讽刺的“玩世不恭”的态度。这恐怕要让希望在他的小说中寻找“乡土眷恋”的人士失望了。

《马但丁》发表在1998年第6期的《北京文学》，责任编辑是李静。这篇小说是现在我们所知的、王小波的最早习作。该小说创作于1974年左右，比《绿毛水怪》还要早。在这篇带有自传色彩的幼稚习作中，我们能看到王小波对当时环境的极度不满。而这种不满，既有物质匮乏，也有精神压抑。这篇小说中，我们还能看到少年王小波跳脱顽皮的心性，和生活对他的折磨扭曲。小说中，尽管乡亲们对马但丁不错，但马但丁却对村民们勤劳憨厚的生活态度不以为然。他故意整治说他坏话的李长友，他喜欢懒散的生活：“其实但丁装成这个样子百分之八十是为了好玩：他有满满的一肚子的坏水。有谁去注意别人的功架呢。就是懒散一点也没有什么。但丁自己也常常在人前不很在意露出懒散的样子来，也没有人说他什么。所以他装出这个样子也就含有百分之八十的不善良的讽刺。”而恶劣的生活条件，更让他难以忍受。小说中，陈老太太，他的太姥姥，叫他去家里吃饭。请客的羊肉，是病死的瘟羊，喝的酒是六十五度的地瓜烧。马但丁吃完饭，走到村口，就吐了出来。小说结尾，王小波写道：“马但丁找了个借口溜出大门，直跑到一个没人的地方，张开大嘴准备大笑一通，可是根本笑不出来，反而想哭。像这种恶毒的酸辣汤是消不掉心中的苦味的！”①

---

① 王小波，《马但丁》，《北京文学》，1998年第6期。

这种态度和价值选择，还表现在他的一些杂文中。例如，《对中国文化的布罗代尔式考证》就对艰苦生活进行了回忆与反思：

> 在所有的任务里，最繁重的是要往地里送粪——其实那种粪里土的成分很大——一车粪大概有三百多斤到四百斤的样子，而地往往在比村子高出二三百米的地方。这就是说，要把二百公斤左右的东西送到80层楼上，而且早上天刚亮到吃早饭之间就要往返十趟。说实在话，我对这任务的艰巨性估计不足。我以为自己长得人高马大，在此之前又插过三年队，别人能干的事，我也该能干，结果才推了几趟，我就满嘴是胆汁的味道。推了两天，我从城里带来的两双布鞋的后跟都被豁开了，而且小腿上的肌肉总在一刻不停的震颤之中。

这篇文章中，王小波以他的统计学和数学才能，将人和畜类在运粪土上山这件事上的投入和产出比进行比较，并得出结论，用驴来拉粪远比人来运送节省得多，而且人总吃薯干，容易得胃溃疡。在另一篇杂文《荷兰牧场与父老乡亲》中，王小波谈到了在欧洲参观荷兰的感受：为什么荷兰的能工巧匠，能利用风能、水能建设洼地，将艰难之地变成了易于生存的美丽家园，而我们的农民，在有利的自然条件下，却将日子过得苦不堪言？究其原因，还是缺乏知识的介入。在大量的诗词歌赋和官场心计中，知识分子浪费了才华和青春，而在对科学和人类的幸福贡献上，却令人怀疑。这些思想和观点，直接导致了王小波对20世纪90年代后国学热的怀疑态度，及他对中国传统文化，特别是儒家文化的批判。

小说《这辈子》，也展现了对当时农村艰苦生活，特别是“推粪”的感受。无聊的小马，梦中看到了自己的上辈子，是一名叫“陈得魁”的胶东农民，有一个鬼一样憔悴的婆娘，还有一个瘦胳膊瘦腿却又大肚子的小女儿——小芳。陈得魁“身上穿着一件带着臭气的褂子，破烂的裤子挽到膝盖。小腿又短又细，腿肚盘满了弯弯曲曲的筋络。他像第一次看清自己的身躯：肚子又小又鼓，好像脖子在不自然地朝前伸着。‘脊梁被压弯了。’……”小说中，小马的视角和陈得魁的视角，不断形成“互文”，小马在畜牧书中看到的有关养猪的知识，不断和苦难生活相对比，趣味盎然，又充满苦涩和同情。这篇小说写于王小波回北京后，算是对他艰苦农民生活的体验的总结。小说开头有发牢骚的议论。结尾，作家更借老陈的口说：“我们活着是为了谁？为了儿孙吗？要是过得和我一样，要他干什么？为了自己吗？是为了吃还是为了穿？只是为了将来还有希望。可是希望在哪儿呢？都把我们忘了。从农村出去的人也把我们忘了。我们要吃饱，我们想不要干这么使人的活。我们希望我们的老婆不要弄得像鬼一样。我们也要住在有卫生间的房子里头，我们也要一天有几个小时能听听音乐，看看小说。”小说寄托着王小波对农村和城市巨大差距的思考。

从1949年到“文革”结束期，人们对通过科技进步和智慧探索解决生存问题重视不足，而是盲目夸大精神力量，进而以自虐式的精神优越感，削弱了改造自然、造福自身的能力。王小波认为，这是一种“古怪”的竞争——和风力、水力比赛推动磨盘，和牲口比赛运输——且是比赛一种“负面”能力，比赛谁更不知劳苦，更不安逸。这种盲目夸大精神力量、相信精神改造能带动“肉身成神”、产生不可思议神话的想法，显现着在现代化进程中焦躁失衡的心态，及现代理性精神和科学精神缺失的病灶。

第二方面，艰苦的生活，也引发了王小波对弱者的同情，及对生命创伤和童真丧失的思考。《猫》是一篇寓言性很强的小说。主人公常在阳台上看到一只被挖去双眼的猫，这种对生命的戕害，让主人公寝食难安。然而，大家对此都十分冷漠，都认为是孩子胡闹，但主人公绝不承认孩子会干出这样残忍变态的事情，而认定这是来自大人的丑行，然而，他得到的回应只是冷漠："我也曾经是个孩子，可我从来也没起过这种念头。在单位里我把这件事对大家说，他们听了以后也那么说。只有我觉得这件事分外的可怕。于是我就经常和别人说起这件事，他们渐渐地听腻了。有人对我说：'你这个人真没味儿。'"生命的残酷受损与消逝，在时间的磋磨中，甚至丧失了成为庸人谈资的资格。鲜血过后，是人们更残忍的遗忘。

《战福》也是小波以牟平插队为背景写的一篇小说。这篇小说的主题是冷漠对人的伤害。小说中的傻子战福，因为嫂嫂的虐待，一直过着人不人、鬼不鬼的生活。一天，供销社的售货员小苏，拿战福开玩笑，战福却信以为真，以为小苏对他有意思，他打石头、盖新屋，准备迎接新生活。但小苏的恶骂，让他的梦破灭了。最终，战福孤独地死去了。早期王小波的小说，有很强的童话气质，更有着明显的创伤性情感体验。他的小说丝毫不带有当时流行的宏大话语的特征，如《波动》《第二次握手》中的民族国家忧患意识。《战福》的故事中，王小波的关注点是作为一个个体的人的战福的悲惨遭遇。这篇小说中，有很多牟平的痕迹，如小说中对于山峦和大海的描述，符合牟平的地理特征。又如，主人公战福姓"初"，初姓是水道镇的大姓。而那三十几米长的供销社房屋据说仍竖立在水道街头。文章中的“石沟”村也并非虚构，它就坐落在水道镇通往牟平的路上。小说开头的赶集场景，正是水道镇一周一次的“水道大集”的真实写照。另外，小说还多处运用了烟台方言，如，小苏对战福说，你理一下发，还是很“飒利”的。飒利，就是当地方言，飒爽利落，形容人很精神、漂亮。小说另外的地方用到的“胡呲乱冒”一词，则意为胡乱讲话、吹牛皮。

第三个方面，胶东半岛特殊的海洋文化，特别是齐文化，对王小波的创作，产生了重要影响。王小波插队的牟平县，离大海很近，而期间他也常去烟台的二姐家做客，更多地接触到了大海。可以说，“大海”的意象，使王小波的早期小说有了重要的想象性空间。它所起到的空间化塑形作用，可与云南的“热带雨林”相提并论。王小波对大海的赞美和喜爱，既来自天性中对浪漫和自由的向往，更是他对早期情感经历的纪念。而由此引发的，苦难和浪漫并存，是贯穿王小波创作的主题性风格。在《绿毛水怪》中，王小波写道：

> 我所爱的只是那个大海。我在海边一个公社当广播员兼电工。生活空虚透了，真像艾略特的小说！唯一的安慰是在海边上！海是一个永远不讨厌的朋友！你懂吗？也许是气势磅礴地朝岸边涌，好像要把整个陆地吞下去！也许不尽不止朝沙滩发出白浪，也许是死一样的静，连一丝波纹也兴不起来。但是浩瀚无际……我甚至微微有一点高兴，妖妖倒是找到了一个不错的葬身之所！

这里的大海体验，很明显来自烟台地区的黄海海域，王小波在小说中所虚构的“山东海阳县葫芦公社地瓜蛋子大队”，更有区域性痕迹。山东海阳县是海滨城市，即今天的山东烟台海阳市，地处青岛、烟台和威海之间，靠近胶东半岛南部，和牟平的距离不远。王小波很有可能闲暇的时候，去过该地。而“葫芦公社”和“地瓜蛋子大队”则是对水道公社和青虎山大队的“戏仿”，因为“地瓜蛋子”是青虎山的主食。而小说中那些神奇的海洋国绿种人，神秘的环形湖和珊瑚礁，既带有北欧童话的浪漫色彩，又有来自齐鲁海洋文化的璀璨夺目的神奇想象力。更神奇的是王小波对绿种人生活状态的描述，那是一个欢乐自由的乌托邦：既有丰富的物产、美丽的自然景观，也有众多学者、诗人和艺术家，人与人之间都相互关爱，又彼此尊重。这是强者的国度，又是文明的国度。20世纪70年代，像王小波的这种惊世骇俗的文学想象，已严重脱离了当时的文学规范。

《我在荒岛上迎接黎明》，也是一篇明显带有海洋意象的半自传体短篇小说。小说虚构了两位在山东海边插队的城市知青。他们相亲相爱，互相扶持走出难关。小说男主人公先在云南插队、后来在山东插队的经历，与王小波自身颇为相似。而男主人公课余带学生到沙滩挖牡蛎，以补贴学校收入，大概是当时水道联中劳动教育课的内容之一。女主人公从海军炮校的游泳场搞到救生艇，到荒岛营救男主人公的情节，也与烟台的地理、建筑有紧密关联。烟台的海军航空学院（前身为冰心之父谢葆璋清末建立的海军学校），其游泳场正是现在烟台第一海水浴场，20世纪70年代初，还未对一般平民开放。而烟台港东炮台一带沿海处，也有非常多的无人岛礁，符合王小波对无人小岛的想象。

王小波的早期小说中，爱情往往带有浪漫和理想化成分，也有感伤色彩。王小波的不凡之处在于，他能以雄健有力的个性化话语，摆脱当时主流意识形态的控制，展现出一种个人化风格。被困荒岛的男主人公，就像屹立于天地之间的巨人，一个在大自然前显示征服勇气和浪漫意志的“东方鲁滨孙”。当死里逃生的男主人公，终于登上荒岛，他充满了英雄豪情：“我感到自豪，因为我取得了第一个胜利，我毫不怀疑胜利是会接踵而至的。我能够战胜命运，把自己随心所欲地改变，所以我是英雄。”主人公的内心宣言，同样也可以视为王小波在逆境中坚持自我、力图塑造“文化英雄”的初步尝试。这种尝试，最终在《黄金时代》中走向了成熟，而在《白银时代》《黑铁时代》中，王小波则写了这类英雄的衰老和挫败。

这篇小说中，海洋的伟力，使一直想做诗人的男主人公，第一次写下了满意的诗句，并将之刻在石头上。男主人公被困海岛的虚构情节，具有强烈象征意义。它象征着主人公精神的困境和救赎的奇怪纠结。小说开篇，就以一种极为恢宏而华丽的笔触，描述了太阳飞升的黎明前夕，壮丽的海洋奇观：

> 我在荒岛上迎接黎明。太阳初升时，忽然有十万支金喇叭齐鸣。阳光穿过透明的空气，在暗蓝色的天空飞过。在黑暗尚未退去的海面上燃烧着十万支蜡烛。我听见天地之间钟声响了，然后十万支金喇叭又一次齐鸣。我忽然泪下如雨……

这里的喇叭，既可以说是中国民间的一种管乐器——唢呐，音域很高，也可以想象为西洋铜管乐器中的小喇叭，西洋喇叭常负责旋律部分或高亢节奏的演奏。而对太阳和海洋的崇拜，也与胶东一带的东夷文化有关。与海相生相伴的生活和浩渺大海的神秘莫测，使得东夷人形成了朦胧而独具特色的海神崇拜。在胶东先民传说中，海神是黄帝的后代，人面鸟身。《山海经·大荒东经》记载："东海之渚中，有神，人面鸟身，珥两黄蛇，践两黄蛇，名曰禺虢。"海上日出的胜景也使太阳成为东夷人的偶像。[①]这种对大海和太阳的向往，也在潜移默化之中，感染和熏陶了王小波的小说格调。

大海还与王小波小说"特立独行"的女性形象谱系相联系。比如，《绿毛水怪》中的妖妖——杨素瑶。妖妖是一个精灵般的女性形象，王小波去世后，该小说被《花城》(1998年第1期)刊发出来，著名批评家何向阳在长文《12个：1998年的孩子》中，深情地写道：

> 至此，王小波写的已经不是一个有关孩子的故事了。但是这故事的主人公妖妖——这个敏感深情的女孩子却永远将自己定型为孩子，在那个自由无忧的海底世界游弋着，没有人再能伤害得了她。"还不如永远不长大呢"，妖妖实现了自己的意愿，在深邃浩渺的太平洋海底。[②]

妖妖最后离开了尘世，回到海洋之国，将无限的美丽和遐想留给了世界。类似的早期王小波小说中的女性形象，还有《地久天长》

① 王孟子，《论先秦时期胶东文化的海洋特质》，《神州民俗》，2008年第5期。

② 何向阳，《12个：1998年的孩子》，《青年文学》，2000年第5期。

中的邢红和《我在荒岛上迎接黎明》中的“她”。这些女性形象，都有一些共同特点，比如都有过知青经历，但又是大城市出来的女孩子，她们都聪明活泼，善良浪漫，个性强悍，蔑视权力和专制，有着反叛体制的激情。

王小波早期小说中这些美丽却叛逆的女性形象，和同时代其他作品中的女性形象有很大区别，如路遥的《青松与小红花》中的吴月琴。王小波的早期小说，大多写作于1974年返回北京直至考上大学的阶段。路遥的这篇小说也发表于20世纪70年代末。从某种角度而言，吴月琴也是一个敢于挑战生活常规的特立独行者。她第一个在村子里穿喇叭裤。她喜欢英文，对庸俗的公社助理不屑一顾。她敢恨敢爱，喜欢村里的朴实青年运生。小说描写道：

> 你看她吧，走路抬头挺胸的，眼睛总是敏锐地扫视前面的世界。嘴里时不时哼着一些叫人听不懂的外国歌，有时还像男孩子一样吹口哨哩。在别人对当前那些时髦的政治话题喋喋不休地谈论的时候，她总是一言不发，一双淡漠的黑眼睛瞪着，或者干脆把这双眼睛闭起来，总之，她和眼前的社会很不搭调。[①]

小说为吴月琴设计了一个对立面：老公社书记。虽然，在老书记看来，“这女孩子身上缺点太多，浑身有一股‘资产阶级味’；而

① 路遥，《青松与红小花》，《路遥文集》（第二卷），陕西人民出版社1993年版，第259—260页。

且行为又那么放浪，根本不懂人情世故”，但是，通过误会的冰释，老书记发现，吴月琴是个纯真善良的好姑娘，而吴也发现，老书记身上有那么多高贵可敬的品质，于是，一个反映恶劣环境中的女性生存问题的主题，被“转喻为”反对“左”倾政治、实现民族国家新生的政治主题和伦理主题。小说结尾，吴月琴考上了大学，老书记也官复原职。“青松”和“小花”的寓意，成了新时期主流意识形态对现代性话语的又一次缝合。这篇小说里，吴月琴在某些方面，和王小波的《绿毛水怪》中的杨素瑶有些相像，但是，二者的结果却有天壤之别，一个回归到现实政治秩序，另一个却天马行空，成了想象的海洋国的绿种人。这值得我们深思。

6

青虎山村有关王小波的故事还有很多，尽管王小波可能“并不喜欢”这种“艰苦”的生活。一棵老棘子树的故事广为人知，算是当地群众对北京知青王小波的一种乡土化的接受想象吧。棘子树，就是野枣树，属于灌木类植物，但青虎山村的这棵野枣树，却有很多传奇。它现在还挺立在王小波故居的房后，据说已有六七百年的历史，也有的说接近千年。一般的野枣树，都比较矮小，但这棵，却高达数米，这是非常罕见的。每隔两年，树上都会结出甘甜的野枣，据说人吃了能够长寿，消灾增福。村里人都把这棵树叫作“棘子神”。刘日花回忆说，当年王小波经常在这棵老树下看书，他也很喜欢这棵神树，曾开玩笑说：“这棵树早晚能成道行。”这棵神树也是历经磨难，日伪时期，日本人曾对这棵树产生兴趣，但终因交通不便而作罢；三年自然灾害之际，野枣树也差点毁于饥饿的人群；90年代中后期，很多山外商人还曾打过神树的主意，他们找来工人，锯断了野枣树上非常大的枝丫，这个巨大而触目惊心的伤口，今天我们还能看到。据说锯树的两个工人，回家后就生了重病，吓得商人们再也没敢动坏心眼。历史的尘埃掩埋了无数鲜活的生命，却无法熄灭文学精神世界迸发的一束束独特迷人的光芒。当年——但那“当年”已成为我们的想象——落寞的王小波，坐在野枣树下，认真地看着书，思考，间或徘徊，叹息。天瓦蓝瓦蓝的，远处的群山挂满绿意，微风送来阵阵清凉，枣花的香气宜人，野蜂在枝头跳着芭蕾舞，温暖和煦的阳光从头顶倾泻下来，如同数不清的、碎成玉屑的云母……饱经岁月沧桑的棘子树呵，你可曾记得树下的那个读书的顽皮北京少年？

王小波去世多年后，有当地好事者，为纪念他，也为纪念这棵庇佑青虎山的神树，曾以仿古口吻撰文一篇。这也能看出民间乡野是如何认识王小波的：

棘子树下的王小波

青虎山有棵棘子树，寿逾千年，盖自建村时即已有之。此种树木，多纤细若小指，而此树却既粗且高。相传此树极神，犯之者无不遭报，故村人皆敬畏之。

村人敬之，亦爱之。昔日村民横石条于树下，夏日于此避暑，晚间于此闲话桑麻，亦可解劳作之苦、生老之忧。老树无言，却力阻风雨烈日之扰，如勇士，如慈母，村人颇得其庇佑。

某年月日，京师大乱。时有才子曰王小波者，避乱离京，徙于青虎山村。王固好学，躬耕劳作之余，每秉烛夜读，苦学作文，其勤奋大异于常人，偶与村人避暑于棘树之下，亦阅读不止，时人钦之。

老树其后名满天下，王小波亦特立独行，领一时风骚。尝闻王小波曾叹老树之古，称其必扬名于天下，斯言已验，未知老树知之否？然老树既神，当亦知王小波后来之成就矣，其虽无言，然其垂青之意或可忖度之。

昔有佛祖于菩提树下成佛，今王小波氏成就卓著，其亦于棘树之下颇有参得乎？

（作者：杨明政）

1974年春节，受王小波父母的邀请，老书记张玉敏和王小波一起到北京教育部宿舍、王小波的家中过年。当走进王小波的个人房间时，张玉敏愣住了："那个不大的屋子里，满满一面墙的书架上，除了书，还是书。"1974年底，知青返城政策有所松动，小波终于等到了回城的转机时刻。于是，王小波办理了病退手续，回到了朝思暮想的北京。

第六章　青年时代：从“后进青年”到“大学生”

人无论如何也不应该再是愚昧的了。肉麻的东西无论如何也不应该被赞美了。人们没有一点深沉的智慧无论如何也不成了。你相信吗？什么样的灵魂就要什么样的养料……没有像样的精神生活就没有一代英俊的新人。

人真应该是巨人……人不可以是寄生虫，不可以是无赖。

——王小波致李银河信

1

1975年，王小波二十三岁，虽然生活有所好转，却依然苦闷。20世纪70年代的北京，特别是林彪事件后，“革命”狂潮的盛大节日气息在衰减，理想主义的光芒逐渐褪去，日益显露出令人压抑的灰色氛围。一次次的政治运动依然保持着强大压力，却只能造成人心的恐惧，而不是激情了。由于大量年轻人被发配到各地当知青，偌大的北京城，空空荡荡，缺少生机和活力，令人窒息。王小波在散文中，曾记述过1974年春返京探亲时遇到的场景。那是一个黎明，王小波赶头一班电车回家，刚走到教育部大木仓胡同口，却受到了意外的惊吓。朦胧的曙光中，他发现胡同口的小医院门前，有一长串的人在排队，人人手里都挎着篮子，篮子里装着一只雄赳赳的大公鸡。原来，这些人都是来“打鸡血”的，据说往人的血管里打过鸡血之后，人会变得精神百倍，返老还童。(《写给新的一年（1997年）》) 青年王小波无比震惊于眼前的一幕，并将之牢记在心。在高调革命但物质贫乏的年代，鸡血却成了人们灰暗的生活的荒诞亮色，荒谬的一幕再次以喜剧的方式上演。

王小波的小说《革命时期的爱情》，曾描述过“文革”末期北京一家街道办豆腐厂里的生活，可以算作是对那个“鸡血时代”的一种写照。这种描述与新时期文学的“启蒙神话”有很大差异。新时期文学，“文革”末期是“坚冰乍破、春潮涌动”的岁月，是改革派战胜“四人帮”和保守派获得胜利的时刻。它的“工厂文学”有特定的意识形态所指，比如，《乔厂长上任记》《赤橙黄绿青蓝紫》等，都是以“现代化”名义，重新找到民族国家叙事合法性的作品。而在《革命时期的爱情》中，王小波则以复杂的心态，写到了历史的衰败与革命消退后的灰暗：

> 王二年轻时在北京一家豆腐厂里当过工人。那地方是个大杂院，人家说过去是某省的会馆。这就是说，当北京城是一座灰砖围起的城池时，有一批某个省的官商人等凑了一些钱，盖了这个院子，给进京考试的举人们住……原来大概有过高高的门楼，门前有过下马石、拴马桩一类的东西，后来没有了，只

有一座水泥门桩的铁栅栏门，门里面有条短短的马路，供运豆腐的汽车出入。

这种历史悠久辉煌，但现已衰败或被挪为他用的空间景观，标志着北京的一大空间文化特色，王小波曾住过的“铁一号”是这样，教育部大木仓胡同（原郑王府）也是这样。而王小波在该小说中所说的这种会馆，在北京为数不少。“五四”初期，鲁迅就是暂住在北京绍兴会馆，在那个据说吊死过人的、会闹鬼的宅子里，抄写古碑，看一小片蓝天，并发明了属于现代中国的典型化空间隐喻——“铁屋子”。王小波在探察革命豆腐厂时，则将目光盯在一个在传统文学看来低俗粗鄙、丝毫不具表征性的空间——“厕所”。《革命时期的爱情》从“厕所淫画”开始介入革命末期欲望破坏权力系统合法性的主题：“棚子的尽头有个红砖砌的小房子，不论春夏秋冬里面气味恶劣，不论黑夜白天里面点着长明灯，那里是个厕所。有一段时间有人在里面的墙上画裸体画，人家说是王二画的。”

该小说所透露出的那个特定历史时期的社会文化信息，不属于宏大的现代化的“阳世界”，却属于被历史忽视甚至遗忘的“阴世界”。王小波在小说中提到了“青年学习班”“帮教活动”与“强化社会治安运动”。这三项措施，都是针对转型期人心失控的举措。青年学习班和帮教活动，用于国企内部对“不良青年”的改造与驯化。强化社会治安运动，则联系着1981年5月的“严打”政策。这三项措施，都表现出革命专政措施的某种延续性。《赤橙黄绿青蓝紫》中，也有一个团支书解净与“后进青年”刘思佳之间的“帮教故事”。解净作为受“左”倾蛊惑的青年，主动要求担任运输队副队长，而“后进青年”刘思佳却是一个有才华但桀骜不驯的小伙子。最后，小说将刘思佳对解净的爱情，转化为两人齐心协力“搞四化”，成为典型的改革叙事。然而，《革命时期的爱情》中，团支书×海鹰与后进青年王二之间的“帮教”，却从严肃的政治活动，变成了具“性虐意味”的暧昧调情。无论是革命叙事还是改革叙事，都不在王小波的叙事逻辑之内。他以不可遏制的“性本能”嘲弄了宏大叙事的庄严。小说结尾，王小波再次在自由意志与“后革命北京”的无聊无趣之间，进行了暗示性联系。他看到的是二者在中国当代文化语境中的延续性和并发性：

> 我仿佛已经很老了，又好像很年轻。革命时期好像是过去了，又仿佛还没开始。爱情仿佛结束了，又好像还没有到来。我仿佛中过了头彩，又好像还没到开彩的日子。这一切好像是结束了，又仿佛是刚刚开始。

2

我们叙述王小波回北京后的生活，不能忽视1971—1973年，即王小波在北京的滞留时期。这段时间，王小波在物质上要好于云南时期，但精神上非常苦闷。在采访过程中，对这段生活，宋华和王小芹都有详细的回忆。王小波从云南回到北京后，档案揣在自己兜里，关系却落不到北京。按照当时北京的规定，虽然小波以病退原因从云南回京，但这种情况均须病好后“二次插队”，或安置在北京以外的地区，北京市原则上不接收回京知青的档案关系。本来，宋华在安徽干校和军代表说好了，将小波的关系落在干校，但档案拿过来，军代表又拒绝了。宋华进退两难，只好让小波暂时滞留北京，成了一个“黑户”。

20世纪70年代初，一个人如果没有档案关系，即意味着你的生活寸步难行。没有档案关系，就不能领到按月发放的布票、粮票、油票等生活必需票证，就是早上吃早点，买一根油条，也需要粮票，有钱也买不到。因此，回到家中，虽受到了很多家庭照顾，但王小波的屈辱和郁闷的心情，却更加严重了。他常待在家里，不愿外出，也不愿见人，只是沉浸在书籍里。有时他靠做数学题打发时间，一本《几何学大辞典》几乎让他翻烂了。据赵宁回忆，1973年初，他曾碰到过王小波。他向王小波打招呼，小波的表情颓废落寞，原来调皮捣蛋、灵动飞扬的劲头不见了。赵宁笑着说，你是傻子呀，怎么不说话了。小波这才缓过神来，半开玩笑地说，你才傻，我好着呢。也是从那时候起，王小波开始构思小说。他常在笔记本上写下一些凌乱的想法。好在很多教育部大院和人民大学时的同学，也陆续回京，大家聚在一起，也能聊解愁闷。胡贝从延安回来了，赵东江、赵和平、赵红旗、那佳等人，也通过各种途径回到了北京。王小波常去找朋友们聊天，互相借书看。赵东江还曾和王小波进行过一次“煮酒论混蛋”的神侃，两人一边喝酒，一边数算本姓家族历史上的混蛋人物。最后，赵东江败下阵来，因为王小波搬出了王家历史上的头号混蛋——秦桧的老婆王氏。[1]

那时候，赶上末班车、考入清华大学精密仪器专业的大姐王

① 王鸿谅、魏一平，《王小波在大院的日子》，《三联生活周刊》，2007年第14期。

小芹，毕业之后留校。哥哥王小平在京西木城涧煤矿当矿工。小弟王晨光因年幼且是家中最小的孩子，先是上学，几年后在北京一家烟厂就业。这在当时已是很不错的安排了。而王小波却显得有些迷惘。但这期间他进行的“自救”尝试：读书、习作、学英语等，为他以后的道路做了铺垫。

1974年底至1975年初，王小波到北京，因一时找不到工作，他曾有过一段短暂的在街道办工厂从业的经历。工厂名称，据李银河在多种王小波著作中提供的信息，是牛街仪器厂和西城区半导体厂，但据《三联生活周刊》记者的查访，似应为西城区无线电元件厂。①大体位置在今天的锦什坊街。笔者曾于2012年底去锦什坊街采访，由于城区改造，原有工厂和住户，都已不在了。听该街唯一的一户老居民介绍，原有住户都已迁往别处居住，原锦什坊街的档案，业已归入现金融街街道办管理。笔者嗣后去该街道办及西城区档案馆查访，依然毫无线索。后来，笔者又曾委托朋友再次查访，最终证实了《三联生活周刊》的调查，估计存在李银河误记的情况，也有可能与当时北京街道办小厂多不规范，没有档案或档案不齐全有关。笔者还曾查阅《二龙路街道简史》，据其记载，二龙路的无线电元件厂成立于1970年初，20世纪70年代末上交西城区，改名为“西城区无线电元件厂”。因此，说是街道办工厂，实际上只是沿袭旧称。而据王小平的回忆，当时锦什坊街的那个工厂，主要生产“可控硅”，旁边还有卖“豆芽炒疙瘩”的小饭铺，应大致就是这个厂子。王小波也曾在《革命时期的爱情》中，写过×海鹰让王

① 葛维樱，《被淹没的王小波工厂生涯》，《三联生活周刊》，2007年第14期。

二买炒疙瘩的情节。

关于工厂生活的信息，只散见于王小波的散文和与朋友的通信。从中我们可以对那个时期王小波的生活状态，有一鳞半爪的印象。王小波提到最多的，就是和他搭班的刘师傅。刘师傅以民间朴素的甚至粗鄙的自嘲和幽默，为王小波汲取底层生活智慧打开了一扇窗户。王小波最喜欢刘师傅的口头禅：“子曰，完蛋×也。”一下就把庄严大义的东西给解构掉了。后来考入大学，王小波还和同学们津津乐道刘师傅的“神语”。刘师傅说话有点阴阳怪气，也喜欢偷泔水，泡病号，占公家小便宜，十足是“坏师傅”。然而，这个“坏师父”却和“坏徒弟”颇投缘。他为人很诚恳仗义，从不说场面的官话，语言搞怪幽默。王小波这样描述他：他泡病号的时候，声称“看天是蓝色，看地是土色，蹲在厕所里任什么都不想吃”。该师傅还喜欢以自嘲的口吻编各类滑稽儿歌，令人捧腹。(《弗洛伊德和受虐狂》)

但是，“后进青年”王小波显然不开心，解脱的方法只有读书写作。然而，仍如插队时一样，他拒绝通过写作向主流靠拢。曾有一个老先生，是母亲宋华的老朋友，听说小波会写小说，就约他写胶东抗战的故事，老先生有很多素材，但王小波拒绝了，并表示不屑。他在给李银河的信中谈到这件事：“我会爱写这个？我会爱上吊。”他还是一副边缘人的冷面孔，对一切主旋律的东西，抱有深深的警惕和怀疑：“前天办工业三十条学习班，我中午喝得大醉，被头当场点名，我厚着脸皮不在乎。”这些信息，让人联想到刘心武写于20世纪80年代初期的小说《醒来吧，弟弟》。在这篇小说中，刘心武为我们描画了一个虚无偏激的“后进青年”形象，他对美好的生活和祖国的未来持怀疑态度。这颇有些像彼时的王小波。那时的王小波，在正派人士眼中，就是一个站没站相、坐没坐相、邋遢懒散、说话阴阳怪气的“堕落青年”。“文革”末期，教育部有的家庭已有了电视，有一次大家凑在一起看演出，有一个节目是器乐家闵慧芬拉奏二胡。闵穿着江青设计的所谓“国服”出来表演，大家都品头论足。小波个子大，站在人群后面，冷不丁地冒出一句：“可惜了，可惜了这双大脚！”大家知道他在讽刺所谓“国服”，都被逗得哈哈大笑。

王小波希望通过学习来改变命运。他那时候读书，简直如痴如狂。从精神荒漠的年代走出来的青年人，有一种普遍的精神饥饿感。无论知识分子，还是工人，大家都热衷于找各种书看，看到一张带字的纸，都舍不得丢。1971年初至1973年底，及1974年底、1975年初王小波回城后，他的读书和学习，主要靠“私塾式”讲授和个人自学两种方式。王小波滞留北京期间，王方名为让他学个一技之长，好将来政策松动时找一条出路，就安排王小波跟随黄仕奇老先生学英语。黄老先生外号叫“黄小辫儿”，还有个外号叫“八国联军”，在当时也算一个特立独行的“另类”、知识界的“奇葩”。黄老先生原在二机部任俄语翻译，是哈尔滨外国语学院毕业的高才生。他在语言方面的天赋非常高，精通数国语言，因此有“八国联军”之称，特别是对古西夏文和古突厥文，有很高造诣。当时，能读懂这两种文字的人非常少。50年代初期稿费很高，黄先生的润笔费丰厚，又不愿受约束，就辞了职，成了一个自由职业者。谁料想，“文化大革命”一闹起来，稿费制度取消了，而在“文革”结束前的北京，失去了正式公职身份，也等同于“社会闲杂人员”。屋漏偏逢连夜雨，黄太太不幸又得了癌症，一家人全靠一个月二十几元的劳保金，生活一下子陷入了困顿，甚至一度到了稀粥充饥的地步。人民大学图书馆馆长张昭，是一位爱才的领导，听说了黄先生的事情，特意请他做编外翻译，也给不了多少钱，有时也用烟叶和茶叶顶，但有烟抽，有茶叶喝，黄先生已觉得很好了。后来，“文化大革命”越闹越凶，张昭自身难保，也就难以庇护他了。虽然历经磨难，但黄老先生对自己的处境，倒颇能超然自得。他幽默诙谐，喜欢开玩笑，因为在东北学习的时候，认识了溥仪的妻子李淑贤，觉得模样气度不得了，从此就成了一个“后宫迷”，说话的时候，常带着口头语：“这事儿李贵妃说过……”“文革”的时候，也没改了这个毛病。王小波那时正闲居在家，无所事事，黄老先生整日也是孤芳自赏，难得有人要学习他的学问，所以，就欣然应允了王方名的请求。师徒两人的性格也非常投契，都一样喜欢插科打诨，都对学问有很强的好奇心。师徒既教学，又谈天，闲暇之时，便一起去海淀买废弃钢笔尖、劣质的茶砖，或快过期的便宜墨水。黄先生本是俄语科班出身，英语属自学成才，读写很棒，但听说就不行了。他教王小波也不是正常的路子，而是从背英语词典开始。结果，王小波把一本《英语大词典》翻得破烂不堪，不会朗读，就一遍遍地抄单词，以非凡的毅力和恒心，不断提高英语能力。结果，读写能力上去了，可听说还是不行，虽然能通顺流畅地阅读英文原典，但属于“瘸腿英语”，以至于去了美国还常闹笑话——有一次，他在加油站加油，想给轮胎充点气，却把“Do you have air？(你有气吗？)”说成了“Do you have ass？(你有屁股吗？)”，弄得人家好不尴尬。后来，小波上了大学，和黄老先生之间的走动才变得少了，但小说《我的阴阳两界》中，王小波写了一个酷爱西夏文的边缘学者李先生，显然是以黄仕奇为原型的。

除了拜老师，自修也是重要手段。“文革”中期，如前面已提到的，王小波和胡贝、赵东江等朋友即已常聚在一起读书。“文革”开始时的狂欢过后，孩子们都觉得精神空虚，有读书的需要，于是就千方百计找书看，他们的一个常用办法是跑到各个学校图书馆去“淘书”。那时候，所谓“淘书”就是“偷书”，因为书都被封存起来了。除了找书看，他们也听西方古典音乐，提高文化修养。那时候教育部管理很严，晚上保卫处纠察队还有人专门抽查。王小波、王小平、王晨光等人，充分发挥了动手能力（据说，王小平擅长修收音机，王晨光对照相机颇有研究），从旧货市场淘来留声机，修好了后，又搞了很多唱片，其中就有著名的《天鹅湖》。为防止泄密，他们就用被子蒙住窗户，偷偷地躲在屋子里听。保卫处的人来抽查，他们就说是在学习俄语，学习列宁讲话，唱片上都是外文，保卫处的人也不懂，就让他们混了过去。为收集唱片，他们可费了很多心血。王小波比较邋遢，唱片有时随手乱放，常是往被窝里一钻，“咔嚓”一下，压碎了一张老唱片；往凳子上一坐，“咔嚓”一声，又压碎一张，弄得大家很心痛。

回城后，王小波读书越来越多，也越来越广泛。那时，虽还是禁书时代，但开放思想的风潮已势不可当，大家都在找书看。王小波家喜欢读书的人多，往往一本书出来后，一家人不得不排队等着看。一次，赵东江借到一套港台版《基督山恩仇记》，晨光就用便宜胶卷拍下来，然后，用一台投影仪，在家中偷偷地投射在墙上。据胡贝回忆，小波的动手能力强，这台投影仪，就是他自己做的。

每次放投影，院里的青年人都像看电影，挤在他家看“墙书”。窗外的天黑着，小屋却明亮无比。投影一页一页地翻着，墙上的字有时清晰，有时模糊，但底下看书的青年人，却鸦雀无声，聚精会神，没有一个人吵闹说话，只有投影仪轻轻转动的声音。一双双渴求知识的眼睛，那么专注认真。这样的经历，后辈人很难体会其中滋味。

大家看完《基督山恩仇记》都称赞不错，但据说另有一套书，比这本书更好看，就是金庸的系列小说。于是，大家又满世界寻找。王小平先找到港版《碧血剑》，后来，才慢慢地把金庸的书找齐，几个兄弟，不眠不休地一气读完了。王小平说，小波看书如疯如魔，两眼都好像要放绿光。胡贝的父亲，当时有特殊证件，可以购买外文出版社出的内部资料。王小波有一阵子住在工厂宿舍，一个星期回来两三次，只要回来，就跑到胡贝那里讨书看。到了20世纪70年代末，“文革”结束，文化进一步解禁，中国书店的旧书可凭介绍信购买，王家兄弟及小波朋友们的阅读热情，又进一步被点燃。他们没事就去逛书店，王小波学的是英文，喜欢英文原著，《莎士比亚全集》是他的最爱。他还阅读了大量西方翻译名著。他的文学趣味和欣赏口味，在那个时期，有了进一步的强化，马克·吐温、欧·亨利、左拉、大仲马、拉伯雷、萧伯纳、雨果、霍桑、惠特曼、巴尔扎克等西方大文豪的作品，王小波就是在这一时期有了广泛涉猎。

3

逐渐成熟的王小波，也遇到了人生的大问题，那就是爱情。王小波虽然表面木讷，内心却非常敏感。作为一个有成就的作家，他的爱情道路和心路历程鲜为人知，只是在他去世后，通过《爱你就像爱生命》《浪漫骑士》等书，大众才了解了王小波和妻子李银河之间浪漫的故事。但一个人的感情经历往往是复杂的，有很多隐私。对作家爱情生活的勾勒和考察，有助于理解作家独特的文学形态和美学追求。李银河并不是王小波第一个痴恋的女性，而王小波也并不是李银河的初恋。作家心目中最美的女性，很有可能来自其早年生涯，特别是情绪浓烈的初恋时期，而非现实配偶，尽管现实配偶可能是他的挚爱。这种情况在很多作家身上都有体现，如沈从文和张兆和、鲁迅和许广平。优秀的作家，往往擅长汲取原型人物的某一特质，加以丰富想象，形成更复杂的文学人物。例如，在小说《似水流年》中，惊世骇俗的悍女“线条”，据说来自王小波教育部时的同学——身材高挑、容貌秀丽的肖林。肖林聪明倔强，自信坚强，和小波一起支边来到云南，就在弄巴农场不远的瑞丽农场。她曾一度入缅作战，在热带丛林出生入死。后来，她从缅甸回国，辗转回京后，在一家出版社工作至退休。她特立独行、自尊自强的女性风范，让王小波非常欣赏。所以，在小说中，王小波就以肖林的外号“线条”命名了这个人物——但实际上，据现有材料和笔者对肖林的采访，两人虽然熟悉，但并无“明确”的情感瓜葛。

那些写于1971—1978年之间的作品，尽管比较幼稚，但更能如自传体式地表现作家早期的心路历程。这里有自卑自怜，也有不甘平庸的呐喊，有对童年的回忆，也有对未来的展望。在小说《我在荒岛上迎接黎明》中，主人公“我”是一个回城知青，因报不上户口，只能靠捡垃圾度日，这里能看到王小波从云南回来、滞留于京时期的灰暗心情。《绿毛水怪》中，主人公陈辉儿童时期反抗老师和学校的描写，也显然有王小波儿时的影子。而从心理学的角度来解读,《歌仙》则更是一部男性“不平则鸣”的寓言之书。王小波身材高大，却谈不上英俊，70年代的那些岁月，无论在家无所事事，还是当工人，他都在社会底层，心态自然郁郁难平。因此，这篇小说才会展现出特殊的“改写状态”，也表现出王小波对经典文本的颠覆策略。小说中，美丽的边疆风情，让我们想到王小波的云南经历。爱唱歌的小伙子阿牛，听到三姐的歌声，喜欢上了她，却被她丑陋的容貌吓疯了。整部小说，流露着浓浓的“天地不仁，以万物为刍狗”的愤慨，也有知音不赏的落寞和酸楚。

同时，我们注意到，这些小说中总有一些“清秀可爱”却又“精灵古怪”的女性。这些女性形象，或许暗示着王小波早期的某些情感经历。王小波不属于那种花言巧语、善于取得女性欢心的男人，也不是英俊帅哥，但自有一种洒脱率真的性格魅力。而且他知识渊博、视野宽广，也能给人精神上的开阔感。1975年，王小波曾经历一次刻骨铭心的爱情。《绿毛水怪》成书之前，正是王小波失恋之时。此时，王小波已回城，并通过朋友认识了一位姑娘。这位姑娘温柔可爱、落落大方，模样也挺漂亮。她的父母和小波父母也都认识，姑娘曾来过王家，大家都觉得比较满意。小波经常到姑娘家里，给她的几个弟弟讲故事，把几个小男孩迷得五迷三道的。有一次，小波缺钱，无意中和几个孩子说了，这几个孩子竟把自己扑满里的钱都取出来交给小波，让王小波感动不已。据采访，这个姑娘当时在二龙路中学附近的北师大女子附中教书，比王小波稍微小一点，但对他照顾有加。王小波对这个女孩也很钟情。然而，该姑娘的母亲，对王小波似乎不满意。无论以工作前途，还是以个人条件，王小波当时似乎很难说服姑娘的母亲。于是，只能分手。据王小芹回忆，两人最后一次见面，应是在王家。当时，正是夏天的一个雨夜，姑娘来家里还书，进了小波的屋子。两人相对无言。姑娘告辞出来，小波送出门，两个人在门口谈了很久。小波回来后，情绪低落，很长一段时间，都不能摆脱。而离开王小波，对这个女孩来说，也是一次痛彻心扉的经历。王小波逝世后暴得大名，很多他的朋友都接受采访，或写了回忆文章，但作为王小波重要情感亲历者，这位女性保持了沉默。此中滋味，大概只有当事人才能体会，此情可待成追忆，只是当时已惘然。

另一段重要情感经历，大概在1971—1973年，王小波滞留北京期间。王小波在青虎山插队期间的房东、张玉滈的妻子刘日花对此有过回忆：一天，王小波跟刘日花一同上山干活，刘日花看到小波双眼通红。小波告诉她，来牟平插队前，他曾与北京的一个女孩谈对象。有一天，女孩早上醒来，突然不能说话了，经医生检查，才知是脑子里长了瘤子，便住进了医院。小波在城里时，常去医院看望她。两人相约，等女孩病好后，一块到青虎山插队下乡。没想到，小波下乡后不久，女孩就故去了。小波得知消息后，因不能陪心爱的女孩走上最后一程，而深感自责。由于感情的私密性，王小波的家人对这件事毫不知情。王小平认为，此事不一定是真的，很可能是王小波的单恋：

> 当时的小波，就像其他男青年一样，在男女情事上讳莫如深。表面上古井无波，骨子里敏感多情；青春的爱欲冲击着内

心，脸上却做出一副勘破世情的样子。大概他只有到了青虎山这种地方，才敢向老嫂子这样的圈外人剖白自己的心事。由此山东的纯朴乡亲们得出了结论：小波如此沉默寡言，原来有这样一段伤心事。

而王小波的小说《地久天长》中，也有一个得“脑瘤”去世的女孩邢红。据很多当事人回忆，当时教育部的确有一个叫温彦的女孩，得脑瘤去世了，时间大致在1974年。她在二龙路中学上学时，比王小波高一级，和赵和平的姐姐是同学，是“老初二”的学生。其时，王小波住在教育部大木仓宿舍“二公门”（指郑王府剩下的主殿内大门）的东边，而温彦家住在“二公门”的西边。据赵和平介绍，这个女孩性格活泼开朗，有些精灵古怪，敢于反抗不公平的事儿，也非常聪明，在学校的时候，就是文艺活跃分子，学习成绩非常好。温彦曾短暂插队山西，因病回京休养。她和王小波回城的缘由相似，两人也有很多认识渠道，极有可能相识。即使是单恋，能让王小波远在青虎山，为之伤心落泪，想必也是心仪已久的女孩。

然而，事情还有一种相反的猜测：所谓“落泪”，不过是王小波顽童式的“恶作剧”。王小波最早的习作《马但丁》中，曾写到为女友哭泣的胶东知青马但丁。不过，他哭的是自己，而不是“死去的女友”。他不过是用这种古怪的谎言方式，像孩子一样骗取别人同情，并满足恶作剧的讽刺感，进而表达对下乡绝望生活的反抗。小说中，马但丁和女孩小罗，是关系不错的邻居。但他虽心仪小罗，回城却遥遥无期，自然和小罗也就没有希望，而当他黯然神伤的时候，老乡们都来“关心”他，他就胡编道：“我的女朋友……

死了!”然后，伤心地大哭起来，而后他又编了一套罗曼史，活灵活现，连他自己都惊叹自己的天才。当然，小说创作不能当成作者的生活真实，王小波此段故事的真实状况，也许更为复杂，这还有待于新资料的出现。

王小波的早期作品中，很可能存在着这两位女孩的影子。比如,《地久天长》中的女主人公邢红，与《绿毛水怪》中的女主人公杨素瑶之间，就存在某些内在的神秘联系，她们可能都以温彦为原型。邢红的性格开朗活泼，情感丰富，不拘小节，敢于捉弄军代表，最后死于脑瘤。而《绿毛水怪》中陈辉和杨素瑶在一起捉弄老师的学校经历，很有可能来自温彦和王小波在二龙路中学的经历；杨素瑶要和陈辉一起去的“山东海阳县葫芦公社地瓜蛋子大队”显然是对王小波插队的“山东牟平县水道公社青虎山大队”的戏仿，也符合王小波对刘日花的叙述。在《我在荒岛上迎接黎明》中，那个从垃圾堆里拯救了“我”并和“我”一起插队的温柔可爱姑娘，也与女子附中女教师有很多相似之处。应该说，王小波的早期文学作品中，有两位女孩的影子。

4

此后很长一段时间，小波的情感生活一片空白，直到李银河出现。李银河对王小波来说意义重大。从某种角度来说，正是李银河帮助王小波实现了文学梦想，也正是李银河让王小波死后暴得大名。她是王小波的妻子、知音和作品的推崇者。虽然，李银河对王小波的推介，产生了很多争议，然而，不可否认，没有李银河，就没有王小波煌煌的文名。李银河生于1952年，和王小波同岁，兄弟姐妹四人，她是老小。北师大女子附中毕业后，李银河曾短暂作为知青，下乡内蒙古，后回来在山西沁县插队。1974年，李银河作为工农兵学员，考入山西大学历史系，1977年被留在国务院政研室工作，后转至光明日报社任编辑。李银河的父母，都是出身老八路的知识分子，革命胜利后跟随部队进入北京。李银河说，自己是一个“外表平静、内心狂野”的人。可以说，她的大胆直言、率真执着的性格，与王小波有很多契合之处，但李银河显然比王小波更具“行动性”。她有个小名“三反”，并跟随母亲姓“李”。她小时候的梦想，是做一个热爱探险的勘探队员。小学升初中时，她写了一篇内容为演唱《东方红》见到了毛主席的文章，被《中国少年报》刊登了，平生第一次把文字变成铅字。她也曾写血书要求去内蒙古当知青。然而，几年的知青生活，却打碎了她的革命理想。如同王小波一样，她痛苦地发现，“自己根本不能改变世界”，只有晚上默默背诵英语单词，才能缓解她内心的孤独。回北京后，她再次去山西插队，因一篇描写农村生活的文章，幸运地被推荐上了大学。

1977年，王小波与李银河之间，显然存在很多差异。李银河的母亲李克林、父亲林韦，都曾参与《人民日报》的创办并在报社内担任重要职务（林韦曾先后担任理论部、农村部主任，李克林也曾担任过农村部主任）。林韦虽因反映安徽农村饿死人的情况，在1959年被打成右倾机会主义分子，但在1962年的“七千人大会”上很快平反，并得以继续任职，后来调任国家建委政研室主任。而王小波的家庭，因为王方名被开除党籍，一直有历史包袱。李银河认识王小波的时候，他也只是街道工厂的普通工人。他们的结缘，是因为文学。

1977年秋，王方名四川老朋友的儿子北辰，带着一个姑娘，来到了王家。这个姑娘就是李银河。李银河原想拜访王方名，就几个学术问题加以请教，却恰巧遇到了小波，几个人就聊了起来。闲谈之间，北辰提到，王小波正在写小说，这勾起了李银河的好奇心。那时，王方名的案子还没有平反，一家七八口人，就住在大木仓教育部宿舍的几间平房内，光线不好，拥挤凌乱不堪。王小波的邋遢很出名，在他那间黑漆漆的凌乱小屋里，李银河看到了写在一个黑皮大笔记本上的《绿毛水怪》的原稿。之前，李银河已在他们共同的朋友那里看过这篇手抄本小说，她被里面的浪漫狂想故事深深吸引了，并朦胧中有一种早晚要和小说作者发生点什么事情的预感。这本书成为他们的媒人。后来，两人逐渐走动起来。一开始，两人之间的交往，还限于谈谈人生理想、交流关于文学的心得体会。直到有一次，王小波去报社找李银河，主动问她有没有男朋友，李银河愣了一下，说现在还没有。王小波就单刀直入地说，你看我行不行？在当时还较保守的社会氛围中，这非常大胆，也坦率真诚。王小波虽并不是李银河的初恋对象[①]，但王小波的气质，却打动了李银河，两人正式确立恋爱关系。李银河在很多文章中写到，《绿毛水怪》这篇小说是他们的“姻缘书”。这种浪漫的结合，很有20世纪80年代启蒙理想主义的味道。80年代的小说，无论是《南方的岸》，还是《古船》《人生》，都有一种文学青年的理想主义气质，总有一

① 李银河致王小波信，《王小波全集》第9卷，第92页。

个条件优秀的好姑娘，喜欢和欣赏那些有才华却落魄的男青年。

围绕《绿毛水怪》，还发生过一个有意思的小故事。《绿毛水怪》写成后，李银河并不是第一个阅读者。这篇写于1976年左右的小说，首先在小波的家人中传播，后来就是小波周围的朋友传看。朋友圈里第一个借出《绿毛水怪》的是胡贝。当时胡贝还在部队当兵，假期回来，没事就去找小波玩。他听王晨光说，小波写了一个“特别棒”的小说，就问小波，小波却只是笑，接着把那个笔记本递给了他。胡贝一看，就被里面的故事打动了，嚷着要拿回家仔细观摩。小波想了想，也就同意了。胡贝回家后，认真读了两遍，对里面的幽默细节忍俊不禁。在胡贝的宣传下，胡贝的哥哥、妹妹和父亲，也都读了《绿毛水怪》，大家都觉得很好。过了几天，王小波向胡贝要这本小说，胡贝却发觉笔记本不见了！小波非常不高兴，可也没说什么。胡贝非常内疚，回家翻箱倒柜地找，但始终没找到。又过了几天，才终于有了小说的下落。胡贝的父亲是人民大学的中层领导，原来是他办公室里的工作人员严连德去胡家串门，看到这本小说就拿去了。有意思的是，严的父亲，也对这本小说青睐有加，而他的父亲，正是我国著名文学家、时任人民文学出版社社长的严文井。严先生看了这篇小说，先是说好，又摇头叹息说：“可惜了，这么好的东西，我没办法出版。”在当时的文化环境下，像《绿毛水怪》这样惊世骇俗的小说，的确很难出版，也很难入编辑法眼。事实证明，这篇小说在王小波生前，也一直未能发表——它迟至王小波去世后的1998年，才由《花城》刊出，一经刊出，就迅速引发了广泛关注。

对于他俩的结合，王方名一家也有点惊讶。李银河不仅工作好，且在政坛也开始显露影响。她与林春合作，在《中国青年》上发表了《要大大发扬民主和加强法制》(1978年第3期)的长文章，被《人民日报》转载，引起了广泛影响。这在当时是政治前途光明的预兆，而王小波却近乎一文不名。关于他们的关系，李银河家里最初也不同意。李银河的母亲李克林，是主要的反对者。她曾在回忆文章中写道："小波、银河刚谈恋爱时，我觉得这孩子傻大黑粗的，看去挺怪，心里有点嘀咕，虽然我并不喜欢'小白脸'，可总怕这人靠不住。"[①] 王小波在给李银河的信中，也郁闷地提到："你妈妈不喜欢我。""咱们不要惹你妈妈生气，所以不能常常在外面待得太晚。总之，我只好等时间来解决问题。我猜老人家心里给你选了更好的人呢。不知道他是谁，不过他一定也是好人。"

但从本身来说，他们恋爱关系的行进也并不是一帆风顺的。2003年，接受《鲁豫有约》栏目的采访时，李银河曾透露出若干他们当年交往的细节。交往之初，他们度过了很多愉快的时光。印着光明日报社信笺的信件，在王小波工厂里曾引起不小的轰动。一开始，大家都以为王小波在《光明日报》上发表了文章，有类似"一步登天"的羡慕，等得知王小波居然和《光明日报》的编辑谈恋爱，就只有"瞠目结舌"的份儿了。交往一段时间后，李银河对王小波产生了厌倦，直接原因是觉得他"长得不行"。接着，李银河提出分手，并说还可以是好朋友，给了王小波两张电影票。但王小波把电影票寄了回来，并说："你应该从信纸上闻到竹叶青、二锅头等很多酒的味道，因为何以浇愁，唯有杜康。"他还幽默地说："你应

① 李克林，《我的女婿王小波》，《浪漫骑士——记忆王小波》，第113页。

该去动物园的爬虫馆里看看，是不是我比它们还难看，还有，就是你也不是那么好看嘛。”后来，王小波又写了好几封信，用幽默诙谐的语言，打消了她的顾虑，增进了他们的感情。当王小波投考中央戏剧学院失败后，他也曾给李银河写信，宣布：“你已经二十六七岁了。不能再和一个骆驼在一起。既然如此，干脆不要竹篮打水的好。”事后，两人经过反复思考，又和好如初了。

5

王小波写给李银河的情书（主要指1978年王小波从街道工厂工作到念大学期间的情书），是研究王小波的重要文献。从中我们大致可看到一个浪漫至极，但性情率真、聪明叛逆的文学青年的影子。王小波曾写下这样浪漫的句子：“以前骑士们在交战之前要呼喊自己的战号。我既然是愁容骑士，哪能没有战号呢？我就傻气地喊一声：‘爱，爱呵。’”“当我跨过沉沦的一切/向着永恒开战的时候/你是我的军旗。”现在读来，依然令人感动。从这一时期的通信，我们也可看出，王小波虽是一个具理想主义气质的作家，但他的理想主义却和他的讽刺精神以“悖论方式”结合在一起。他始终不是“好孩子”。他借助民间的破坏力和野性自由，表达对精神自由的向往和对宏大叙事的批判。他写道：“我从童年继承下来的东西只有一件，就是对平庸生活的狂怒，一种不甘没落的决心。小时候我简直狂妄，看到庸俗的一切，我把它默默地记下来，化成了沸腾的愤怒。”他借萧伯纳的戏剧《匹克梅梁》中的一句话，套在自己身上：“我承认我两样都有一点：除去坏蛋，就成了有一点善良的傻瓜；

除去傻瓜，就成了愤世嫉俗、嘴皮子伤人的坏蛋。”他对虚伪道德的唾弃，及他对精神英雄气质的追求，都让他的内心具有了以喜剧形式呈现的悲剧性感受。因为深爱智慧和美，所以对现实的虚伪和庸俗的容忍度也随之降低。也因为爱人，所以恨人：

> 家兄告诉我，说我写的东西里，每一个人都长了一双魔鬼的眼睛。就像《肖像》里形容那一位画家给教堂画的画的评语一样的无情。我想了想，事情恐怕就是这样。我呀，坚信每一个人看到的世界都不该是眼前的世界。眼前的世界无非是些吃喝拉撒睡，难道这就够了吗？还有，我看见有人在制造一些污辱人们智慧的粗糙东西就愤怒，看见人们在鼓吹动物性的狂欢就发狂……我总以为，有过雨果的博爱、萧伯纳的智慧，罗曼·罗兰又把什么是美说得那么清楚，人无论如何也不应该再是愚昧的了。肉麻的东西无论如何也不应该被赞美了。人们没有一点深沉的智慧无论如何也不成了。你相信吗？什么样的灵魂就要什么样的养料……没有像样的精神生活就没有一代英俊的新人。

这里的“新人”显然是指具文艺复兴式伟大精神力的“新人”。这种人生态度和主流文学对“新时期”的描述有很大不同。“文革”结束后的中国历史，被认定为“春潮乍破坚冰”，“左”倾思想虽依然横行，但新的希望，特别是改革的希望，已让全中国处于凤凰涅槃的“新生”。这是一种新主流话语塑造的方式，与旧革命叙事有关联，但巧妙引入了“现代化”概念，以物质合法性“偷换了”革命合法性，并交杂启蒙理想主义激情。然而，这些主流的话语，在王小波那里并不存在。“文革”结束后的北京，已在革命的退却中，日益显出古都的衰败和第三世界国家恶劣的生存空间环境。那些被压抑的“阴”的世界，虽然粗鄙不堪，却生机勃勃——但是，这种“新人”理想显然也只是王小波理想主义气质的一种表征。20世纪90年代，当他投身文坛，却发现“新人”的理想更遥远了，他只有冰冷的绝望和讽刺，及对古代中国世界的想象了。

从这些通信中，窥见李银河对王小波的塑造，也是一个有意思的话题。从李银河公开结集出版的《爱你就像爱生命》，不仅可看到王小波和李银河的爱情、王小波的为人处世和人生追求，也能看到结婚前，李银河对王小波的塑造。李银河的爽朗直率、善良单纯、对真理的热情追求，以及理想主义的激情，都深深感染了王小波。在李银河身上，王小波看到了自己的矛盾。他总称李银河是“坚定的战士”，两相对比，自己多的则是悲观的冷嘲，痛恨肉麻，对平庸生活的狂怒，虽然也想爱人，无条件去奉献和牺牲，但却总是“既狂暴又怯懦”。

但是，即使那些热恋期间的通信，我们也能看到“文革”结束前后，李银河与王小波之间的某种差异性。这种差异性，是两人的生活背景、性格特征造成的，也来源于两人不同的美学趣味和价值准则。认识王小波后的相当长一段时间里，李银河还是一个标准的新时期主流知识分子。她很早就加入了中国共产党。她真诚地希望改造社会，相信政府和党的力量，对文学和艺术抱有热情，同时也不可避免地有新时期知识分子的精英意识。她的社会参与意识强，喜欢争个高低，也曾自嘲“虚荣心强”，有点偏执狂[①]。结婚前，她曾想按主流知识分子的标准塑造王小波。比如，她讨厌王小波说粗话，认为这是不文明的表现，两人因此曾闹翻过。王小波解释说：“我是经常说粗话的，因为我周围的工人们都说，而且我也是一个工人。我们说的有时不堪入耳，但是心里只把它当些有趣的话哈哈大笑一场。我多半是一个粗人……我有什么道理装模作样吗？”显然，王小波并不认为，工人就低人一等，也不认可知识分子对于语言的所谓文明规范。李银河也认为，王小波有的时候，有一些喜欢“封建社会的江湖气”[②]。又比如，李银河希望王小波不仅要考大学，且要入党，积极参与政治活动。但显然王小波对政治不感兴趣，多次加以幽默的推诿。爱情是甜蜜的，有时会掩盖差异，但爱情也并不能完全遮蔽不同趣味，也不能掩饰恋爱过程中，因“地位”不同而产生的内心的复杂微妙情绪。

王小波生前未发表的小说遗稿中，有一篇《不成功的爱情》值得注意，从中也可看出20世纪70年代末80年代初，王小波对待“爱情”的某些微妙情绪。该小说文笔较粗糙，应是王小波早期习作。而就该习作透露出的内容看，却颇值得玩味。小说有一个自传式主人公“我”，而内容就是“我”和女友发生矛盾、最后分手的故事。小说开头介绍了“我”：十年前在农村修理地球，后来在

---

① 李银河曾说，20世纪90年代，她在内地当教授，听说同事在香港当教师，工资是她的一百倍，就特别受刺激。见《李银河：我外表平静，内心狂野》，《凤凰网自由谈》第58期，2012年4月19日。

②《王小波全集》第9卷，第27页。

城里街道工厂工作。每天下班后，“我”即到环城林荫道去。女朋友在那儿等“我”一起散步，谈文学，谈艺术，背诗词。小说中主人公的女友常拿一些知识考他。女友也要求他背各种知识，以使他看上去像“上等人”。这成为他们分手的原因。小说中提到的名人有马奈、萨特、张抗抗、费雯丽、陈冲、张洁、刘晓庆等，可见该小说的创作时间和背景。女友以知识为高人一等的资本，而看不到知识本身的乐趣。小说讽刺性地写了乡下两个自称狐仙附体的妇女的斗法。最后写了两个梦，一个是“我”变成了一头牛，女友则成了赶车的人，牛一走慢了，她就用小木棍戳牛的阴囊；另一个是“我”去参观屠宰厂，流水线上的猪被杀的时候，都在大声喊：“萨特！”“我们所知道的东西不足识别周围是否是猪圈时，也只能徒然增加临死时尖叫的内容。”小说结尾，“我”把这两个梦讲给了女友：“她的眼神很奇特，说不上是怜悯还是轻蔑，后来她就走了。一句话也没说就走了。唉，飞走了，我的小白鸽。”“我”对女友的爱、对分手的患得患失，及对女友的不满，形成了微妙的情感矛盾。该作品和李银河有无联系，我们不得而知，但该小说至少隐秘地透露出那一时期王小波对待“爱情”的态度。

6

1977年，恢复高考的消息，让王家人倍感振奋。王小平、王晨光和王征，同时备战高考。当时，几个人考得都不错，但只有晨光一人考上了北京钢铁学院，据说还是宋华托了一个同事的关系，才被录取；而王征因家庭问题被挡在大学门外，王小平据说是因体检查出了高血压。而王小波对当年高考能否凭借学习成绩考上，还心存疑虑，故此没有参加。这次失利，对兄妹的打击还是很大的，对王方名的打击更大，家里一片愁云惨雾。

第二年，也就是1978年，在李银河的鼓励下，王小波报考了一次中央戏剧学院。考试前，李银河专门带着王小波去了舅舅家，让他给小波讲了一通考试注意事项，但小波显然对舅舅讲的革命文艺不太感兴趣。小波的同学赵宁也和他一起报考了，当时的考试较简单，就是两门课程：一门是文艺理论常识，大多是关于延安文艺座谈会、毛泽东文艺思想之类的题目；一门是作文，题目是《旅途中》[①]。初试小波通过得很顺利，赵宁却被刷了下来。复试一关，主考官问小波，最喜欢的剧作家是谁。他回答说是萧伯纳。结果，全场冷场了很长时间。当时，萧伯纳属于较冷僻的作家，远不如经典剧作家知名度高，很多考官也不熟悉。同时，萧伯纳也属于较另类的作家。于是，不久之后，王小波就知道被淘汰了。如果王小波考上中央戏剧学院，进入文学体制，那么，他的为文经历和成就，也许就是另一番样子。

这次高考失利，对王小波和李银河的爱情，也是一次考验。它加深了李银河家对他的某些“看法”和“成见”，为此他和李银河还闹了别扭。但王小波顶着压力，很快就转移了考试方向，不再考灵活度高的文科，而是听从了父母的话，改考理工科。好在1978年还有一次高考机会，主要针对老三届的学生。可以说，如果错过这次机会，将来再考可就难了。因为，当时王小波也已二十六岁，哥

---

① 据2012年11月20日对赵宁的采访。

哥王小平则快三十岁了，都属于超龄老童生。王方名之所以赞成儿子学理工科，也是出于多年来对政治运动的警惕，总认为文科虽热闹，但也易出问题，想做真学问，牵扯到意识形态也很难做好，不如老老实实读一点技术类学科。王小波的学习异常刻苦。这段时间，他躲在北京郊区木城涧煤矿千军台坑820室，即哥哥王小平的宿舍里发奋苦读，虽不是头悬梁锥刺股，也熬得眼睛通红。他喜欢数学，却没受过完整教育，系统复习也已来不及了，只能凭感觉靠做习题来解决。在艰苦的复习过程中，只有给李银河写信，才能让他苦闷的心情得以舒缓。最后，他终于鲤鱼跳龙门，考上了人民大学1978级经贸系商品专业。虽不是当时热门的文科生，但也是正经八百的名牌大学的学生了。据教育部公布的数据，1978年全国高考610万人报考，录取40.2万人，录取比率不足十分之一，王小波就是这样一个幸运儿。与此同时，王小平和王征也传来喜讯，两人也双双被大学录取。王小平还一鼓作气，直接考上了中国社科院哲学所的逻辑学专家沈有鼎的研究生。[①]

紧接着，王家的现实环境发生了重大转变，不仅因为几个孩子先后考上大学，也因王方名本人的冤案终于得到了平反。20世纪70年代中期，王方名曾中风过，一度不良于行。王小芹和丈夫姚锐戈的儿子姚勇出生后，给这个家庭带来了很多欢乐。幼年的姚勇，长得非常可爱，大家都喜欢他。为方便姚勇学习走路，王方名总是担心地、跌跌撞撞地跟在后面，随时佑护之。慈祥之爱心，令人感

① 当时，针对老三届等大龄考生，1977年、1978年的高考，如成绩优秀，可直接申请报考研究生。

动。在外孙姚勇的带动下，王方名竟奇迹般恢复了健康，行动坐卧，均如常人。1978年秋，王方名的案子有了转机，借纠正冤假错案的东风，经过李新等人多方奔走，钱俊瑞、安子文分别签字同意撤销当年的批示。1980年春，经中组部研究，终于顺利撤销了当年"阶级异己分子"的帽子，并恢复党籍。但是，距1952年被错误开除党籍，已过去了二十八年，漫长岁月中积累下来的学术笔记和资料，也都在"文革"中被抄没或付之一炬，一个人最好的时间，都被消耗在了恐怖而辛酸的岁月里。王方名有很多野心勃勃的学术计划，比如，他想写一本《人类思维史》，着重谈谈形象思维的形式问题，但精力和资料等客观条件都不能允许他再完成主观愿望。于是，他陷入了精神的矛盾和恐慌之中。助手和他闹翻了，王小平本来同意父亲的很多观点，但最后也不支持他了。"欲取鸣琴弹，恨无知音赏。"这是王方名晚年用以自况的伤感诗句。他晚年的行动变得难以捉摸，有时通宵写作，有时变得迟钝，有时心血来潮、随性情而动。一次，他甚至一声不响地去四川看望在当地大学教书的弟弟。[①]

1985年9月3日，人民大会堂召开盛大的纪念抗战胜利四十周年活动，并向全国电视直播。在家中，王方名靠着被子，在观看电视的时候，溘然长逝。当时家里没有其他人，孩子们都不在，宋华也去人民大会堂开会了，无人知晓王方名生命最后一刻的感受。是为青年热血抗战的往昔自豪？还是研究学术壮志未酬的遗憾？那个从四川渠县出走的热血青年、火药原料商的逆子，在梦中是否回到

① 李新，《追思逻辑学家王方名》，《炎黄春秋》，1992年第3期。

了那条坎坷却充满激情的出川之路？那些艰难险阻，那些欢歌笑语，只有飘荡在抗战胜利纪念日的隆隆礼乐之中，才能告慰一生的诸般滋味。直到他去世八年后，他的学术著作《逻辑探索——王方名学术论文选》，才在各方人士帮助下，由人民大学出版社出版。早年投奔革命，中年步入学术，晚年落寞，王方名的一生犹如一出热闹多彩的戏剧。一代学人，一生经历，足以让后辈品味、怀念和思索。

7

1978年9月，王小波进入人民大学贸易经济系商品学专业学习。当时，人民大学刚处于恢复期（“文革”期间人民大学曾一度停办），很多校舍都被外单位占据。在入学教育中，系领导就指着被解放军二炮部队占据的教学楼“痛说家史”，学校南部也被外单位占领，被很多老师称为“南部四岛”。学校的伙食也不好，朋友来了，只有出去吃饭。当时，贸易经济系和经济信息系是人大仅有的两个理科专业。贸易经济系数理化和生物课都有，而经济信息系则开设了数学和计算机课程。1950年，为配合国家建设方针，人大有针对性地设置了八大系：经济系、经济计划系、财政信用系、工厂管理系、合作系、贸易系、法律系、外交系。商品学专业的前身，可以一直追溯到合作系，为其中的一个教研组。1978年，商品学“试招生”（一直延续到2004年这一专业被取消），只招理工科学生，毕业时授予管理学学士学位。就当时的教学安排而言，商品学在人文社科气息浓厚的人大，显得十分“另类”。大三之后，再细分专业，王小波选择了食品商品学专业。78级人民大学贸易经济系有三十二人，中途有一人退学。除了两个湖南人，一个广东人，全都来自北京。当时全班有大约三分之一“老三届”的学生，另有一些低于“老三届”的插队知青，还有部分78级的应届高中毕业生，很多同学来自知识分子家庭。令人哭笑不得的是，平素邋遢的王小波，居然在大学一年级当选为班里的生活委员，负责收集班里同学们的粮票和钱，再兑换成学校的饭票。

大学时期是王小波最平静、充实的岁月。他的爱情也终于开花结果。当时李银河住在阜外大街建委宿舍，王小波先是住在西单大木仓教育部大院家里，上学后一直住校。两个人一般周末见面，常去郊区的公园散步、聊天。王小波刚上大学的时候，李银河家依然不同意她和小波的关系，两家关系也很紧张。有一次，王小波甚至听说，李银河家里的人，要给他父母写信阻止两人的关系，他甚至想把这信抄写成大字报，请路人评理。[①]这些问题给王小波带来了很多困扰和痛苦，李银河歉意地说：“你是我的天堂，可我是你的地狱。”[②]

但爱情暂时战胜了一切。热恋中的王小波和李银河，一个星期不见面就感“如隔三秋”。他们之间的通信，更是缠绵悱恻。李银河对王小波寄予厚望，她坚信王小波能取得巨大成功，她坚信他能拿出无愧于人类智慧也无愧于自己的东西，因为王小波有一种十足

---

①《王小波全集》第9卷，第91页。

②《王小波全集》第9卷，第78页。

可贵的品质，就是“真”。[①]李银河甚至在信中说：“我们不要大人，你的父母和我的父母，不论现在和将来，让我们把他们抛开，我们只是两个人，不是两家人，我们是两个在宇宙中游荡的灵魂，我们不愿孤独，走到一起来，别人与我们无关……”在李银河的坚持下，家里人也只有无奈妥协。李银河高兴地说：“家里似乎改变了什么方针，谁都不当面追问我去哪儿了，妈妈也不那么气急败坏的了。我们手拉着手，继续往前走吧！”[②]坚守的爱情终于赢得了胜利和尊重。1980年1月11日[③]，王小波和李银河领了结婚证。他们没举行婚礼，也没拍结婚照，只是两家人各自请了一桌饭，算是庆祝。双方的很多好友都不知这个事情，只是后来王小波原在街道厂里的同事们知道了，给他们送过礼物。王小波当时还是大二的学生，人民大学规定，大学期间不准结婚，所以他们的婚姻属秘密状态，连结婚证明，都是王小波找原来的街道工厂给开的。王小波为人简朴，很少给李银河买东西，只有一次花了5元钱买了顶纯毛帽子，算是生日礼物。

谈恋爱阶段，王小波和李银河的爱情，就显现了有别于常人的状态。一般中国人的爱情是为了结婚、生子，过日常的生活，而王小波和李银河，因为心智和气质的相互吸引走到一起，他们是情

---

① 《王小波全集》第9卷，第85页。

② 《王小波全集》第9卷，第89、93页。

③ 根据《王小波画传》中刊登的王小波和李银河的结婚证，两人的结婚日期是1980年1月11日，而在各类采访中，李银河则称，21日是他们结婚的日子。据推测，21日大概是两家请客、宣布结婚的时间。

侣，也是心灵和事业相互沟通、共鸣和支持的知己。两人在恋爱的时候，就下决心献身于各自的事业，过高贵的精神生活，绝不为虚假的模式所束缚："愿我们的生命力永远旺盛，愿这永恒的痛苦常常来到我们心中，永远燃烧我们，刺痛我们。"[①]李银河崇拜梭罗和伊壁鸠鲁，认为婚恋一是要保持身体舒适，二是要保持精神愉悦。当时，这种婚恋状态在中国知识分子中也是很少的。李银河在给王小波的信中还说："我很愿意和你在一起，但是自由地和你在一起，你也保留你的自由权利吧。我看报看参考，越来越感到海誓山盟的时代过去了。如果没有感情我们就分离，我坚持这一点，不过我们可以约好互相安慰的义务……"[②]王小波也基本同意这种观点："海誓山盟有什么用？我要的不就是我爱了人家人家也爱我吗？……你愿意要什么，我就给你什么，随你吧。"

两人婚后商议不要孩子。李银河讨厌中国传统文化中对女性的角色定位。比起日常家务、相夫教子，她更喜欢追求个性独立和精神世界的完整。据王小平在回忆录中记载，结婚以后，他们的日常生活一团糟，但俩人自得其乐，不以为苦。李银河搞学术的时候，甚至一连好几天靠吃几块饼干度日。有一次，王小平到他们的家中，发现一个喝水的杯子，居然被黏在了茶几上，拿都拿不下来。[③]李银河说："报上的那篇文章则是说'媳妇'（我真恨透了这个词）如何爱干家务事，把一家大大小小、哥哥妹妹之类照顾得多么

① 《王小波全集》第9卷，第77页。

② 《王小波全集》第9卷，第89页。

③ 王小平，《我的兄弟王小波》，第193页。

周到。我觉得真要命，真讨厌得要命。这真是亵渎。难道一切美好的诗一样的东西都非淹在这些粪便里面吗?”[1]李银河聪慧倔强，却单纯热情，崇尚个性，有强烈学术进取心。王小波外表随意洒脱，沉默寡言，但内心敏感多情，善良正直，鄙视庸人生活，崇尚自由宽容。李银河能给王小波勇气和自信，而王小波也能给李银河以爱和智慧的精神交流。两人的关系有些柏拉图意味，他们拒绝世俗生活——尽管，他们不可避免地身处世俗之中。

8

王小波后来虽然成了作家，但他和很多大学时代好友一直关系密切。比如，老班长郑英良，是班上年龄最大的，他后来做了人民大学副校长，与王小波一直很亲密。而在加拿大的钟明、在日本的李奇志，在王小波去世后，也都写了悼念文章。班上年龄最小的同学阎景明，毕业后去了美国。王小波去世一年后，弟弟王晨光在底特律被黑人刺死，阎景明天天开车来帮忙治丧、慰问。而说到关系最好的，还是和他一个班、一个宿舍的刘晓阳。“脸色黑黄，嘴唇发紫，上身颇长。坐在凳子上，比他身旁的班长高出一大截”，刘晓阳在回忆文章中写道。王小波和刘晓阳的一位插队知青同名，所以，第一次点名的时候，刘晓阳就注意到了王小波。当时，刘晓阳坐最后一排，王小波和班长郑英良坐在中间课桌的倒数第二排。刘晓阳对王小波第一印象不好，总感觉有些“口里口外，刀子板带”

---

① 《王小波全集》第9卷，第107页。

的凶徒味道。下课后，两人一起抽了一次烟，刘晓阳这才发现，王小波在生人面前很腼腆。以后两人就彼此熟稔起来，两人都爱诙谐，爱读书，不多久，就混成了好友。散文《盛装舞步》中，王小波略带调侃地回忆了大学期间，他和刘晓阳的友谊。两个“高大粗壮”的北京爷们儿，手臂挽着手臂在校园遛弯，还学马术比赛的样子跳踢踏舞，同时高谈阔论着哲学、文学、数学和物理等学问，旁若无人，时不时爆发出欢笑，令行人侧目，还差点被承受力脆弱的同学，误解为赶时髦的“好基友”。

大学期间，王小波着迷于知识带给他的快乐，却依然不是传统意义上的“好学生”。王小波还是不修边幅：冬天总裹着一件褪色军大衣，夏天则赤脚趿拉着拖鞋。他不太看重分数，除了上课，就喜欢聊天，看各类闲书。到了期末，才突击应付考试，却每每能有惊无险地过关。有一次，物理化学考试前一天，王小波拿傅献彩编的教科书《物理化学》回家去读，刘晓阳看那书还很新，就担心地问是否能来得及。谁知道，第二天，王小波就把书拿回来了，全都认真读完了，只是书被读得卷了起来，像黑黑的海带。王小波不喜欢商品专业，但这样的选择也无可奈何。他最讨厌洗试管、烧杯，还有漏斗等瓶瓶罐罐。而当时实验课管理很严，洗不干净，实验做不成，就不能及格。王小波从小喜欢鼓捣东西，但动手能力不如哥哥和弟弟，然而他的鼻子很灵，一闻就知道食物的好坏。这样他们上“八大名酒”的品酒课程时，算对了他的路子。当时实验室在人大现在的西北门一带，是一间宽敞的平房，里面的设备以化学方面的居多。做毕业论文的萃取实验时，粗心大意的王小波竟“漏掉了五大瓶氯仿（麻醉剂）”，肺活量大的他浑然没事，只稍稍有点头晕，而搭档们却都受不了，就给了王小波一个“实验室人民公敌”的外号。其实，刚入校体检时，王小波就震惊了学校，由于小时候身体不好，他有扁平足、漏斗胸，但偏偏肺活量惊人，遥遥领先于同学们。

正是大学期间，王小波的阅读面不断变深、变广。他像一条贪婪的大鱼，任意而强悍地遨游在知识的海洋。在学科专门化、学者专家化的今天的大学校园，很少会遇到像王小波这样“兼通文理”的杂家了，而放眼整个新时期以来文学家的知识背景，也很少有像王小波这样脱离纯粹文学背景的。正是这种杂学旁收、文理兼顾的学养，不为功利、只为兴趣的读书取向，才使得王小波的小说既深刻反映了时代，又有一种超越于时代之上的“文艺复兴式”的大气魄。他的小说《茫茫黑夜漫游》中有一段话，可以视为对这段读书岁月的追述：

> 我年轻的时候，喜欢科学、艺术，甚至还有哲学，上大一时，读着微积分，看着大三的实变函数论，晚上在宿舍里和人讨论理论物理，同时还写小说。虽然哪样也谈不上精通，但我觉得研究这些问题很过瘾。我觉得每种人类的事业都是我的事业，我要为每种事业而癫狂——这种想法不能说是正常的，但也不是前无古人。古希腊的人就是这么想问题。

1978年9月入学后，王小波、刘晓阳、刘继杰、郑英良等六位同学，住在人大东风学生宿舍2号楼（如今该楼已拆除，原址改建成商业会所）的235号房间，房间里几个大书架，满满地都放了书籍。几个人常抽烟、喝酒、彻夜讨论各种学问，过的可谓是“谈笑有鸿儒，往来无白丁”的高品质精神生活。王小波后来引以为经典的奥威尔的《1984》、赫胥黎的《奇妙的新世界》，就是大学时期从刘晓阳所买的外文出版社的内部资料中第一次看到的。文学方面，王小波阅读了大量当代西方文学家的作品，如麦尔维尔的《白鲸》、海明威的《老人与海》、聚斯金德的《香水》、杜拉斯的《情人》、图尼埃尔的《少女与死》、迪伦马特的《法官与刽子手》、卡尔维诺的《分成两半的子爵》等，这些作品成为王小波日后创作的重要思想和文学资源。科学家写的书，王小波也爱看。商务印书馆曾出版过一套科学家杂谈，如马克斯·玻恩的《我这一代的物理学》、冯·诺依曼的《计算机和人脑》、赖欣巴哈的《科学哲学的兴起》等，印数有限，非常难收集，刘晓阳曾费了很大心力搜集一套，王小波认真读完后，认为科学家写的人文哲学的书非常难得且可贵。他在《丑小鸭》上发表了小说《地久天长》（1982年第7期），并在《读书》上发表了《老人与海》的书评（1981年第1期），算是开始涉足文坛。20世纪80年代日渐开放的风气，也让李银河兴奋不已。她高兴地对王小波说：“中国解放的步子终于迈起来了。你可以好好写、放开写了，再也不用去写那种像受了阉割一样的×××式的东西了，不用担心碰壁了。我们所热爱的一切美好的东西可以告诉人们了。”①

当然，这一时期的王小波，思想和艺术还都谈不上成熟。大学期间，数学老师朱光贵先生对王小波的影响也很大。王小波在《思

---

①《王小波全集》第9卷，第83页。

维的乐趣》里，特意提到："我在大学里遇到了把知识当成幸福来传播的数学教师，他使学习数学变成了一种乐趣。我遇到了启迪我智慧的人。"这种单纯的对知识的热爱，是一种对知识本源的价值意义的尊重。朱先生毕业于北大物理系，却在空军航校教了半辈子的高等数学。朱老师讲课，常常超出教学大纲的范畴，他见识高远，讲解细致精妙。而他对科学的热爱，更令人感动，虽然后来从事数学的教学和研究，搞不成物理学了，但朱老师抱着热爱的态度，还在《潜科学》上发表了与"相对论"相关的论文。朱老师这种不计利害、以"知识为乐趣"的精神，让王小波非常佩服。

大学四年匆匆而过，王小波和同学们都结下了很深的友谊，同学们也都喜欢"这个爱讲故事的大个子"。在人民大学，王小波进一步发挥了小时候讲故事的才能。钟明印象很深的是，在天津新港毕业实习的时候，每天晚上大伙会在招待所里一边煮螃蟹一边听王小波讲武侠故事。平常的王小波"老蔫似的"，"此时他判若两人，像说书人一样，先慢条斯理地拉开序幕，然后绘声绘色、口若悬河地讲起来"。实习二十多天，天天晚上如此，王小波就此成了班上最受欢迎的人。[①]临近毕业，一次聚会上，大家嚷着让王小波讲故事。那天王小波讲了一个刁蛮妇人把丈夫和儿子"都变成羊"的故事，故事结尾，丈夫的朋友要把羊牵走，妇人连忙大叫，留小羊，小羊是我儿！利用谐音捉弄了"刘晓阳"，把大家逗得哈哈大笑。这个故事，虽说是王小波急智编的，但故事原型在安吉拉·卡特的《精怪故事集》和中国民间故事中都有，也反映了王小波对民间文

① 黄平，《有关王小波鲜为人知的事》，《新民周刊》，2008年16期。

学的热爱。[1]

王小波去世后，他的很多大学同学都写文章悼念，刘晓阳写得最多。刘晓阳声称，王小波其貌不扬，为人有点羞怯，从不絮絮叨叨：聪明绝顶又不显山，不露水，随其自然。小波也会说损话，而且一针见血，但从不伤人。他刻薄人最常用的两个词一个是“假天真”，另一个是“一惊一乍的”。王小波是一个正常的、满嘴笑话的平常人。这种评价，显然凸显了王小波对理性和常识的坚守。在2013年所写的悼念文章中，他还提到了大学时代王小波对时局的判断。我们由此可以看出，此时的王小波，其理性思维也越来越成熟，独立思考能力已很强。他已经能从宏大叙事话语之外，逐渐找到个人叙事的逻辑思维方式。

虽然当时只是普通的大学生，但王小波和刘晓阳对时局的认识，已有些不同凡俗，他们实际已经看到了欲望和自利的闸门一旦打开，会对中国社会造成何种重大的冲击。而这个被打开的潘多拉的盒子，并不是20世纪80年代改革宏大叙事的“新共识”可以束缚得住的。

---

① 有关王小波的大学生活的部分，参考了刘晓阳先生的散文《地久天长》(载《浪漫骑士——记忆王小波》，第409—424页)，谨此致谢。

第七章　留学经历：外面的世界很精彩

人生在世，就如一本打开的书，我们更希望这本书的主题始终如一，不希望它在中途改变题目——到外文化中生活，人生的主题就会改变。与此同时，我们也希望生活更加真切，哪怕是变得平淡也罢，这就是我们回国的原因。这是我们的选择，不见得对别人也适用。

——王小波《写给新的一年（1996年）》

1

20世纪80年代中期，中国出现了“出国热”。很多中国人都希望出国开眼界，体验新世界的生活，这股热潮一直持续到90年代。1983年，李银河参加了两个美国教授的短期培训班后，萌生了去国外读书的念头。很快，她得到了签证，赴美国匹兹堡大学攻读社会学博士学位。1984年，王小波也追随李银河，去了匹兹堡大学，而王小波一家里，大哥王小平，姐姐王小芹、王征，弟弟王晨光也都先后去了美国。

随着改革开放的发展，留学条件也日益放松。1984—1985年左右，国务院出台了《关于自费出国留学的暂行规定》，提出了“自费出国留学是培养人才的一条渠道，也是贯彻对外开放政策、引进国外智力的一个方面。国家对自费出国留学人员在政治上与公费留学人员一视同仁”。1985年后的大陆留学指导方针，为“支持留学，鼓励回国，来去自由”。很多人就是在这种“潮流性留学”情况下走出了国门，有些并没有明确的学习目的，而为了生存，打工就成了无可奈何的辛酸选择。因此，这一代的留学生也被称为“洗盘子换读生”。一些人经过艰苦打拼，最终在国外站住了脚，《北京人在纽约》中的由画家变为成功商人的王起明，就是这类人的代表。

1982年，王小波从人民大学毕业，留在人大一分校教书。由于李银河出国，王小波和大学同学刘晓阳一样，成了“留守男士”。这段时间，除了读书、教书，王小波似乎对将来的生活并没有过多打算，用刘晓阳的话说：“小波上下班半路上拐个弯就能到我们厂，他常来我办公室聊天，有时还去厂里的澡堂洗个澡。我们毕业后对将来没什么打算，就是等国家改变留学生政策，以便我们也能走西口去会各自的老婆。那时我们受到两项政策的约束。其一是留学人员不许带家属，如果一人留学，则配偶不得出国。另一条是大学毕业必须服务两年，否则不得出国。”王小波的“业余写作”爱好还在坚持着，《三十而立》《似水流年》等小说都能看到那段短暂的高校教师经历的影子。大学实验室的生活、出国的努力，也都能在这些小说中看到。也正是在这一时期，王小波开始酝酿日后的成名作《黄金时代》。但总体而言，一切方向性的努力还不明朗。

整个1984年上半年，王小波都在忙着联系出国的事。他和刘晓阳互通讯息，终于等到了“福星”的光临，护照顺利拿到了，但签证两人心里都没谱。那时候，对王小波这样中国著名大学毕业的大学教师来说，签证还是较好办的，但拒签的情况也有。而且，根据规定，如连续被拒签，就要在护照上做标记，很长时间不能再申请，而如多次被拒，也有可能丧失签证资格。因此，王小波他们的签证经历，真是提心吊胆，紧张万分，颇有点二次上高考考场的感觉。王小波和刘晓阳都是高大的北京汉子，去签证之前，却偷偷地先侦察了一下地形。其时，使馆外面围着很多人，都是办签证的，也都在看风向，据他们介绍经验，要看签证官员，如果是“黑脸包公”，就躲着点；如果是“笑面菩萨”，就抓紧签。

第二天上午，王小波和刘晓阳鼓足了勇气，一起去使馆排队，眼看就要轮到了，突然想到被拒签的恐怖，两人都做起了谦谦君子，互相谦让起来。最后，王小波发狠说：“是福不是祸，是祸躲不过。”就出去打了头阵。当时，他们俩人的英语都不行，只在头天晚上结结巴巴地背了几个可能用上的句子。不料，小波把材料递过去，申请去美国东部的匹兹堡大学学习，对方看了看他毕业的院校，连一句英语也没问，就随手批了。刘晓阳跟着申请去明尼苏达大学，也顺利签了。刘晓阳回忆说：“当时王小波手里只拿了一份IAP-66表，自然得到的是J-1公派签证。我手里除了IAP-66表以外，还有一份I-20表。我把两张表同时递进去。签证官让我选一个。我便选了I-20表，拿了F-1自费留学签证。我们两人都不是陪读的J-2或者F-2签证，而是各自直接的留学。”一般而言，J-1签证是访问学者申请公派留学所需办理的，需要一定学术准备和英语知识，以保证申请人在接收的教育机构能顺利完成整个学习过程，所以，口语不好的王小波自然万分紧张。办好签证，王小波和刘晓阳又商量去买飞机票和置办服装。由于身材高大，最后他们只好到利生体育用品商店去买了运动服，充当出国行头。1984年8月中旬的一天上午，北京首都机场，王小波乘坐的开往纽约的中国民航客机起飞了。飞机刚起飞，忽然天空打了一个炸雷，让送他的家人和刘晓阳提心吊胆了一整天。但王小波并没有听到那一声惊雷，因为当时飞机已经飞出云层很远了。当两人都安全到达美国后，他们发现街边的书店摆满了奥威尔的《1984》。1984年真的来了，寓言和现实的距离再次模糊了。

2

美国的留学经历，对王小波来说，至关重要。正是在美国的文化氛围内，王小波拓宽了文化视野，产生了强烈的“反观自身”的愿望。他开始反思自己的成长道路与中国的革命文化氛围，并决心拿起笔来认真写作。

出国留学，看似风光，但其中的酸甜苦辣，如鱼饮水，冷暖自知。在不同文化的夹缝之中，既能开阔眼界，也会受到“夹板气”。外国人对于中国人的优越感，与国人的落后闭塞，在外国生活的良好文化氛围，与国内生活的伦理化，两相对照，都能让国人产生剧烈的价值观和人生观的震荡。有的人留学归来，成了铁杆“亲西方派”，有的人则变成民族主义者，而冷静睿智、能窥破东西方文化差异和各自优劣的留学生则为数不多。所幸，王小波并没有走前两种极端，这成为他将来创作的重要价值基础。

王小波刚去美国，新鲜劲还没过，就受到了一系列挫折和打击。对20世纪80年代出国的中国人来说，物质上的冲击都很大。王小平就说："出国前，研究生文凭的我月工资不到100元，相当于美国人干2小时的工钱。对于我们那个时代的人来说，贫穷是若干深重苦难中的一种。只是在国内，大家都穷，不觉得有什么。但到了美国，当你发现连一个叫花子都比你过得好时，那种心理上的不平衡是巨大的。"经济问题和另两个重大问题——语言的学习和资助的申请——成为王小波切实的困扰。

在匹兹堡大学，王小波先跟着学了好一阵子英语，但口语还是跟不大上，情绪自然压抑，"上课出神，连最简单的英语也听不懂，什么也不想干"。资助申请的不顺利也使他体验到一种挫败感。1985年初，王小波通过了GRE考试，成绩中等，但去匹兹堡大学询问，却被一个美国教师挖苦了半天，说他们这个系本来资金就少，教师的岗位都难保证，更没法照顾中国学生。王小波在1月30日写给刘晓阳的信中愤愤地说：

> 不三不四的话说了有半个多小时，气得我脸发紫，有心回他几句，英文全气忘了。这几天看见老美就不舒服，觉得这伙人全不是好人。中国人我也看不上眼，只觉得想留下来的全都是贱骨头。真想负一口气回国去，可是就这么回去没法交代。

王小波还想去学数学，但对重视口语的托福考试，却很打怵。后来，王小波的大哥王小平在王小波到美国一年后，获得美国图兰大学的奖学金来美国学统计学。王小波于是想跟哥哥在图兰大学念统计学科。但图兰大学虽然名气大，却属于私立学校，学费昂贵，每年约2万美金，所以必须申请奖学金。而且，在图兰大学，只有英语专业才好找工作，也才能偿还得起凑来的学费。王小波既出不起学费，也不是英语专业出身，而英语太差，又很难申请到奖学金，最后，也只好作罢。

接下来，王小波一方面跟着李银河在匹兹堡大学选课拿学分，一面积极向美国各高校提出奖学金申请。可惜，大部分都如石沉大海，有回音的“三个不成，一个同意入学，没有财政资助”（1985年3月29日致刘晓阳信）。当时王小波和李银河的经济情况也不容乐观。李银河一个月的奖学金大约400美元，每月扣除20美元的健康保险，还剩380美元，要维持两个人的生活，其拮据程度可想而知。而且，李银河的学习非常紧张刻苦，据李银河回忆，有一次，学习太累了，她因低血糖引发眩晕，竟晕倒在教室门口，被好心的美国人送到了医务室。为凑学费，没有办法，王小波只好咬着牙去餐馆打工。当时王小波正在上一个人类学的课程，打工也就相当于为交论文“体验生活”了。回国后，王小波在1993年第4、5期的《四川文学》上，曾介绍过自己在美国打工的经历。他先在一个外号叫“周扒皮”的老板手下打工，干活很辛苦，还常被克扣责骂，王小波后来实在忍不住，和老板吵了一通后离开了。后来，又换了一家信佛的老板，才算好过一点。王小波在文章中写了很多美国华人的悲剧，特别是一个姓李的三厨，潦倒一生，被人欺骗，一无所有。王小波对《曼哈顿的中国女人》所描述的美国梦也多有讽刺：“假如你想到美国发财，首先最好是女人而不是男人，其次一定要去曼哈顿，千万别去别的地方。"(《域外杂谈·中国餐馆》)在1985年3月29日给刘晓阳的信中，王小波忧郁地写道："今天打了一天工，挣了20块钱，累得不善。去的时候心情颇不佳，因为没干过waiter，只好刷碗。干的时候心情更不佳，真他娘的累。拿钱的时候心情不错，回来一想又闷闷不乐。像这么干，一个星期干六天也挣不出学费来。"信的最后，王小波又说："累得屁滚尿流。今天老婆通过了资格考试，气焰万丈。从泔水桶边归来，益发不乐也。"

由此可见，王小波虽才兼文理，但学语言实在不擅长。王小波的母亲在鲁迅博物馆举办的王小波八周年忌辰纪念活动中，曾认真地说："小波的智力在我的五个孩子中，只是算个中等。"她的评价比较客观。当然，文学需要"别才"，并不仅是智力。古今中外的文学大师，并非每人都是高智商天才。因此，也可推测王小波在不去读博士问题上，也许并不像李银河后来所说的，是因为怕读了博士学位，就必须搞专业，妨碍了文学发挥，而是以当时王小波的外语和专业情况而言，申请博士学位的难度非常大。王小波虽然本科读商品学，但一是对本专业不感兴趣，二是英语基础不牢固。放弃博士学位，对王小波而言，是不得已之举。而且，1985年后，国内大学开始涨工资，仅就职务工资而言，"工程师130，高工200"。他甚至颇为极端地说："非混个人模狗样不可，就是苦死也抓挠个Ph.D.，至不济也搞个MS，不成就跳太平洋自杀。"(1985年2月27日致刘晓阳信)可见，至少留学之初，王小波是抱定读博士的念头的，且颇为强烈。这时的王小波，还没有当职业小说家的念头。

3

1985年下半年，转机终于到来了，王小波遇到了“伯乐”——台湾来的著名学者许倬云。虽然觉得文科课无味至极，但用王小平的话说，“出来了总不能什么都不学”，王小波最终去了匹兹堡大学东亚研究中心，并通过妻子结识了许倬云教授。李银河当时在匹兹堡大学读博士学位，她的导师是杨庆堃，来自台湾的许倬云教授在历史学系执教，但还有一个社会学系合聘的职务。因此，他也列名在李银河的学位导师小组之中。据许倬云教授回忆，一天，李银河找到他，简单介绍了王小波的情况，希望许倬云能给予指点。许倬云是著名的西周史和汉代农业的研究专家，曾师从胡适与傅斯年。不屈服于权威，独立之思想，自由之精神，一直是许倬云的“师承规矩”。许倬云天生腿有残疾，但天性坚韧不屈，聪慧好学，先后在台湾大学、杜克大学、匹兹堡大学等多所大学执教，不仅是台湾历史学界耆宿，且被称为“台湾改革开放的幕后推手”，在台湾文化界有非常大的影响。可以说，许倬云的教导，开阔了王小波的眼界，坚定了他从事文学事业的信心。而许倬云的推荐，也是王小波的作品能在台湾获奖的重要因素。王小波第一次在《联合报》得奖的作品《黄金时代》就是由许倬云推荐的。许倬云说：“我与《联合报》比较熟，知道每年他们都有征求小说大奖，平常都是由小说家推荐，我看了小波的《黄金时代》后就对他们说，我不是文学家，但是我觉得这个小说不错，我以读者身份推荐行不行？他们说行，就把小说拿过去了。后来，果然得了大奖。”许倬云对王小波作品的评价是："很真情，不虚伪。用他的笔写出了一代人想说却说不出的想法，反映了他这一代人共同的经历。即使批评，也是厚道的，不尖酸刻薄，不是谩骂，而是带着怜悯和同情写他所处的时代。"

许倬云曾回忆他和王小波的交往："我在办公室见到了他。样子懒懒的，英文不是很好，但是人很诚实。谈话很随意，不那么一本正经。他内心很无助，不知该怎么办。匹大的东亚语言文学系其功能主要是训练洋孩子学华语，文学部分相当单薄，对于小波来说，这里实在没有值得他修习的课程。"据许倬云的回忆，那时匹兹堡大学的东亚语言文学系的中文课程，就是一群美国娃娃在课堂上大声读中文"你好吗?""火车站在哪里?"，王小波这样一条中国成年大汉"杵在那里"，也还真是难堪。好在匹大有项"独立学习"的功课，还有一项"个别指导学习"的课程，等于学生与老师之间一对一地谈话，得到许倬云的同意后，王小波就挂在他名下注册上课。每周三的下午，两人会有一个约两小时的讨论，但两小时只是就事先约定而言，实际上并不固定，兴之所至，常常一谈就是一个下午，有时有事情，就下次再补上。许倬云对王小波很有感情："我跟王小波是缘分，我还是很想念他。他是个有血性的人，诚实、热情而且相当聪明。每个星期三我跟他谈一个下午，东拉西扯，什么都谈，反正他提问题我就回答，我不是给他答案，是教他怎么思考。"[①] 他们的交往称得上是君子之交。许倬云说："我知道他们经济上很紧张，偶尔听他提起打过工，但是他从来不抱怨。在美国，生

① 许倬云口述、李怀宇撰写，《许倬云谈话录》，广西师范大学出版社2010年版，第98—99页。

活细节属于个人隐私，他不说，我不会问。他不提出要求，我也不会主动去帮忙。所以，我们的交流主要是精神层面的。”有的时候，两人聊起各自的经历，常说着说着就生气地拍起了桌子。王小波对插队时农民的悲惨生活、官僚的可鄙嘴脸一直耿耿于怀。许倬云很喜欢王小波讲他自己大陆的经历。那时大陆留学生在美国的并不多，许倬云本就是一个关心社会和政治的学者，王小波的经历，特别是上山下乡当知青的经历，及“文革”体验，对许倬云来说，是了解大陆情况的重要来源。他也非常欣赏王小波顽童般的“惫懒气质”：站着歪歪倒倒，坐在那里，他的脚就跷在桌子上，而许倬云先生也“童心大动”，于是也把脚跷在桌子上，两人相顾而笑。

正是这样的讨论，给了王小波很大启发。许倬云虽研究方向是古代史和社会史，但个人兴趣广泛，读书也很杂。他师从傅斯年等学者，一直将学术研究当成科学对待。他常引用傅斯年的名言：“历史学就是史料学”，“上穷碧落下黄泉，动手动脚找东西”。许倬云治史，严守学术规矩，但在严谨之上，更有开阔的视野和思维的创新，这一点尤为难得。其实，学术研究有“真学问”和“假学问”之分别，真学问讲究言传身教的学术精神、学术方法，而不太在意学术教育的形式；然“假学问”则注重所谓“学问的样子”，讲的是学术派性和师门规矩，看重的是学问体系权威的延续而不是发展创新。有的学者，教了一辈子学生，自己搞了一辈子研究，也还只是狭隘的“假学问”。可以说，许倬云传给王小波的，就是一种学术精神及具有方法论意义的思维方式。他对待科学与学术的观点，对王小波有很深教益。杂文《生命科学与骗术》中，王小波曾转述许倬云的观点：

> 身为一个中国人，由于有独特的历史背景，很难理解科学是什么。我在匹兹堡大学的老师许倬云教授曾说，中国人先把科学当作洪水猛兽，后把它当作呼风唤雨的巫术，直到现在，多数学习科学的人还把它看成宗教来顶礼膜拜，而他自己终于体会到，科学是个不断学习的过程。

王小波在国内对气功、生命科学的批判，对科学精神的弘扬，可以说是传承自许倬云的教诲。

同时，许倬云对王小波的文学创作也有很大助力。王小波从少年时代开始，就喜欢读杂书，乱读书，大学又读了理工科，对许多文科知识并没有系统的阅读，文学创作也只是自己摸索的“野路子”，没有老师指点。在许倬云的指导下，王小波阅读了20世纪30年代及抗日时期的文学作品，并厘清了从南北朝志怪小说、唐代佛教故事，到宋明说唱话本之间的演变关系，产生了对历史小说创作的兴趣。许倬云说：“我也讲他的文字，认为精炼不够，有些松散，这是国内很多年轻作者都存在的问题。主要原因是大多数人没有老国学的底子。我甚至给他改文章，他也很同意我的看法。”许倬云让王小波“炼字炼句”，一开始王小波“并不服气”，但等看到许先生改的文章后，才心悦诚服。[①]正是在许倬云鼓励下，王小波开始系统阅读中国古代典籍——尽管，他对《论语》等权威儒家典籍基本持批判态度。也正是这时候，王小波的文学功底逐渐加厚，并增强了从事文学创作事业的信心。这时候，他一方面继续修改《黄金

① 《许倬云谈话录》，第100页。

时代》，一方面也开始构思创作《唐人秘传故事》。应该说，许倬云的眼光非常准，王小波最好的小说如《黄金时代》精炼无比，但后期《万寿寺》《黑铁时代》等小说，语言散漫拖沓，是重要缺陷。

许倬云不仅在学问和创作方面对王小波多有培养，且在思想上，对王小波的自由主义思想的发展，也有很多影响。他们的课上讨论是散漫的，不仅有学术的，也有社会和政治方面的，也谈自由主义和民族国家前途。许倬云说，那时候王小波对很多事情并不清楚。譬如自由主义、人权、解放与放任之间的差别在哪里？资本主义要不要衰败？共产主义跟社会主义的区别在哪里？师徒两人每次总要激烈讨论。对大陆来的学生而言，自小接受的是一整套意识形态教育，只有如王小波这样思维叛逆的年轻人，又在大学读非文科专业，才能很快接受许倬云的思想。许倬云担任台湾大学历史系主任时，曾在《文星》上发表了大量争取人权和自由的言论，受到特务的监视，并被当时国民党当局冠名为“歧异分子”，受到排挤和打击。正因如此，1970年，许倬云才离开台湾，远赴美国。许倬云曾谈到知识分子应如何理性对待“民族主义”：他说他到五十岁的时候，才把爱国主义摆在一边。他认为这一点跟抗战被日本人打出来的爱国思想是不同质地的。而直接的原因是他理解到很多罪恶都是以国家之名进行的。这与后来王小波在国内对《中国可以说不》等民族主义书籍的批判，有明显的血脉相承关系。

4

四年的美国留学生涯，不仅让王小波在学识和创作上有了很大进步，更让他对美国等西方国家的现代文明体制及其精神内核有了深入理解。自从确定许倬云做导师，确立了人生方向，王小波的精神开始愉快起来。1986年，他获得文科硕士学位，嗣后，又继续在美国学习计算机，算是可以维持生活了。在《南方周末》的悼念文章中，刘晓阳颇为赞许王小波在统计学上的悟性与能力："在美国留学期间，王小波曾在统计系当过助教（TA），其间给我写过一封信，谈他对多变量统计集簇分析（Multivariate Statistics: Cluster Analysis）的心得，写了好几张信纸的公式推导。据我观察，这封信已经够博士论文水平了。"[①]王小波常去匹兹堡大学图书馆，看到了很多国内看不到的书，包括他父亲的书。他还看了很多电影。电影院票贵，他主要是租录像带回家看。王小波受美国电影影响很大。用王小平的话说，王小波的文章，有种跳动的节奏感，很像美国电影。

有些人一直认为王小波是拿美国来贬低中国人，贬低中国民族精神。其实，王小波是深得"现代文明三昧"的，他并不是拿美国来贬低中国，而是追慕一种"健全的理性"。他不是民族主义愤青，但更不是拿着国外时髦理论唬人的"洋务派"。他看到的是美国的精神根底，比如，他对美国人的理性务实、独立自主、自由平等的精神非常佩服，而这些东西，则属于罗素所说的现代精神常识的范畴。王小波认识了很多美国朋友，他在佛罗里达去了当地的教堂，在那里结识了一些美国人。他在给母亲的家信中，还特意提到，一个退休的美国商人，热爱研究中国现代史，有时还约他去谈

---

① 刘晓阳，《有关王小波的一些琐事》，《南方周末》，2013年7月15日。

些问题，有些很难回答。[1]王小波对美国人的这种旺盛的求知欲很佩服。在《域外杂谈·农场》中，他记录了一个叫沃尔夫的美国老太太。她管理着一片农场，自己修理农具。他感慨地说："大家本本分分谋着一种生计，有人成功，有人不成功。不成功的人就想再换一种本分生计，没有去炒股票，或者编个什么故事惊世骇俗。"王小波对华人在美国受欺负的事，也有自己的看法。王小波在匹兹堡大学读书时，有很多黑人专门抢劫中国人。1985年1月30日，他给刘晓阳的信中，就提到了大约二十多人被黑人抢了。他甚至半开玩笑地说，他要和班上的泰国人学习泰拳，等学好了，和黑人一决雌雄。根据后来了解的情况，黑人之所以专门抢劫中国人，除了欺负少数种族，重要的原因是中国人的懦弱。中国人缺乏维护个人权益的勇气。因此，在一篇专门谈美国盗贼的文章中，王小波说，人在世界上有两大义务，一是做一个好人，无愧于人生一世，二是"不能惯别人的臭毛病"。

在美国，除了艰苦的学习生活外，不断的出游，也扩大了王小波的眼界。用刘晓阳的话说，"我感觉他们两口子，把钱都花在了旅游和伙食上了"。虽然是穷学生，但是，王小波和李银河，还是想方设法地攒钱，利用各种方式，游遍了美国大陆。美国游和欧洲游不一样，可以随时随地搭帐篷。旅店自然是住不起，但在美国的很多旅游胜地，都有专门的帐篷营地，提供车位、水果、电源，甚至能洗澡、做饭，只要很少的几美元，就能把生活安排得舒舒服服。于是，王小波和李银河专门等暑假的时候出行，天气也不冷，

---

① 王小波致宋华的家信，1986年2月13日。

只要找好地图，按图索骥，再带好了衣服和做饭的用具，就能一切如意了。没钱的时候，甚至在路边的树林里，捡起几块木柴，都能生火做饭。在美国的旅游，让王小波和李银河开阔了眼界，也见识了形形色色的美国人。一次，他们遇到所谓的“左”派，蹲在地上卖毛泽东、切·格瓦拉的书，王小波凑上前去搭讪，那个美国人先笑着问，你怕不怕美国中情局。还有一次，王小波几个人在曼哈顿游玩，天晚了却找不到便宜的住处，只能按照朋友的指点，去一个“左”派人士家中求助。这位“左”派人士，还保留着20世纪70年代露天集会、反战运动时的嬉皮士风采，油光水滑的牛仔裤，一头长发，留着大胡子。左派朋友很高兴王小波他们的到访，和他们聊起了托洛茨基、浩然和切·格瓦拉。王小波不禁想起知青时的理想主义岁月。只不过，革命时期已经过去了，正如美国的反战运动也已烟消云散，留给人们的只有无尽思索。

1986年8月，王小波和李银河买了欧洲的火车通票，踏上了欧洲之旅。这次欧洲旅行，让他们兴奋不已，这也是他们的爱情浪漫之旅。他们住在便宜的学生公寓和青年会旅馆，为了省钱，在布鲁塞尔，王小波和李银河还在免费的面包上涂了厚厚的黄油，导致跑肚拉稀。在阴冷的北欧，王小波还被冻出了气管炎。王小波对欧洲的描述也很有意思：“英国是古板又整齐，但穷得很，法国人贪大求洋，讲排场。奥地利和德国，没有不守规矩的人，荷兰漂亮干净，比利时又破又烂。”（1986年9月7日致刘晓阳信）在荷兰，看到美丽的风力农场，王小波想到了山东插队时农民痛苦的生活，进而反思我们的文化有一种“歌颂痛苦、美化苦难”的虚伪道德主义倾向。无论成为苦难的农民，还是狡猾地脱离农民地位，进而通过歌颂苦难获得名利，其实都不是现代社会尊重人性和人权的做法。

除了欧洲之旅，王小波还有两次和兄弟们一起出游的美好经历。1985年王小平来美之后，1987年，王晨光也来到了美国。三兄弟在美国唯一一次相聚，源于王晨光在肯塔基拿到硕士学位后，要到纽瓦克的新泽西大学读博士。王小平带着小女儿从新奥尔良开车接上王晨光去匹兹堡与小波会合，打算从那里去波士顿等地游玩。这是王小平第一次见到小波的住所，情况并不好：

> 类似于一个小中国城，很多中国学生合租，然后分摊房租。那幢2层小楼，六到七个房间住的都是中国人，合用一个厨房，卫生条件也不好。小波和银河两人住一间十几平方米大的房间，地上放一个床垫，有两个音响，放着古典音乐。美国的东西不对口味，他们最爱吃的是比萨，贵的吃不起，只能吃当地最便宜的那种，大约5美元一个。

走的时候，小波把一个音响送给了小平。在王小平记忆中，王小波夫妇曾买过一辆很旧的白色大车，有六到八个缸（在美国，买大车比买小车便宜，可能也就1000多美元）。夫妻俩都是在美国学会开车的，但都不灵光。王小平到美国不久，王小波开车接他去佛罗里达，半路上车坏了，漏油，修了修接着用。后来这辆“大车”，从高速路上下来走侧道时，又撞到杆子上熄了火，于是扔在那里就走了。从那以后，王小波夫妇再出门只能乘坐“灰狗”。美国有一种A1公司，在黄页上可以查到，专门给人送车，可以开车去某一地点，再从该地方开另一辆车回来，只用交汽油费就行，也不用担心碰撞，撞坏了车，就算公司的。王小波和李银河多次出游，都靠着这种方式，开到了烂泥地里也能勇往直前。他还专门写信给刘晓阳，告诉他这个旅游的“诀窍”。

第二次出游的时候，王小平和王小波夫妇先到了新奥尔良。之所以来这里，王小平说，“密西西比河的入海口在这里，小波小时候反复读过马克·吐温的作品，而他作品中有很多是关于密西西比河的，小波要先看看这条河。当时开车到了河边，他站在码头上静静地看了很久”。从新奥尔良出来，三人到了佛罗里达，经萨拉索塔，一直往南。“主题是探险，假装自己是汤姆·索亚，想去沼泽地公园旁边的树林探险，没走几步，发现树上毛茸茸的其实是挤满了大蚊子，吓得跑出来了。”一直到基韦斯特岛，那里珊瑚礁多，一直插到墨西哥湾，走到最顶头，很多人在那里等着看落日。当时岛上有很多度假村，很漂亮的别墅空着，大门敞开，我们进去看，感叹“那么好的房子没人住”。在小说《夜里两点钟》中，王小波提到了一个古怪的美国哲学“垃圾虫”。按王小平的回忆，他们在旅行的时候，的确遇到过这样一个美国人。这也算是美国文科知识分子没落现状的反映。按鲍德里亚的观点，美国是一个已实现了的“现代的乌托邦”，在这个巨大的物质化社会中，现代理性精神已深入人心，并似乎正在走向它的反面。在这样的现代发达国家，担负塑造国民现代素质任务的精英化文科教育，就显得有些过剩且无用武之地。这个美国人，留着山羊胡子，穿着一件脏工作服，开着中型卡车，专门靠在基韦斯特岛收垃圾过日子。王小波、王小平和这个美国人谈了一会儿，吃惊地发现，此人还是一个中国文化通，并对中国哲学有良好修养，但穷困潦倒，连出书也没钱。离开后，王小平对哲学在美国的境遇闷闷不乐。虽然他拿到了哲学博士学位，但不想变成“候补垃圾虫”，最后还是又读了计算机硕士学位，成了一名成功的商人。而对于王小波而言，拿了文学硕士学位，他一直想再拿一个统计学的硕士学位，但这个愿望最后也没有实现。但他对当一个专业学者或教师并不看好：“我不准备以后专门搞数学，回去后搞点应用，或者杂学。我看太高深的学问也脱离实际。”①

相比较归国的王小波夫妇，和在美国成功扎根的王小平，王晨光的遭遇令人扼腕叹息，也可作为很多在美国打拼的中国人没有安全感的辛酸证明。王晨光自幼聪明善良，1982年他毕业于北京钢铁学院，留学美国后，学习刻苦，终于在1993年，获新泽西大学有机化学博士学位，并拿到了美国绿卡。后来，他又入密歇根州大学攻读博士后，生活一直没有真正稳定下来。1998年7月7日夜，王小波去世一年多后，在美国底特律，王晨光回家途中，汽车突然抛锚在了194号高速公路。他下车求助，在路边电话亭打电话，遇到了一个黑人少年敲诈。黑人掏出刀子，晨光本不想激怒劫匪，但迎面突然来了一辆车。雪亮的车灯，打在了黑人脸上。黑人劫匪害怕极了，慌乱地拿着刀子顺势一抹，刺穿了晨光的咽喉。王晨光为人仗义，乐于助人，却不料在美国遭此大难，死于非命。为不刺激年迈多病的宋华，一家人都瞒着她，只说是晨光参加了美国一个核工业基地建设，是秘密项目，人家不让回来。每到过年，白发苍苍的宋华，总要凝视窗外爆竹漫天的黑夜，不停念叨着，晨光怎么还不回来呀。此时，慈母的心中似乎对不幸的事情已隐隐有所预感，但她

---

① 王小波致宋华的家信，1986年2月13日。

怎么也想不到，晚年连丧两子的巨大悲伤会降临到她的头上。那漫天开放的美丽烟花，是晨光在天堂里献给妈妈的微笑吗？还是小波的喃喃低语？就这样，六年过去了，当宋华最后了解到事情真相，这个经历过战争洗礼、革命风暴的坚强女性，并没有过多流露出悲恸情绪，但每当两个儿子的祭日来到时，她变得更沉默。当笔者采访宋华女士的时候，年逾九旬的老人，还半是伤感、半是沧桑地说，我命不好，两个儿子都先我而去了……[①]

① 本章的写作得益于李翊先生的采访及撰写的《王小波的大学与留学生活》一文（载《三联生活周刊》2007年第14期），特此致谢。

第八章 “文坛外高手”：流星闪耀的光芒

我不知道一个过去年代的广场
从何而始，从何而终。
有的人用一小时穿过广场，
有的用一生——
早晨是孩子，傍晚已是垂暮之人。
我不知道还要在夕阳中走出多远才能
停下脚步？

——欧阳江河《傍晚穿过广场》

进入90年代之后，知识分子的自我期待已降到了百年来的最低点，历史断裂造成的精神裂变使这一群体猝不及防。

——孟繁华《众神狂欢——当代中国的文化冲突问题》

1

1988年到1997年，是王小波真正意义上的“文学创作时间”。短短九年，王小波创作了近百万字的小说、杂文、剧本，用激情燃烧的生命，为20世纪90年代中国文学留下了特立独行的背影。和传统中国大陆作家不同，王小波从一个留学归来的“海归”，成了中国最早一批脱离公职的“自由撰稿人”。同时，王小波一手写杂文，一手写小说的写作模式，与其自由撰稿人的生存状态具有某种因果联系。媒体作为90年代公共空间知识分子意志的象征，成了王小波的托身之所，以此为根基，王小波以杂文直接介入社会，以小说间接影响文化，这种“媒体化知识分子”的存在状态，在今天早已是很多作家的自然选择，但在当时做这样选择的人却为数并不多。其实，早在30年代，蛰居大上海、以自由撰稿谋生的鲁迅，即曾采取这种生存姿态，它同时也是民国时期很多知识分子的选择。越来越多的人采取这种生存状态，无疑是中国当代知识分子走向精神独立的重要表现——尽管,“媒体权力”的负面影响也无处不在，但它们给各种声音的发出提供了一个平台。通过它，王小波提出了自由主义（王小波说，实际上，知识分子活在世上，除自由立场之外，无他种立场可取）、弱势群体、同性恋问题、独特的文学写作资源、反传统的公共知识分子精英立场等90年代中国知识分子“最需要”的概念和最希望讨论解决的问题。

更令人深思的是，从某种意义上讲，王小波既是20世纪90年代文化的产物，也是80年代启蒙文学的继承者。说他是90年代文化的产物是由于正是在市场经济大潮涌现、传统政治和文学体制处于多元调整状态的前提下，王小波的自由主义表达，才有可能浮现于公共话语空间。说他是80年代启蒙文学的继承者，则在于两点：一方面，在90年代中国大陆作家和知识分子，整体退出公共话语空间，或投身经济大潮，或据守书斋岗位的时候，王小波却以“减熵”的姿态逆流而上，以犀利的杂文和一系列文学行动干预公共事务：无论北京环境问题，还是科学与特异功能的辩论，无论对新民族主义的口诛笔伐，还是对同性恋的研究，无论新潮影视，还是计算机互联网，王小波都坚持自由知识分子精英态度，对这些光怪陆离的社会现象，进行深刻独到的剖析，为新一代知识分子的“公知模式”提供可资借鉴的标本。这种启蒙姿态“接地气”，既有核心价值坚守，又符合中国现代化转型的文化现实，因而迅速在广大知识者中引发强烈共鸣。在微博等新公共传媒盛行的新世纪，当我们认真考究那些意见领袖，总能或多或少、或隐或显地发现王小波的影响。另一方面，王小波的文学创作，尽管受到后现代文化的影响，但无论创作主题、题材内容，还是艺术风格，都有浓烈的文艺复兴式的个性解放痕迹。王小波没有规避意识形态，而是努力将之放置于更巧妙的文学场域中。他用黑色幽默的笔触，表现集权思维下人性的变异与荒诞，张扬的却是个人的尊严、自由、智慧与爱——这些标准，恰是80年代启蒙文学受意识形态束缚未完成的任务。

“一切都在无可挽回地走向庸俗。”在小说《万寿寺》的结尾，王小波伤感地写道。这一时期王小波的目光依然没有离开北京。无论是历史悠久辉煌的“帝都北京”，还是神圣浪漫却又混乱荒诞的“革命北京”，似乎都还存在，却逐渐远去或变得“古怪异常”，而祛除了话语魔力的北京，在市场经济大潮的冲击下，却日渐显现出第三世界后发现代国家的“后革命氛围”。它的落后和寒酸，如同它曾经的辉煌；它的粗鄙纷乱，如同它曾经的神圣，都让人们陷入深思。对物质的关注，并没有引起精神的提升，反而带来了加倍的混乱。

王小波在很多杂文中，直接表达了对北京的关注，他关心北京的环境问题，对脏乱差提出批评，提出要在“衣食住行”中保障个人的尊严。他关心北京建设，反对拆除历史建筑。他提出“京片子与民族自尊心”的问题，反对北京口语的港台化。他对老北京的历史也感兴趣，“北京城是一座没有了历史的城市……北京城就其本来面目来说，是一座硕大无比的四合院。没有了城墙它就不成个样子。”他专门研究过义和团史料，对庚子事变中白莲教和八国联军的掌故非常熟悉。即使在他生命的最后几年，在《对待知识的态度》这篇文章中，他还不忘霆字营快枪队在北京城门抵御八国联军的故事。说王小波拿美国人鄙薄中国文化，是没有道理的。对民族文化的批判，并不等同于丧失民族自尊心。

如果说，这些倡议和提法还属于共识的范畴，那么，在他的小说创作中，他开始致力于描述“革命北京”和“后革命北京”的不同形象。他的北京文化形象，和老舍笔下“民俗化”的北京文化景观有很大区别。王小波的小说，没有胡同、北京民俗和风景，他更多是从革命意识形态这一方面来考察北京，并从此将目光延伸至历史和未来世界，形成思考整个中国问题的出发点。小说《我的阴阳两界》开篇，王小波就为我们描述了20世纪90年代初“后革命时代”的灰色北京：

再过一百年，人们会这样描述现在的北京城：那是一大片灰雾笼罩下的楼房，冬天里，灰雾好像冻结在天上。每天早上，人们骑着铁条轮子的自行车上班去。将来的北京人，也许对这样的车子嗤之以鼻，也可能对此不胜仰慕，具体怎样谁也说不准。将来这样的车子可能都进了博物馆，但也可能还在使用，具体会怎样谁也说不准。将来的人也许会这样看我们：他们每天早上在车座上磨屁股，穿过漫天的尘雾，到了一座楼房面前，把那个洋铁皮做的破烂玩意锁起来，然后跑上楼去，扫扫地，打一壶开水，泡一壶茶，然后就坐下来看小报，打哈欠，聊大天，打瞌睡，直到天黑。

这是一幅灰暗无聊的空间景观，它展示了日常空间对革命化神圣空间的破坏与消解。革命的神圣肃穆已是过去，而革命褪色后的生活时空，却笼罩在无聊与无趣的世界里。这样的日常世界，并不具有从物质方面观察的人性解放意义，反而在祛除革命神圣魅力的同时，还原了此时的中国人物质穷困、精神灰暗的现状。另外，王小波还有《三十而立》中80年代北京大学教师王二的故事、《似水流年》中的“文革”北京故事、《东宫西宫》中的北京同性恋故事。而《黄金时代》则可以看作一个北京青年的异域精神之旅，在浪漫的非常之地，革命遭到了性爱的颠覆。在他很多小说的创作中，历史、现在和未来，都呈现出几条线索杂糅的表述形态，展现了他的历史意识及对它的多维理解。如在《革命时期的爱情》中“文革”末期北京街道工厂的故事和“文革”武斗故事的交相辉映；在《万寿寺》中，北京文化研究所的研究员王二的故事与薛嵩的湘西传奇故事交织；在《红拂夜奔》中，北京的数学系教师王二和女同事的合居故事，与红拂女的传奇故事扭结在一起。而在《白银时代》《黑铁时代》《2015》等关于过去及未来世界的想象中，阴暗压抑的空间景观，充满了福柯式的监狱意象。

20世纪90年代，市场经济的浪潮已势不可当。这种社会转型带来了海量的、光怪陆离的社会信息。旧的东西还改头换面地存在着，而新的东西却并未确立，新与旧的对抗、交融，以怪异荒诞的杂糅方式共生、并存。一方面，后现代主义、第三次浪潮等思潮，以时髦的理论旋风席卷中国，但没有成为解放思想、理性务实的思想资源，反而成为话语资本的狂欢和进化论般的知识游戏。另一方面，古老文明的光荣与梦想，披着“传统”的法袍，再次成为话语空间的显学，中国文化优越论、气功救国论、周易救国论、大中华文化中心论等等古怪口号纷显于世。一切如此熟悉，又如此陌生，中国又仿佛回到了20世纪初不同文化观念激烈交锋的时代。30年代，鲁迅就曾哀叹：

> 中国社会上的状态，简直是将几十世纪缩在一时：自油松片以至电灯，自独轮车以至飞机，自镖枪以至机关炮，自不许“妄谈法理”以至护法，自“食肉寝皮”的吃人思想以至人道主义……这许多事物挤在一处，正如我辈约了燧人氏以前的古人，拼开饭店一般，即使竭力调和，也只能煮个半熟。[①]

① 鲁迅,《随感录（五十四）》,《鲁迅全集》第1卷，人民文学出版社1981年版，第344页。

信仰崩坏、道德失衡、物欲横流、众神狂欢，是迅速被边缘化了的知识分子阶层当时普遍的认识和判断。而王小波认识的差异在于，他并不认为中国人曾有过真正理性的信仰，而道德失衡的重要原因在于理性建设的匮乏与道德主义的过分强大。今天看来，王小波的某些判断，可能还过于乐观与简单，但在90年代前期破和立激烈交锋的状态下，王小波却提供了一种非主流知识分子的自由主义认同。

2

1988年到1992年，还是王小波创作的摸索期，1992年辞职至1997年去世，则是王小波创作真正的井喷期。在美国的时候，对是否回国，王小波和李银河其实都有过疑虑。李银河在文章中说："这个选择并不容易，我们反复讨论，权衡利弊，以便做出理性的选择，免得后悔。"[①]基于双方对物质生活的要求都不是很高，李银河的社会学研究和王小波的写作又离不开中国社会，夫妻俩就选择了回国。[②]这个说法今天看来，也许并不是十分准确。李银河回国也许考虑了很多因素，而在1988年，王小波虽热爱写作，但并没有做一个全职作家的准备。他仍想在一个较好的学术环境内发挥理工科才能，他理想的写作状态，应是一种经济宽松、思想独立的状态。

1988年初，王小波和李银河从美国匹兹堡回到北京，积极联系

---

① 李银河，《我们曾经拥有》，《王小波十年祭》，李银河编著，江苏美术出版社2007年版，第79页。

② 李翊，《王小波的大学与留学生活》，《三联生活周刊》2007年第14期。

接收单位。从当时两个人的发展来看，李银河曾师从著名学者费孝通，并是海归博士，在学界已有一定影响。而王小波虽出国留学，但所修专业较尴尬，本科学的是商品专业，出国后又学过计算机，也有匹兹堡大学东亚中心的文科硕士学位。他的学识很杂，而高校的专业化分工则要求教师必须是“专家型学者”。美国高校学术教育体制中，硕士学制短，一般为两年，且属过渡性质，在专业化分工严密的美国高校并不受重视，只有博士学位，才是公认的学术研究和教学的精英条件。王小波最终并没有在美国申请读博士学位。回国之后，他在高校任职，因此也没能找到适合的位置。1988年1月，李银河作为引进人才，进入北京大学社会学所，再次跟随费孝通先生，成为国内首批文科博士后，而王小波本想回人民大学，但没有适合接收的院系，就随李银河一起，来到北京大学社会学所下属的中国研究与发展中心。在北京大学，王小波先做助教，后被确认为讲师职称，却极少有课程安排给他，他更多负责的是北大社会学所机房的调试维修，及社会学数据整理收集和统计的工作。王小波对朋友沮丧地说:“我现在没去成人大，在北大帮闲，觉得很没劲。干一个月挣黑市价10个$，你想如何能有兴致?”他当时的生活状态，白天在社会学所修整数据，“这种讨厌的活儿干不完，也就不能开算”，有了闲暇，就溜达到海淀区租书店，弄一些武侠和“色情”小说打发日子。到了晚上，他才开始“乱写些东西”(1988年12月23日致刘晓阳信)。根据朋友回忆，在北大王小波还是一副慵懒随意的姿态。他依然像个顽童，对陌生的事情保持好奇心。李银河进行同性恋研究，王小波对这个问题也很关注，为此他还专门跑到北大隐秘的同性恋爱角，看人家在课桌上刻的“爱情誓言”，弄出了很多令人尴尬的误会。[1]

王小波并不是80年代新启蒙的儿子，却更像是一个“逆子”。他虽然延续了80年代启蒙的民主、自由的思路，但对新启蒙重新赋予权力以宏大叙事性的做法表示怀疑，特别是新启蒙知识分子，在传统与现代、西方与东方等二元对立关系上，表现出来的道德主义的立场，更是王小波反思“革命”与“启蒙”的基点。但王小波的启蒙方式，并没有像李锐、张炜等90年代知识分子，走向历史虚无主义，而是回到西方文艺复兴的启蒙原点，试图为启蒙带来更多的中国语境针对性。他的兴趣主要也还在写作。1989年，王小波在山东文艺出版社出版了小说集《唐人秘传故事》，并完成了《黄金时代》《三十而立》《似水流年》等小说的写作，但这些小说都无法发表，也很难出版。《人民文学》的编辑朱伟，曾在1989年左右，收到王小波投向该刊物的小说，虽不能推出，但王小波的才华打动了朱伟。1995年，朱伟离开《人民文学》，接手《三联生活周刊》，力邀王小波为其杂志专栏撰写文章。

《唐人秘传故事》是王小波的第一本小说集。王小波后来坦承“书卖得并不好”。据笔者考察，该书极有可能是一本“伪书”。该书为山东文艺出版社1989年10月出版，印数是四千册（实际并没有印那么多，据王小波回忆，大约印了一千册），责任编辑是鞠川江、罗长虹，封面设计为孙笑云，山东乳山印刷厂印制，书号是7-5329-0243-9。然而，笔者曾专门去山东文艺出版社查访此书，据出版社的老编辑说，好像在书库中见到过几本样书，但由于出版

① 根据笔者2014年3月5日对胡贝的采访。

社几次搬家，已查找不到了。据现任山东文艺出版社的总编张海珊女士查证，在该社自编的《建社以来历年图书编目》中，也并未看到王小波的这本小说。笔者又电话采访了1989年任山东文艺出版社社长和总编的几位前任领导，均对此书没有印象。80年代末，一个出版社一年出版的小说集并不多。如果该书的确是山东文艺出版社的正规图书，则应有记录。但此书的确曾以“馆配”途径销售过，山东大学图书馆、山东省图书馆均有藏书。据出版社资深管理人员判断，该书应为自筹经费印书，也并非通过出版社正规销售途径及渠道销售的。王小波的相关回忆文章显示，该书为王小波在美国时期所写，寄回国内后，因找不到出版社，在烟台做生意的二姐夫衣秀东就帮忙找了一个书商，在山东文艺出版社自费出版，前后大约花了几千元。80年代末，山东文艺出版社曾在烟台、淄博等地建立了几个工作室（由于不好管理，这几个工作室几年后撤销），开始接受自费出书。按照规定，凡自费出书，也应在出版社进行严格备案，并上缴三十本以上样书。但当年图书出版管理并不严格，CIP图书出版数据也没有网上查询系统，且工作室的形式本身也易出现问题。因此,《唐人秘传故事》有两种可能性：一是在当时的环境中，因是自费书，忙乱的情况下有可能漏了登记；二是书商有问题，该书可能为假书号或套用书号。有意思的是，王小波这类奇情异想的游戏历史小说，在当时虽作为“性意味”图书被包装处理，但并不被主流媒体和大众所接受——实际上，该小说既不是80年代末90年代初涌现的“流行先锋”，如《骚土》《废都》类的“性叙事”，也不是主流宏大叙事。

王小波对国内高校日趋行政化的管理方式也感到不适应，加之个性狷介任性，在当时的高校圈并不如意。他曾想去卖计算机，搞软件设计，甚至一度想要下海去办出版社。他在单位也比较独立。比如，王小波和李银河的好友邢小群，就在文章中提到，王小波去开会，领导在上面讲话，大家都死气沉沉地没有反应，而王小波冷不丁冒出那么一两句，大家都哄堂大笑，弄得领导很尴尬。王小波还曾在杂文中，对李银河评教授考职称外语的事情，加以善意嘲讽。这段“维修工”式的大学教师生活，在他的小说《我的阴阳两界》《万寿寺》等中，均有曲折反映。《我的阴阳两界》中有一个阳痿的“小神经”王二，因为阳痿成了另类，专门在医院地下室，修理各类医疗器械。而《万寿寺》的现实线索中，“我”则是一名历史研究所的研究人员，硕士毕业，却极少写论文，评不上职称，专门负责修理疏通研究所的下水道，他最不能忍受的，就是坐在粪水四溢的院子里办公。现实中的万寿寺，在人民大学附近，王小波应很熟悉，是学术单位较集中的地方，如中国社科院的一些研究机构，中国现代文学馆也曾坐落于此。王小波去世后，第一个大规模、有影响的作品研讨会，也是在万寿寺召开的。李银河从北京大学调入社科院后，也曾在此短暂办公。小说中，王小波讥讽万寿寺是一条老佛爷使用的“历史的脐带”，对此地看来并无好感。

1991年初，李银河从北京大学博士后出站，被评定为副教授职称，随即调入中国社科院社会学研究所。王小波在该年5月22日致刘晓阳信中说：“我在北大混得没劲……打算调到人大去。”1991年底，他也经朋友引荐，调入人民大学会计系任讲师。由于家庭出身于此，王小波也是人大毕业的，老班长郑英良也在人大，后来还官至副校长，王小波的整体处境有所改善。

3

在人民大学会计系，王小波被分配在会计电算化教研室，主要负责电算化教程和会计方向的专业英语。人民大学的会计学系当时属于工商管理学院，也是人大的老牌学科之一。王小波本科学的是商品专业，对数理统计并不陌生，加之喜欢数学，来此工作也算对路。但王小波的英语基础并不好，应对专业英语时颇感吃力，需要花大量时间去备课。这个时期的王小波，曾想在会计学方面做一些专业努力，如他曾经和同事合作，为北京煤气工程公司开发管理软件，还曾获北京市科技进步三等奖。

王小波在人大和同事们的关系还不错，和他们一起去龙庆峡游玩时，大家对他的评价是："打扑克牌非常投入，郊外的大蚊子杀过来，也浑然不觉。"小波对同事和朋友们也很真诚，颇有"水浒"风范。朋友张晓曾拜托王小波帮助一位蒙冤入狱的朋友，王小波二话不说，又是请吃饭，又是陪找人，还被大雨浇得像个落汤鸡，却还乐呵呵地开玩笑给朋友打气："公等遇雨，皆已失期，失期当斩……"

此时，人民大学的统计学院，还有一个"王小波"。笔者曾专门采访过统计学院高敏雪教授、办公室张云主任等人，最终确定："此王小波"非"彼王小波"，因王小波也擅长数学统计，故有此误解。该王小波是1987届人大毕业的统计学专业硕士生，后留在人大统计学院任教，1995年后出国。统计学院的王小波曾在《统计研究》上发表《全要素生产率的指数估计与分解》等多篇论文，还作为第一作者，与人民大学统计学院顾岚、高敏雪、王玉平等学者出版过统计学著作《经济周期与预警研究——理论、方法、应用》(冶金工业出版社1994年版)。很多版本的王小波文集，包括网络上的人物介绍(包括人大校友网页)，均将作家王小波在人民大学任教的地方写成“人民大学统计系”，其实是误解。当然，如果没有文学之路，王小波也许会再努力下去，成为一名会计学教授。然而，当家人和朋友以为一切就此安定的时候，作为年近四十岁的成年人，王小波却做了一个大胆至极的决定——辞职。

也是在1991年，由许倬云推荐，王小波的中篇小说《黄金时代》获得台湾《联合报》中篇小说大奖。这对王小波是极大的鼓励。他在获奖感言《工作·使命·信心》中说:“我从很年轻时就开始写作，到现在已有近二十年。虽然在大陆的刊物上发表过几篇小说，出版过一部小说集，但对自己所写的东西，从来没有真正满意过。文学虽然有各种流派，各种流派之间又有很大的区别，但就作品而言，最大的区别却在于，有些作品写得好，有些作品写得不好。写出《黄金时代》之前，我从未觉得自己写得好，而《黄金时代》一篇，自觉写得尚可。”《黄金时代》最初创作于1982年，王小波不无骄傲地说:“这篇小说是我的宠儿。”《黄金时代》也许不是王小波最精致的小说，但却是最有现实震撼力的小说。它以性爱故事颠覆了革命宏大叙事。这篇小说之后，王小波才真正成熟起来。

《黄金时代》这篇仅四五万字的中篇小说，足足花了王小波近二十年时间构思、打磨。他自言:“从二十岁时就开始写，将近四十岁时才完篇，其间很多次重写。现在重读当年的旧稿，几乎每句话都会使我汗颜，只有最后定稿读起来感觉不同。”[1]1986年，王小波赴美留学，师从著名西周史学专家许倬云。在导师指点下，他细读中国古代小说，开始创作以唐传奇为蓝本的唐人小说，并继续修改《黄金时代》，直至80年代末，《黄金时代》才最后定稿。然而，《黄金时代》，这个王小波引以为傲的“宠儿”，可谓命途多舛。由于其中对“文革”的颠覆性叙事，对“性爱”前所未有的生鲜描写，都成了它在大陆刊发背负的沉重大山。这篇业已完成多年的作品，只能以手抄本形式，流传于王小波的亲朋好友间，无缘问世。

看到爱徒在出版方面屡屡碰壁，恩师许倬云不免为他四处求门。《黄金时代》能在台湾获奖，许倬云功不可没。千里马固然实力超群，可若无伯乐相助，亦只能碌碌于草莽。许倬云于王小波而言，正是伯乐般的存在。

王小波是唯一两次荣获台湾联合报文学奖中篇小说大奖的大陆作家。1991年《黄金时代》获第13届《联合报》文学奖中篇小说大奖。仅仅四年后，王小波再次凭借《未来世界》得到《联合报》文学奖的青睐。与第二次获奖的水到渠成不同，《黄金时代》的获奖颇历经了一番波折，而大陆文化界对《黄金时代》获奖也存在着诸多争议，如当时的奖金问题。《三联生活周刊》发表的文章《王小波的艰辛的成名》认为：“按照《联合报》副刊主编陈晓林的说法，当时文学奖的奖金仅10万元新台币……而且台湾联经出版社为获奖者出书，也只是附加的奖励条件，并非看重其市场价值。”[2]而邢小群

① 王小波，《沉默的大多数》，中国青年出版社2002年版。

② 葛维樱、武鹏、陈超，《王小波的艰辛的成名》，《三联生活周刊》，2007年第14期。

在上刊所发的《〈黄金时代〉和王小波的生前身后》一文指出，“25万元是王小波两次获《联合报》奖的奖金总额”[①]。

这两种说法，均与王小波本人的说法有所出入。为了弄清这个史料谜团，笔者于2013年10月初，专门采访了台湾《联合报》时任副刊主编宇文正女士。采访的结果表明，两文都有误记之处，《黄金时代》获《联合报》奖的奖金数额为：25万新台币。

根据作者在台湾进行的资料收集整理，特别是1991年9月17日《联合报》副刊上《清新·讽刺·颠覆——〈联合报〉第十三届小说奖中短篇小说终审会议纪实》（杨锦郁整理）一文，我们可以对当时评审的现场情况做个大致了解。

1991年1月10日，《联合报》刊登了第13届小说奖征文办法。至5月1日截止收稿时，共收到短篇小说270篇；初评委由孙伟芒、爱亚、张国立、叶姿麟、冯曼伦、黄秀慧担任，选出40篇；复审评委为作家段彩华、履疆、薛兴国、痖弦，进而选出10篇。中篇小说部分，则共收稿50篇，初审和复审由作家东年、林耀德、袁琼琼、苏伟贞分两段作业，最终决议《黄金时代》《废五金少年的伟大梦想》《萍》和《时间作坊》等5篇入围。最终的评议评委，由齐邦媛（台大荣誉教授）、马各（美国《世界日报》驻台北办事处顾问）、郑清文（小说家）、张大春（小说家）、李有成（“中研院”欧美研究所副研究员）担任。

针对5篇入围作品，评委们进行了第一轮投票。郑清文认为：“《黄金时代》由‘交代’和‘性爱’两个主题串联起来……暴露

---

① 邢小群，《〈黄会时代〉和王小波的生前身后》，《名作欣赏》，2010年第34期。

出社会的畸形和人性的扭曲。”马各说：“我第一次看《黄金时代》，认为它有若张竞生的《性史》，一个人为什么会无所事事，整天只想着性交一事，但是当我看第二遍时，却发现小说中的讽刺意味极浓……文中对性交一再交代，上级看了才会满意，这也是一种讽刺。”李有成也赞同这一说法，他认为：“小说中上级要主角一再写交代，其实无非想要看黄色小说而已，写得愈露骨，他们看得愈高兴。我们可以看到在那个世界性和政治有一种微妙而辩证的关系，性不是问题，政治才是问题，这篇小说的成功之处在于它始终将性紧紧扣住政治问题，从头到尾都很连贯，不离题。小说中的特定时空，我猜是‘文革’时代，政治无所不在，它甚至渗透到一个人最隐秘的地方，就是文中所提到的性。”

张大春对《黄金时代》有更多肯定，他认为：“《黄金时代》某部分和米兰·昆德拉的写法相似，用反复的叙述方式，并且在第二次叙述时，让读者发现第一次叙述省略的部分，或者修正第一次的叙述。《黄金时代》的特色在于透过非常自由的叙述，形成世故的结构。除此，它反映出‘性’在那个社会中，是青年最重要的活动，也让我们看到交代小说的材料中，有一种后设的概念。所有的人在看这篇小说时，包括文中的领导和现在的评审，都在窥伺主角的性生活。……在文中流露政治的压抑造成性的压抑，性的压抑也引起政治的压抑。另外，这篇小说的范围，也可以大到……是在无限地暴露一个人最隐秘的事，当这种暴露呈现在我们面前时，我们有若看到真人的生活和世界，而不像在读一篇小说。我觉得《黄金时代》让我感动的一点是，它让我丢开看小说的乐趣，而看到一个活生生的人。”

齐邦媛则对《黄金时代》有些异议，没投它的票。她认为，王小波没有直接写出政治对人性的压抑，而是一再重复写作，把“性”曲折地作为颠覆性手段，实在没有必要。然而，她也肯定了王小波的此篇小说受《查泰莱夫人的情人》影响，“对人类羞耻心的丧失写得很深刻”，对“文革”的讲述也有别于张贤亮式的伤痕暴露。

第一回合讨论结束后，有几位评审认为《黄金时代》和《废五金少年的伟大梦想》难分轩轾，建议由两篇并列中篇小说奖，合得第一名30万和第二名20万的奖金，即每人分得25万。于是评审决议在第二次投票时决定，每人可圈选自己心中的第一、第二名，也可赞同两篇并列为中篇小说获奖作品，并以少数服从多数来决定票选结果。第二次投票，对于《黄金时代》，齐邦媛、马各、张大春、李有成均赞成并列，只有郑清文认为《黄金时代》应位居第二。

最终，综合两次评审结果，王小波的《黄金时代》和台湾本土作家李顺兴的《废五金少年的伟大梦想》并列获得中篇小说奖，分得25万元新台币奖金。嗣后,《联合报》副刊从1991年10月14日开始连载《黄金时代》，直至11月11日。不久,《黄金时代》便以单行本小说集的形式在台湾出版（台北联经出版事业公司）。同年10月5日，金健在《人民日报》海外版第四版报道《黄金时代》获奖的喜讯，形容王小波为“文坛外高手”，此称谓一出，大家纷纷引用。《黄金时代》也终于在1994年经由华夏出版社的努力，得以出版。而大陆的文学期刊，一直未能发表该作。最后，该小说经李银河的引荐，由广东计划生育委员会主办的、号称“中国最畅销的性教育科普杂志”的《人之初》，于1995年1—6、10—11期，以连载的形式发表了。该杂志主编吕海沐原来是个诗人，他敏锐地看到了王小波的价值。他对王小波的第一印象是："像一个锅炉工的模样，头上戴着一个遮阳帽。"①他在《黄金时代》的编者按中写道："他笔下的性就如同生命之本身，健康、干净，既蓬勃又恬淡。这样来写性并不多见，因此值得一看。"②

王小波这种"墙外开花墙内香"的独特得奖、成名、出版模式，是作家的尴尬无奈之举，也是当下出版界常常面临的困境。作家虹影、艾米、程抱一等，也都存在类似的文学接受问题。我们对王小波的《黄金时代》在台湾获奖情况的溯本清源，既有利于大家了解20世纪90年代初两岸的文学审美标准和价值判断的异同，也有利于中国当代文坛对已辞世的、有影响力的作家史料进行整理和辨析。

"性叙事"在新时期文学中，最早出现于张贤亮的"右派小说"。同样涉及"性"，同样是艰苦环境中人性的觉醒，张贤亮和王小波的表述却颇为不同。张贤亮的小说，隐含叙事者和人物之间总存在不断"合并"与"对立"的运动轨迹，作者有时对人物同情、支持、鼓励，有时却从"理性"的视角对人物的行为进行否定。如小说《男人的一半是女人》，作者对黄香久，一方面赞美她的美丽，以及热烈、坦荡的肉欲："她并不急于穿衣服，却撂下手中的内裤，像是畏凉一样，两臂交叉地将两手搭在两肩上，正面向着我"；然而，另一方面，张贤亮对性道德，却又有超乎寻常的敏感性，在黄香久和曹书记的奸情面前，主人公不是反抗屈辱，也不是宽容待之，而是

---

① 吕海沐,《〈人之初〉创刊趣闻》,《传媒》，2001年第6期。

② 吕海沐,《〈黄金时代〉编者按》,《人之初》，1995年第1期。

进行了一大堆神游物外、稀奇古怪的“穿越”，让庄子、宋江、马克思等历史人物和主人公进行了长篇辩论。这时，作者又对黄香久进行了“恶”的处理，以凸显底层女性的无知、粗鄙、短视和偏狭，突出隐含叙事者道德和知识的双重优越性。这实际体现出新时期文学知识分子在革命和启蒙之间的艰难转换。张贤亮的开创意义在于，他坦率地为中国当代文学引入了“性叙事”——而他的局限性也在于此。

《黄金时代》具有更强的启蒙及颠覆意识。陈清扬所有的罪孽，就在于承认她和一个男人做爱很快乐。个体的自由和尊严，是王小波性叙事的道德基础。《黄金时代》是性爱小说，不是爱情小说，更是在“新时期文学传统”之外的小说。它超越了后者常见的叙事成规。在这篇小说中，王小波真正树立起了创作的三大原则：有趣、性爱和智慧。评论家张颐武有过如下评述：

> 王小波对人性的理解，不可思议地脱离了80年代对“主体”追寻的浪漫主潮，他揭示了任何理想和超越的尝试都难以跨出人性具体而微的限制，也许这是因为他很早就在美国留学，接触了许多新的对人性更复杂的看法。他写出的是我们受到欲望的拨弄后无能为力的状态，我们虽然有许多文化上超越性的想象，但却无法闪避现实生活的坚硬和脆弱，我们一面受到环境的限制，一面又受到欲望的吸引，于是难以突破这些东西的具体存在。王小波其实让自己的小说回到了日常生活真实的、不可回避的冲突之中了……这其实真正超越了80年代“新

时期”文学的规定性。[①]

我们之所以说这篇小说在王小波的创作中有特殊意义，还在于王小波创造出了一种“浩荡而阔大”的生命气息。而他在此之后的作品，小说的理念显然大于感性。《黄金时代》透支了王小波所有重要的生命体验，并将之以青春叙事的语调极限化地表达出来，其高潮也就是“青春的终结”。以往的解读中，我们多注重小说的逻辑趣味，但不可否认，这也是一部充满了青春边疆风情的小说：“彩云之南”的刻骨铭心的回忆，荒凉的章风山、水田、白水牛、景颇族的铜炮枪、傣族的蓑衣和筒裙、清平的温泉、酸琶果、剑麻、阿昌族的户撒刀，都让我们新鲜不已。这也是一部“大风力”的小说，小说描述了那些“无处不在”的风，有热风、旱风、冷风，雾气过后的掺杂着雨点的风，它们在红土、彩云和热烈的阳光下，都成为王小波小说弥漫的生命力的象征。比如：“我爬起来看牛，发现它们都卧在远处的河汊里静静地嚼草。那时节万籁无声，田野上刮着白色的风。”“旱季里浩浩荡荡的风刮个不停，整个草房都在晃动。陈清扬坐在椅子上听着风声，回想起以往发生的事情，对一切都起了怀疑。”“我坐在小屋里，听着满山树叶哗哗响，终于到了物我两忘的境界。我听见浩浩荡荡的空气大潮从我头顶涌过，正是我灵魂里潮兴之时。正如深山里花开，龙竹笋剥剥地爆去笋壳，直翘翘地向上。”“天边起了一片云，惨白惨白，翻着无数死鱼肚皮，瞪起无数

① 张颐武，《和时代拔河：十年后再思王小波的价值》，《21世纪经济报道》，2007年4月2日。

死鱼眼睛。山上有一股风，无声无息地吹下去。天地间充满了悲惨的气氛。”王小波以欲望的合法性树立的是生命个体的尊严和自由。

4

1992年，为专事写作，王小波决定辞职。3月，他出版了《王二风流史》(香港繁荣出版社)。8月，出版《黄金时代》(台湾联经出版事业公司)。本年，他还与李银河共同出版了同性恋研究专著《他们的世界：中国男同性恋群落透视》。该书首先在香港天地图书公司以繁体字形式出版，后来，历经波折，经丁东、邢小群夫妇（邢小群是李银河的同学）介绍，找到了山西书商靳小文（此人后来开办了尔雅书店和万象书城），靳小文拿到书稿后，觉得很有分量，促成了它的出版。[①]该书11月在山西人民出版社出版。但据丁东回忆，王小波对封面上的两把椅子感到很不满，这已是后话。李银河回国后，致力于中国人的婚恋和性爱专题研究，曾出版《中国人的性爱与婚姻》等书，而《他们的世界》是一部具挑战意义的社会学著作，正如著名社会学家杨垄在该书序言中所说：“近几十年来，一直没有人能对这个现象下一番系统深入的调查研究功夫。看到李银河、王小波的新作《他们的世界》，我感到很欣慰，因为它填补了我国同性恋研究方面的空白。”

20世纪90年代初，社会风气依然保守，这本书不仅采访非常艰难，而且出版经过更是颇多波折。李银河和王小波主要是在家中

① 谢泳，《我最早发表了王小波的〈寻找无双〉》。见谢泳网易博客。

约谈一些当事人，有时也上门采访，或去一些同性恋者聚会场所做实地调查，如名曰“东宫”与“西宫”的北京市男同性恋经常聚集的两个男厕所。有的受访者有顾虑，就需要反复劝说，耐心做工作。对社会学工作来说，田野调查和个案研究非常重要。做婚恋调查的时候，李银河曾遇到过很多障碍，但她总能想到很多办法，比如，找当地居委会部门协助。而男同性恋课题，由于同性恋行为当时还远未被大众了解，甚至在法律上还有治安处罚条例，更由于李银河身为女性，很多调查不方便，王小波就协助她做了很多工作。一次，王小波在朋友带领下，去了一个同性恋聚会的厕所，一走进去，厕所坑位隔断前，就伸出很多脑袋。这些人打量了王小波一番，又退回了坑位，这让王小波有些莫名其妙。朋友笑着说，你长得丑，人家都没看上你！

李银河与王小波严肃认真的态度，赢得了不少同性恋者的真心尊重，他们将自己的故事告诉王小波和李银河，并帮助联系圈内人。比如,《他们的世界》中，有一个小J，就详细地用口述方式讲述了自己在十多个省市进行同性恋游历的事。王小波去世的时候，很多同性恋者还去送行。但这项严肃的社会学研究，并不是所有人都能理解的。其实，王小波的同性恋研究，和他一贯的文学主题一脉相承，就是通过性关系来透视社会活动中的意识形态，进而为自由、智慧和尊严命名。该书的前言中，李银河与王小波以异性恋的身份，将他们的学术立场概括为“实事求是原则、反意识形态中心主义原则和善良原则”，这三大研究原则，其实囊括了科学、人权与人道主义的多种标准，即使在今天看来，依然非常有价值和意义。

王小波和李银河的同性恋研究，还引起了电影圈的注意。最先发现王小波在电影方面才华的，是当时著名的“非主流导演”张元。张元曾拍摄过的《妈妈》《儿子》《北京杂种》等一系列“地下电影”，均因题材敏感和导演风格激进而未获准在大陆上映。张元听说王小波，首先是因为同性恋研究。一个加拿大导演向张元推荐了《他们的世界》，并引荐了李银河。在和李银河聊天的时候，张元透露了想拍一部同性恋电影的想法，李银河就向张元推荐王小波做编剧。张元读了王小波的小说，“吓了一跳，原来自己是和一个大作家在打交道”（也有不同的说法：张元开始并不想让王小波来写，可后来的确没有“够份儿”的作家来写同性恋这个敏感题材，张元这才同意了李银河的提议）。1992年12月，张元正式向王小波发出邀请，为电影《东宫西宫》写剧本。剧本写作过程非常艰苦。而王小波的创作理念与张元之间，也显露出诸多差异。实际上，从1992年12月到1995年8月的两年多时间里，王小波不断修改剧本，付出了大量心血。为写好电影剧本，他先写了一个小说稿，又配合写了舞台剧稿。同时，由于想在先锋性与国内认可之间取得平衡，最大限度地争取该电影能在国内面世，张元让王小波做了大量修改工作。然而，这部电影虽在1997年的阿根廷马塔布拉塔国际电影节上获得了最佳编剧奖，并入围戛纳电影节，但依然在国内被禁播。王小波1995年8月8日致友人曲小燕的信中自豪又气恼地说：

> 改得相当好。其中有些独白，已经直追哈姆雷特不朽之独白，但他还来找我改。诚然，我和威廉·莎士比亚还有一点微不足道的距离，但也不是轻易能赶上的。现在我很烦这件事，

和他的关系相当紧张。至于他何时开拍，我也不去打听。

王小波是一个在艺术上精益求精的人，一个小中篇《黄金时代》就修改过几十遍，而因为修改稿子的事情差点和别人翻脸，可见其间有很多文学之外的因素。王小波逝世后，张元曾参加过三次悼念聚会，并在接受丁东采访时，对王小波不乏赞美之词，声称王小波“不仅是一个非常好的朋友……也是一个非常好的老师”[①]。但事实上，去世之前，作为自由撰稿人，而不是权威“大文学家”的王小波，和当时的新锐导演之间的合作，并不是想象的那么愉快。王小波和张元的过往，也可作为20世纪90年代初，自由撰稿人艰难的文字生涯的写照。

然而，1992年并不是王小波暴得大名的时刻。相反，尽管他做了很多事情，结果却并不尽如人意。他在给朋友的信中，焦虑地说：“我这一年混得不好，成绩不能和去年比。在港台出的书卖得都不太好。国内有些东西交了稿，但还没出来。现在情绪最糟糕。”（致刘晓阳，具体月日不详）被王小波寄予厚望的《他们的世界》，销路不畅，虽然靳小文很努力，但也没卖多少，王小波将原因归结为“没有名气”。9月时，王小波正式辞去教职，成为自由写作者。可以说，王小波辞去公职写作，是其自由撰稿人立场确立的基本出发点，又是他深思熟虑后的选择。他心情复杂地对朋友说：“人大的差事也打算辞去，以便专营此业；成败尚难逆料，心里也磨得慌。

---

① 丁东、张元，《和王小波相处的日子——张元一席谈》，《反思历史不宜迟》，上海三联书店1999年版，第170页。

总之不复少年豪情。我老师许倬云说，哀乐中年，大概就是这个样子罢。”（1991年3月22日致刘晓阳信）

辞去公职意味着失去一切体制内福利——稳定收入、医疗保障、社会普遍认可等。经历三十多年人生游荡后，王小波终于发现，只有文学才是他魂牵梦绕的所在。李银河已在学界成名，并找到了终生感兴趣的学术信仰，而那个当年被她认为是“天才”的文学青年、智力超群的爱人，现在人近中年，却依然在苦苦探寻。四十岁是男人思想成熟的季节。然而，辞职后的王小波，却对时间生出强大的焦虑感。他甚至到处对人说，人生就是缓慢受锤的过程，人过了四十岁，就不值得活下去。他忧郁地说：“年轻时是自由人，后来成了家庭的囚犯，最后成为待决的死囚。”（1997年2月—4月间致刘晓阳电邮）他的《红拂夜奔》《寻找无双》《万寿寺》等历史幻想小说，出现很多刑场死亡意象，不能不说与焦虑的心境有一定关联。

5

同样，王小波也并非不食人间烟火的圣人。我们不能盲目抬高王小波辞职的动机。某些文章将王小波塑造成“落魄潦倒的曹雪芹”的形象，是不准确的。即使王小波的小说四处碰壁，精神苦闷，但他绝不是“穷愁孤苦”，这实际反映了传统文化对不得志文人的“想象”的沿袭。王小波收入不稳定、有经济压力，当时稿费也低，虽绝不致食不果腹，但经济动机也是他辞职的重要原因。当时大学教师普遍待遇很低，甚至有“搞导弹不如卖茶叶蛋”的怪异说法，很多大学教师从高校走出来，投身别的事业。王小波并不耻于谈名利。相关资料显示，1992年，大学教师的年平均工资仅有3054元，低于社会平均工资，在十五个行业中仅排名第十二位。[1]王小波对金钱有一种"顺其自然"的大方态度。他曾想搞计算机专业，经过考虑后才放弃。王小波兴奋地对友人说："我对微机已无兴趣，因为发现写小说也可赚到钱。"（1991年9月2日致刘晓阳信）在给友人陈少平的信中，他也自嘲地说："人已过三望四，去日无多，马上着手做事已来不及，岂敢继续袖手高歌。名利亦吾所望者，愿以大脑另一半考虑之。"

王小波对书商、电视剧投资商的态度，也不像传统作家那么清高，甚至相当主动。《黄金时代》在国内出版后，王小波接触了很多书商，以拓展书的销路。翻译家孙越在文章中提到约王小波写电视剧本的事："1996年下半年，北京影视界剧本匮乏，企业有钱，斥巨资找人写本子。大概是当年年底或是1997年初，当时剧本在北京市面价格最高到了每集人民币2万元，连初出茅庐的写手的稿费，每集也有8000元之巨。我认识的一个影视投资商要找人写电视剧本，题材极度无聊，是描写郊区女工为支持城里供应大白菜而忘我劳动的故事，我给王小波打了电话：'你想跟投资商谈谈吗？'王小波同意，但有一个条件：只能用笔名写，并且叮嘱了我好几次。后来由于种种原因，这桩买卖没有谈下去。"[2]

1995年春，张卫民也曾将王小波的一些作品推荐给两位成都

① 陈赟，《20世纪90年代教师工资问题研究》，《清华大学教育研究》，2003年第1期。

② 孙越，《普通人王小波》，《创意》，1999年第3期。

的书商朋友。朋友看后，答应出版。后来，申请了书号，也做出了三本样书，但纸张粗糙，错字较多，而稿费也很低。王小波和李银河都认为不太妥当。张卫民也觉得不好意思，就帮小波拒绝了继续出版该书的事。但是，从他为该书出版而准备的序文《怀疑三部曲·总序》(他原计划将《红拂夜奔》《革命时期的爱情》《寻找无双》编为一个长篇集，出版商拟定的名字为《迷城》，而王小波拟定的名字则为《怀疑三部曲》)，后来该序言发表在《出版广角》(1997年第5期)中，却可窥见王小波其时对于创作和人性的某种认识。在该文中，王小波旗帜鲜明地提出了人生的三大假设，即凡人都热爱智慧，凡人都热爱有趣，凡人都热爱异性。在张卫民手中，笔者找到了仅存的一本样书，封面已经散佚，王小波在序言后面署的时间是1995年7月26日，责任编辑为“李定凯”，出版机构为“成都出版社”，字数为36万字，出版时间为1995年9月，书号为7-80575-191-1，另有“川新登字001号”字样。这次“未成功”的出版尝试，反映了王小波生前著作出版的艰难。

另一方面，由于迟迟不能在国内主流文坛打开局面，王小波对写作能否赚钱心里也没底，甚至相当悲观。他临去世前，还专门考了驾照。而且据李静介绍，这是一个卡车司机驾照。而王小波在给朋友的信中则说，准备去弄一个吉普车，到京郊找片荒山承包下来，就算养老。当然，王小波是真准备买车包地，还是一时戏言，都已无从得知。

但时至今日，我们对王小波的研究，如果还停留在“王小波对抗主流文坛”的形象建构上，则未免过于简单和意气用事。以下，笔者从获奖奖金、期刊收入和图书收入三方面，大体对王小波

1990—1997年去世前经济状况做粗略计算。

一是获奖所得。1990年和1994年，王小波的《黄金时代》和《未来世界》分获台湾《联合报》中篇小说大奖，奖金共35万元新台币，按当时汇率换算约等于8万元人民币。远高于他数年工资[①]，相当于当时普通大学教师工作二十余年工资所得，即使考虑到从1990年到1997年的物价上涨以及工资水平上涨的因素，也依然是一笔不少的收入。获奖后，王小波用奖金在顺义买了一套房子。

二是发表文学作品及其杂文的稿费。1981年王小波署名“晓波”，在《读书》发表书评《海明威的〈老人与海〉》，之后近十年，除1982年在《丑小鸭》发表《地久天长》，王小波未在期刊发表过文字。

1992年《黄金时代》“墙外开花墙内香”，王小波打开了发表之路，由于其杂文犀利直白，当时多家知名报刊向他主动约稿，且稿费不低。笔者通过多方采访，大致了解几家刊发过王小波小说与杂文的媒体的稿费标准：

1.《花城》每千字40—50元。

《花城》作为20世纪90年代南方重要文学期刊，以平均一年一篇的频率，发表过多篇王小波的中篇小说。分别为1994年第3期发表《革命时期的爱情》，1995年第3期发表《未来世界》，1996年第1期发表《2015》，1997年第2期发表《白银时代》。原《花城》编辑文能表示，当时《花城》为王小波开出千字40—50元稿费。这已是90年代《花城》作为地方性期刊，能给出的最高开价，也是责

---

① 据《三联生活周刊》记者李翊的采访，《王小波的个人问题》，2007年第14期。

编文能为辞职在家的小波特意争取的待遇[1]。

2.《北京文学》每千字50元。

《北京文学》编辑李静女士回忆,《北京文学》90年代的稿费为40—80元不等,按作者知名与否开出不同的稿费。王小波的稿费是每千字50元。(梁晓声在《中国当代作家的经济问题》中曾提及:"长篇《浮城》,九二年花城出版社出版,38万字,稿费标准千字40,心满意足矣。"[2])虽然这在90年代已不低,但李静仍为小波不平,努力为他争取更高稿费。

3.《辽宁青年》每千字100元。

《辽宁青年》曾是20世纪90年代期刊的领头羊。1996年《辽宁青年》集中刊登王小波的杂文,开辟了"体面与尊严"专栏,发表有《居住环境与尊严》《对待知识的态度》《打工经历》《像君子一样行事》等八篇文章。编辑佟可竟回忆,《辽宁青年》欣赏王小波的文字,由《中华读书报》编辑祝晓风引荐,特意来京,向小波约稿:"王小波说,现成的稿子手头没有。后来他聊到,中国人的家里别看特干净,但一出门儿,到了公共空间,楼道里就脏得不行,可谁也不管。就这个话题写个东西,行吗?佟老师说当然可以。——说句不过分的话,那几年,王小波随便写什么,都有报刊抢着发表。"[3]《辽宁青年》给出千字100元的稿费,这在当时是作家能拿到

① 据笔者2014年11月15日对文能的采访。

② 梁晓声,《中国当代作家的经济问题》,《经济世界》,1998年第11期。

③ 祝晓风,《沤灭全归海,花开正满枝——一个编辑十年后对王小波的回忆》,《中华读书报》,2007年4月。

的“高薪”。佟可竟女士回忆，当时王小波交来的均为手写稿，字迹工整，可惜现已无存稿，这是王小波研究的损失[①]。

由此可以管窥王小波在20世纪90年代报刊中的影响力，虽然一些稿件刊发受阻，但王小波是颇为高产的杂文快手，在《四川文学》开辟专栏《域外杂谈》；受《东方》之邀，开《社会伦理漫谈》栏目；在《三联生活周刊》写《晚生杂谈》专栏。不论是受众广泛的主流刊物，如《三联生活周刊》《南方周末》《中华读书报》等；还是小众报刊，如《健康世界》《演艺圈》《博览群书》等，基本以每年20余篇的速度发表文章。

王小波生前在报刊发表的作品稿费均约为50元。以此标准，单列详细年度计算：

1993年,《域外杂谈》共七篇，总计17.7千字，均发于《四川文学》;《摆脱童稚状态》发表于《读书》第1期，共3.9千字。稿费约1100元。

1994年,《东方》开辟《社会伦理漫谈》，4篇总计14.3千字；其余4篇15千字。杂文约得稿费1500元。

1995年，共发表14篇杂文45.4千字。稿费约2300元。

1996年，杂文鼎盛期,《三联生活周刊》开辟《晚生杂谈》，共20篇总计37.4千字；其余24篇共63千字。稿费约5100元。

1997年，王小波创作勤勉，发表杂文16篇共23.5千字。稿费约1200元。

以上约计1.1万元。

---

① 据笔者电话访问《辽宁青年》(2015年4月2日)，时任主编佟可竟女士提供。

三是图书稿费所得。除杂文外，王小波的小说生产也未曾停歇。

1.华夏出版社《黄金时代》，稿费9000多元。1994年7月，王小波小说集《黄金时代》在华夏出版社出版，收入5篇小说:《黄金时代》《三十而立》《似水流年》《革命时期的爱情》《我的阴阳两界》。这本书标志王小波第一次在大陆文坛公开亮相。华夏出版社编辑赵洁平回忆:“我和王小波签了一个破例的合约，前6000本一次买下，稿费按照千字30块钱，卖1万册他分3%版税，2万册4%，3万册5%，当时算出版界最优惠的条件了，虽然稿费只有9000多块。”①

2.花城出版社“时代三部曲”，稿费43300元。1996年秋，花城出版社与王小波签约出版“时代三部曲”，稿费为千字30—50元不等。其中《黄金时代》31万字，按千字30元计算，稿费约9300元;《白银时代》17万字，千字50元，稿费约8500元;《青铜时代》51万字，千字50元，稿费25500元左右。

3.其他。1992年香港繁荣出版社出版《王二风流史》；台湾联经出版事业公司出版《黄金年代》；与李银河合著的《他们的世界：中国男同性恋群落透视》，分别由香港天地图书公司与山西人民出版社出版；1995年，台湾联经出版事业公司又出版了《未来世界》；1996年北岳文艺出版社出版的杂文集《思维的乐趣》；1997年,《我的精神家园：王小波杂文自选集》由文化艺术出版社出版,《沉默的大多数》由中国青年出版社出版。王小波生前出版了不少小说、杂

① 葛维樱、武鹏、陈超,《王小波艰辛的成名》,《三联生活周刊》，2007年第14期。

文集，稿费也颇为可观。除了出版外，王小波还为张元导演的电影《东宫西宫》担任编剧，也获得了一笔编剧费。

如此算来，王小波与大众读者见面不到十年来，其经济状况尚可，仅杂文稿费已达1.1万元，加之在两岸三地出版小说、杂文集的版税和《联合报》的奖金，王小波1990—1997年文学方面的收入在15万—16万左右，平均每年2.3万左右。虽然大学教师平均年工资从1991年2479元，增至1997年8739元[①]，就业人员和职工的年平均工资从1991年2340元，增至1997年6444元[②]。仅论工资，王小波就高出普通高校教师数倍，更遑论普通工人。

与对王小波的误读现象类似，长期以来人们对鲁迅也存在不同程度误解，想当然地将他想象为窘困生存状态下“横眉冷对千夫指”以文讨生的文人，然而事实恰相反，鲁迅是当时文坛首屈一指的“富豪”。其他作家千字10元，鲁迅的稿酬则达到千字30元，能买六担多松江产的净白软稻米，当时印刷工人月薪15元就能供全家维持生计[③]。对作家“曹雪芹”化的想象建构，是一代代读者和媒体人们乐此不疲的行为。要想真实地还原作家，就必须以严谨实证的态度去伪存真，祛魅留实。

---

① 刘敏，《改革开放30年来我国教师劳动报酬研究综述》，《2008年中国教育经济学年会会议论文集》。

② 国家统计局编，《中国经济与社会发展统计数据库》，《2007中国统计年鉴》。

③ 黎保荣，《鲁迅〈自由谈〉稿酬考证及其启发意义》，《新文学史料》，2008年第2期。

6

应该看到，虽然王小波发表了一些小说，获过奖，但大家普遍认为，这些还远不足以支撑起他的文学地位，也不足以让他谋生。而他的文学趣味和价值选择，不但有一定的政治风险，且在当时对文坛和大众来说，也非常陌生。王小波辞职时，家人几乎一致反对。母亲宋华首先表达了疑虑，大姐王小芹等亲属也都对此非常担心。王小波的外甥姚勇清楚地记得，1992年9月的一个下午，在教育部大木仓胡同的家中，王小波坐在沙发上，双手捧着脸，向全家人宣布这个决定时的情景："姥姥担心地说：'如果辞去了公职，将来你如果生病，可怎么办呀？'舅舅则淡然而坚定地说：'如果人总是瞻前顾后，就永远不可能做成一件自己喜欢做的事情。'"王小芹接受采访的时候说，她最佩服王小波的地方在于，王小波能在看不到希望的时候，毅然决然地投入一项非功利的事业。李银河对此表示了支持。作为妻子、爱侣和相知甚深的朋友，同时又是王小波写作才能最初的肯定者，李银河毫不隐讳对王小波写作才华的赞扬。李银河坚信，王小波终会取得文学上的巨大成功。尽管王小波的作品四处碰壁，但李银河利用一切可能的机会宣传王小波。她甚至半开玩笑地对王小波说："好好写，将来诺贝尔文学奖是你的。"[①]

但是，王小波并不是当时唯一辞职的文人。比如，韩东在1992年辞去高校教职，专职写作；朱文在1994年辞职，从一个电力系统

① 王小平，《我的兄弟王小波》，第202页。

的助理工程师变成了职业作家；吴晨骏1995年辞去电力工程师的公职。王小波的年龄比他们都大，属于20世纪50年代出生的老三届知青，这一批人中出了很多作家。王小波在中年奋然脱离体制，投身于文学事业，在很多人看来难以理喻。因为，90年代已不是文学呼风唤雨的年代了，商业的大潮早已席卷中国。无论在高校，还是投身商海，利用他的才智，王小波都可以轻松获得优渥的生存条件。而王小波的美学趣味、价值选择与韩东、朱文等新生代作家相比，也有很大差异。对边缘性和个性的强调，并没有导致二者殊途同归。王小波从此出发，走向了对80年代启蒙的深化，以“个性的张扬”强力介入公共话语空间，而韩东、朱文等新生代作家，却在体制边缘走向了更私密化的个人空间，以“个性的退守”完成不断激进的解构，王小波的某些价值选择、美学趣味，在他们看来，恰是“宏大叙事化”的，是“旧文学”方式，应该予以解构。二者很难说谁对谁错，孰高孰低，但从朱文等作家发起的调查《断裂：一份问卷和五十六份答卷》(《北京文学》1998年第10期)，可看到当时文坛少数派和最先锋激进的写作思潮，对王小波的微妙情绪。朱文提的问题是：“你觉得陈寅恪、顾准、海子、王小波等人是我们应该崇拜的新偶像吗？他们的书对你的写作有无影响？”五十几位新生代作家有一半表示，喜欢王小波的书，但他不是偶像，对写作没有影响。另一半则表示，他不可能是偶像，也没有影响，因为不了解。韩东对此表述说：“陈寅恪、顾准、海子、王小波是90年代文化知识界推出的新偶像，在此意义上他们背叛了自身，喂养人的面包成为砸向年轻一代的石头。”在光怪陆离的写作潮流面前，王小波的写作理想与写作姿态，却似乎已显得有些“落伍”了。

而且，我们必须看到，王小波虽有文学才华，但这么多年，他始终算不上勤奋的写作者，就连李银河也在热恋期的信件中认为小波“太懒了”。那么，是什么促使一个思想成熟的中年人，在四十岁奋起，选择了一种“壁立千仞、孤绝叛逆”的生活呢？细细忖度之，除了对文学的热爱，对经济自由的向往，恐怕还有对衰老的恐惧，及因时间流逝所感生出的对“创造”的急迫需要。他不想再“受锤”，他似乎本能地感觉到时间已不多，需要对这个无趣、无聊、无爱的世界，这个让他狂怒、让他绝望，又让他留恋的世界，进行一次决绝反击，一次“有尊严”的了断。

也是1992年后，王小波进入了一种“职业文人”的生活状态。生命中的最后几年，他总以这样的状态出现在世人面前。这和传统精英作家有很大差距，更像是一个“落寞文人”：他越来越沉默，人声喧闹的地方，他总显得孤独，而有时却说得很多，特别在好友面前；抽烟很凶，酒喝得不多，眼睛就发红，还时不时冒出几句尖刻的脏话。在公众场合，他坚持说出并不受人欢迎的观点，坚韧地和别人辩论，而又不能像在文章中那样，用无畏的泼辣锋利进行决绝的言语反击，那些伤人的话，总让他感到“巧骂”的痛快，却又有些闷闷不乐。他高大懒散的身形依旧，说话却细声慢气，慢条斯理，嘴角半张。他皮肤粗糙，面色黝黑、有些泛黄，嘴唇黑紫，真诚低调的笑容中，偶尔还带着顽皮，但脸上的皱纹却越来越多。他常不修边幅，在宋华的回忆文章中，曾说王小波经常蓬头垢面就出去见人，她这个当母亲的看了，心里都觉得不好意思。他在夏天通常是汗衫与大裤衩，身上散发着汗臭，只是有采访的时候，才换上一件白衬衣。冬天则是旧大衣或猎装、牛仔裤，头发犹如乱草，却也已日渐稀疏，常被人认为是外地来京民工。他手里还常提着破旧的黑色人造革包。去见文化界人士的时候，包里通常放着几本自己的书；而去会见朋友的时候，包里也会有他这个“海归作家”喜欢的食物：用马粪纸包裹着的、一大块油汪汪的猪头肉……

7

王小波辞职后，基本待在家中靠写作维生。他和李银河最初回国时并没有房子，就住在王小平赴美后留下的一套两居室的旧房子里。该房产属于北京市科委名下，是海淀区岭南路30号院科委宿舍3号楼5单元601室。房子采光不好，门厅摆着洗衣机，家具也很简单。王小波通常在南屋会客，屋里左边有一个书柜、一条旧沙发，写字台上放着两台电脑（有袖珍笔记本，也有台式机）；右手则是一排书柜，还有模样老旧的电视机。

写小说之余，王小波一直没有放弃做电脑爱好者。1991年5月，他还发明了一套DOS系统下的汉字输入法，是用调整汉字字模发生器的方法制作成的。在微软的汉语软件开发前，王小波的输入法，要比当时的大部分汉化软件先进很多。20世纪90年代初，处理大量汉字，如输入长篇小说时，当时的软件往往容易出错。王小波曾想找软件商卖掉这款软件，但因输入法不是特别简易，而没有成功。当时王小波是少数利用电脑创作的作家，他交给编辑的往往不是手写的文稿，而是打印稿或软盘。

王小波还配合着小说的写作开发了一些多媒体效果，比后来网络文学写作对于“超文本”的运用要早很长时间。比如，小说

《万寿寺》开头，王小波引用莫迪亚诺的话说，“我的过去一片朦胧……”当小说文档被打开的时候，不仅配有电子音乐，还有王小波用“递归算法”设计出的一个混沌图形，被深浅不一的绿色和棕色按数学规律渲染，一点点地呈现在电脑里，非常好玩。王小波的这些创意，让还在清华大学读计算机专业的外甥姚勇大为佩服。1997年，王小波自己攒件买了一台486配置的电脑。他得意地对姚勇说，从此进入了奔腾时代。而他把原有的一套286机器给了姚勇，这样外甥只需几百元，就能让电脑升级到486机型。

王小波和这个外甥非常合得来。大姐王小芹、二姐王征、大哥王小平及小弟晨光都先后去了美国，而1997年李银河又去剑桥大学做了访问学者，王小波就经常回家，照看年事已高的母亲。在宋华的住宅楼前，有一座简易的两层楼房，一楼中户的一套一居室的房子，就是王小波住的地方。姚勇学校放假，就回来找舅舅聊天。他特别喜欢舅舅的小说《黄金时代》，曾把该小说以打印稿的形式，让自己的同学互相传阅。很多同学都争着阅读该小说。王小波有篇小说《舅舅情人》，就站在外甥的角度，对自己进行了戏谑调侃。而他还写有一篇杂文《我怎样做青年的思想工作》，也是谈的外甥的事情。

当时，姚勇在清华大学搞起了摇滚乐队，是“水木年华”的成员之一，还参加过很多演出。清华大学的课业很重，姚勇要搞音乐，还要应付考试，很快人就瘦了一大圈，于是就想退学以搞音乐为生。王小波找姚勇深入地长谈了一次。他劝姚勇说，人在生命中的每个阶段，都有一些必须做的事情。这些事情必须做及格，才能有下一步的发展。读书就是非常重要的阶段。上了一个台阶，才能去寻找其他的想法。[①]姚勇把辞职在家写作的舅舅当作偶像，虽然，现在他并不讳言，当下网络时代的年轻人，可能更多地不会再关注王小波。在舅舅的劝说下，他还是坚持读书。1997年，姚勇大学四年级的时候，王小波过世了。姚勇毕业后，先是留校在清华大学任程序员。2000年，他下海经商，从事一个他非常喜欢的新兴行业——电脑游戏产业。十几年来，他和朋友合开游戏公司，挣过大钱，也曾负债累累。姚勇最终和他的舅舅一样，也成了一个“自由职业者”。

8

但是，王小波并不了解国内文学圈，正如国内文学圈也并不了解他。王小波曾颇为自傲地说：“我听说国内有个文学圈，但并不知道在哪里，后来也参加过一些活动，但他们说的话我都听不懂。”王小波的小说风格和主题，显然和20世纪90年代公认的文学趣味相距甚远。他的出现，是对文学编辑审美能力的挑战，也是对文学圈对异质性创作的容忍度的考验。王小波在生前声称，他曾收到过很多谩骂性的退稿信。这些退稿信的原貌和出处，我们如今已不得而知。文学圈话语方式在表面多元化之下，依然存在强大的规定性法则。这种规定性法则，既是对文学的政治性而言，又是对新时期文学本身的游戏规则而言的。王小波笔下的知青故事，缺乏通常我们熟悉的豪迈理想主义和悲壮的风格；他笔下的日常生活，也

---

① 据2012年12月对姚勇的采访。

没有我们熟悉的暧昧与琐碎、理直气壮的物质至上，及我们熟悉的王朔式的低身段调侃；他笔下的历史传奇，更像是科学爱好者的无厘头臆想，丝毫没有应有的微言大义；他也写性，写得惊世骇俗，汪洋恣肆，却干净坦白，强大无比，没有狡猾的方框和边缘性的游走。总之，1992年的王小波，对当时的文坛而言，就是一个十足的“怪胎”。

1992年底，发生过一个“谢冕推荐事件”，可以看到当时主流文坛对这个急于闯出名头的“中年作家”的谨慎态度。《浪漫骑士》一书中，丁东曾提到，1992年，他们夫妇曾试图将王小波推荐给北京大学的谢冕教授。当时，邢小群正投师于谢冕做访问学者，谢冕的课堂每一两周会举行一次中国当代文学的专题讨论，邢小群便将王小波在香港出版的《王二风流史》送给谢冕，谢冕回应说写得不错，但专题讨论却未能安排。为此，丁东说：“十几年前，谢冕先生率先支持朦胧诗，表现了一种卓越的民间眼光；可惜在王小波的小说上，这种民间的眼光没有能够再次闪亮，他也错过了再一次充当伯乐的机会。”[①]孰料，这篇发表在书中的访谈，引起了谢冕的弟子、香港中文大学的教师张慧敏的不满。于是，在《当代作家评论》（2001年第3期）上，张慧敏发表了《一个特殊的文化现象——王小波死后的追念与活着的作品》一文，对丁东的说法进行反驳。据她的讲述，1992年的北大批评家周末，主题是有关文学史的系列讨论，在大选题之外，每一学期有一到两次，安排当代文学现象或热点问

① 谢泳、丁东，《王小波：一位知识分子和一个时代》，《浪漫骑士——记忆王小波》，第250页。

题讨论。“这是一门课程，目的是培训学生的思维和敏锐，而不是‘伯乐’选马的场地。”1997年12月，北京大学的批评家周末，终于安排了王小波的专题，但张慧敏认为讨论并不成功，而且“使得当代文学课程的设计有着不可避免的尴尬和悖论”。而对丁东的论述，张慧敏也表示不认可：“笔者不禁背脊骨抽冷气。文坛有许许多多的恩恩怨怨，自古以来便造成了文坛公案的多姿多彩。谢冕先生由于他在当代文学中的名气和地位，常会不小心掉进某种是非中，而先生自己却浑然不知。”她又说：“因为得不到鉴赏而心怀积怨，尤其是针对个人，只表达情绪发泄，于事无补。其实王小波的文字没能得到谢冕先生的特别赏荐，究其作品本身亦可寻得理由……王小波作品的价值在他的自由主义立场和自由主义的叙述姿态……是作品成功的关键，但同时也是他不同于谢冕先生乃至80年代及90年代初文艺批评主流的审美趣味之要点。”

显然，接受这个“怪胎”，对中国文坛秩序而言需要时日。按1949年以来形成的文学惯例，要被文坛所接受，王小波应首先在国内权威期刊上发表一定量作品，然后被权威选刊大量转载，引起权威批评家的注意，并有一些评论文字面世。而后，应在官方举办的权威文学培训机构进行培训。通过培训，拓展人脉，进入一定的文人圈子，最终以权威文学奖为认证，并获得一定的政治身份认可（如作协全委会委员、人大代表、政协委员之类）。这是传统作家的成名之路。20世纪90年代的文学格局中，权威作家大多成名于80年代，如莫言、张炜、王安忆、韩少功、余华、苏童、贾平凹、张承志等，而90年代崛起的作家，除柳建伟、刘醒龙等主旋律作家外，迟子建、毕飞宇等影响较大的作家，基本还是文学体制内部培养的结果，而王朔、卫慧、棉棉、陈染、林白、韩东、朱文等作家虽更多受到市场经济影响，但依然与主流文学体制有重要的内在关联。比如，王朔与日常化写作的关系，卫慧、棉棉与身体写作思潮的关系，林白、陈染与先锋女性写作思潮的关系，韩东、朱文与新生代写作思潮的关系等。甚至20世纪90年代末成名的文学青年韩寒，也与“80后”文学思潮的定义有关。只有王小波，其文学的定义、传播和研究，从其创作进入文化圈开始，就基本上是依赖于非文学的知识分子与媒体来完成的。这在中国文坛是非常独特的。就此而言，自王小波去世后，国内至今没有一个作家能成功复制王小波式的文学话语操作模式。可以说，王小波是20世纪90年代伴随市场经济崛起的传媒与公共知识分子共同打造出来的最后的“文化英雄”。

9

1993年，对王小波来说，是精神上“舒展自由”的一年，虽然作品发表依然困难。大陆文学刊物上，他仅发表了《立新街甲一号与昆仑奴》(《收获》1993年第3期)，但少了工作的羁绊，王小波的精神表现出轻松自如的“飞翔”状态。也是在1993年，王小波写的杂文随感多了起来，比如，他在《四川文学》第1、3、4期发表了一系列《域外杂谈》，谈自己在美国的感受。他还在《读书》第6期上发表了《摆脱童稚状态》等杂文。除此之外，王小波的精力主要放在《红拂夜奔》的写作上，追求一种“不受现实逻辑的约束……

更为纯粹的文学状态”[1]，而《万寿寺》《寻找无双》等传奇系列小说也在构思之中。正是在历史自由的狂想中，在李靖、红拂和虬髯客的故事里，他将《唐人秘传故事》中的历史隐喻进行了极致的狂欢化处理，这也使王小波在延续《黄金时代》的文风的同时，开辟了新的创作领域。他不想写太过沉重的东西，相反，他更想在飞扬的想象中找到灵魂的自由。

1994年，王小波的杂文《思维的乐趣》发表于《读书》第9期，他的杂文开始为更多人熟悉。这一年他共发表了两篇小说，长中篇《革命时期的爱情》发表在《花城》第3期,《我的阴阳两界》发表在《青年作家》第3期。特别是《革命时期的爱情》，让很多人开始关注他。1994年7月，王小波的小说集《黄金时代》历经艰难后，也终于在华夏出版社出版了。这本书的出版，很大程度上应归功于责任编辑赵洁平。赵洁平的父亲，是被誉为“知青之父”的原国家农垦局局长、全国知青办公室副主任赵凡。1978年，云南建设兵团的知青们，为了回城，展开了绝食、卧轨等激烈举动，震惊了全国。当时，正是赵凡仗义执言、体察民意，才最终促成了1979—1981年的知青大返城的高潮。赵洁平本人也当过知青，对那段历史，自然有切身体验。

1994年初，赵洁平收到了李银河推荐的《王二风流史》，还有《革命时期的爱情》《寻找无双》等书稿。赵洁平的丈夫和李银河是社科院的同事，当时，赵洁平正向社科院推销自己责编的一本社科类图书——哲学家波普尔的名作《开放社会及其敌人》，李银河则

---

① 黄集伟,《王小波：最初的与最终的》,《浪漫骑士——记忆王小波》，第223页。

借机希望赵洁平能看看王小波的小说。当时，赵洁平是华夏出版社社科编辑室主任，主要是做社科类图书，不负责小说，不过碍于面子，还是拿来看了。她读完后，觉得这些作品很有趣，思想性强，具有“奇特的创造力”，但感觉出版难度较大。接下来整整一个星期，她都沉浸在小说的氛围中。在一种责任感的驱使下，她决定出版这些作品中的一部分。嗣后，她主动跑到王小波家中，告诉他们：“我已经准备出这些作品了。”之前，它们已在中国戏剧出版社等北京的四五家出版机构游荡了很长时间。仗义直爽、有责任感的赵洁平在和王小波、李银河的交往中，逐渐和他们成了好友。赵洁平后来发现，王小波的姐姐王小芹和她是初中同学。

然而，真正做起来，难度却不是一般的大。王小波的小说，既有开放张扬的性描写，又有对革命叙事的颠覆性解构，这在20世纪90年代中期，颇具异质性。赵洁平先询问了新闻出版署，后又请了很多专家给这本书做鉴定，以保证这本书没有政治问题。同时，赵洁平为给书增加卖点，还印了很多“冠冕堂皇”的话，诸如“一个知青的反思”之类。[①]90年代初，正是知青文学的第二次“小阳春”，电视剧《年轮》等不断热播，知青纪实文学也很多。赵洁平希望通过“知青文学”的概念掩护，更好地促进图书的被认可程度和销售状况。赵洁平和王小波一起设计封面，想用达利的油画，但未能如愿。后来，出版社领导让她做了一个“天安门放红光”式的封面。但赵洁平一直拖着没敢给领导看全文。然而，即使这样，该书依然不能顺利出版，虽通过了一审、二审，但在社长那里始终未

① 《王小波生前只是个“沉默的大多数”》，《台州日报》，2011年4月15日。

能顺利通过，这时候，毕业于北京大学哲学系的副总编辑林建初，给了赵洁平非常大的支持。最后，赵洁平还是利用社长出差不在的机会，最终把这本书出版了。为此，赵洁平和林建初都承受了一定压力。有人说，赵洁平和王小芹是同学好友，所以才帮王小波。有的人则对此冷嘲热讽。但赵洁平坚持己见，书出版后，她甚至大病了一场。

1994年9月28日上午9点30分，华夏出版社二楼会议室，《黄金时代》作品研讨会召开，参加者不多，大约二十人。参加会议的主要是一些文学编辑，如《人民文学》的朱伟、《文艺报》的蒋原伦、《北京文学》的兴安、《东方》的朱正琳，也不乏非常新锐的批评家，如白烨、陈晓明等。白烨和陈晓明给予王小波的评价和定位，是准确的。白烨兴奋地说："王小波的小说一出来，就把别的写性的小说给'毙'了。"而陈晓明认为，王小波的小说，揭示了中国文学变动的一个方向。他敏锐地将之归于"个人化写作"的崛起，指出其力图在个人记忆和历史记忆之间寻找契合。他将这种直接进入个人体验、拷问存在的小说命名为"直接存在主义"。

批评家们对《黄金时代》的研究，尽管还只是直观印象式的，但总体评价并不低。当然，这次座谈会，也是主流文坛和王小波的一次正面遭遇。可以看出，20世纪90年代初流行的学术话语对小波的作品，不可避免地产生了一些误读。比如，与会的一些专家认为，王小波的小说是"新体验小说"和"新感觉小说"在叙事方式和思想内涵上的体现。这种试图将王小波放置于现有文学思潮的做法，实际上偏离了王小波创作的原旨。对王小波在会上的表现，也有很多说法。有的说，王小波听到大家的评价，脸上没有表情。也有的说，王小波的姿态非常低，他希望与同行们交流。他在研讨会的最后发言中，强调自己的小说是“黑色幽默”。

然而，这本小说的出版，对王小波的意义不言而喻。尽管小说一开始卖得并不好，但王小波的收益还是比较可观。虽然稿费只有9000多块，但在1994年工资水平普遍较低的情况下，这笔钱不算少。这也是他第一次在大陆文坛公开亮相。研讨会后，赵洁平又和王小波一起，熬了几个通宵，设计宣传展板。然而，后来林建初制止了宣传，原因大概是该书受到了内部批评。不能参加订货会，也不能在新华书店公开发行，这就逼着王小波和赵洁平一起在“二渠道”想办法。他们用自行车带上两捆书，到各书摊、图书批发市场去推销。王小波总是先送别人几本，后面要的时候再给钱。到了周末，李银河、王小芹，还有王小芹的丈夫姚锐戈，都帮着王小波去推销书。一开始，推销效果不好，非常艰难，但过了一段时间，越来越多的二渠道小书商们，都主动来王小波那里要书，也有越来越多的读者熟悉了王小波。1994年11月2日的《中华读书报》，还专门刊登了王小波、李银河、卢跃刚、李大同、邢小群等组织的有关《黄金时代》的对话。对话开篇，即耐人寻味地写道：

> 书的封面一片火红，有如天安门广场初升的旭日，在这片火红中，喷涌出四个黑色的大字：黄金时代。大多数人甚至不会在这个封面上多停留一秒钟，卖书的和读书的，都搞不清这本书是干什么的。

10

1995年至1996年，是王小波退职后最“热闹”的两年。1995年，王小波凭借小说《未来世界》再次获得《联合报》中篇小说奖，而他也在传统期刊发表了三篇小说，其中《南瓜豆腐》发表在第3期《人民文学》。而王小波的杂文，也为他博得了巨大的声名，各地稿约不断。原《人民文学》编辑朱伟，接手《三联生活周刊》后，邀请余华、刘震云、王朔、王小波等为其撰稿，王小波主要负责一个名叫《晚生闲谈》的小栏目，发表了很多非常有影响的杂文作品。1995年，王小波的杂文以“井喷”的状态出现，其影响甚至超过了他的小说。这一年，他在第3期《读书》上发表了广为人知的杂文《花刺子模信使问题》。1996年，在第11期《三联生活周刊》上，他发表了《一只特立独行的猪》等许多有影响的杂文，又在《东方》《中华读书报》《博览群书》《戏剧影视报》等数十家报刊上，发表了大量杂文随感，他似乎忘却了“沉默”，对社会文化、文学、历史、哲学、海外留学、知青、国计民生等诸多问题展开了尖锐的批评。1996年4月，王小波开始为《南方周末》写专栏。“我跟他臭味相投，都是自由主义的理念，而且他的文笔很幽默，所以选了他。”当时的编辑鄢烈山说。具体约稿事宜由何保胜负责。很多人告诉何保胜王小波很木讷，但熟悉之后，他发现王小波很愿意说话，两人有时在电话里一说就是一个小时。这些杂文扩大了王小波的文名，但也在一定程度上干扰了他的小说创作。文学创作之余，王小波还常和一些学者做学术方面的探讨，比如，他对高王凌“中国传统社会经济为存活经济”的观点的分析。

王小波的杂文，相当一部分谈的是他的知青经历。这也是他的杂文中，生活气息最浓、最幽默生动、深入浅出的部分。这些杂文还有一个显著特点，就是把小说的情节生动性与对细节的描绘引入创作，通过一个个关键性场景、故事、人物，来表达他的自由主义思想。这是一种“小说化杂文”。正是这种独特的文体，使得王小波的杂文非常吸引人（其实，与此相对，王小波的小说，特别是历史小说，则存在类似鲁迅《故事新编》的“杂文化历史小说”的特征，利用杂文的修辞手段，如夸张、反讽、对比等，介入小说的故事、人物和主题，形成具批判性、解构性的历史小说模式）。例如，王小波最有名的杂文《一只特立独行的猪》，就从一头猪类似寓言的神奇故事，引出有关人的自由的问题，幽默中饱含苦涩，既有轻灵的想象气质，又有现实沉重的思考。其他诸如《肚子里的战争》《思想和害臊》《体验生活》等，都能从细节入手，在出人意料之处洞见社会荒谬。王小波的另一部分杂文，以国外生活经验为主。例如《域外杂谈》系列、《在美国左派家做客》和《外国电影里的幽默》等，细致介绍了欧美的世态百相，特别是日常生活中自由轻松的一面，给当时的国人打开了一扇窗户。

作为杂文家、自由撰稿人的王小波，很快地就展现了他公共知识分子“敢言”的狷介真诚的气质。他不怕得罪人，对文坛和文化界的“不体面”的人和事，进行了犀利的讽刺，因此也和很多文化人结了仇，但也结交了不少好友。他不断在报纸登载批评性文章，从电影、小说到气功，都在他的批判范围之内。以至于当他去世的时候，他的家人首先想到的是，他是被那些“玩气功”的人给害死的。当然，并不是所有人都认可王小波的杂文随笔。除了一些民族主义者、主流作家、玄学爱好者之外，也有王小波的朋友指出：

> 多元主义的信念，并没有完全贯彻到他的杂文中去。杂文因其批判性使然，有时很难避免精英主义的倾向。但由于小波的绝对正直，他又对任何说教都深恶痛绝：结果这两种倾向形成明显的紧张关系，或者反说教式的说教，即使凭借他独特的语言风格和高超的论理技巧也难以挣脱……小波的批判也有不能服人之处。比如把构建乌托邦与独裁和权势画等号就缺少理论根据，因为“自治”正是乌托邦无政府主义与主流空想社会主义的一个中心理想。①

他对电影的批评很有意思。例如，王小波曾写过两部戏仿之作《樱桃红》和《最灿烂的阳光》，对国产电影《红樱桃》和《阳光灿烂的日子》进行讽刺。在《樱桃红》中，楚楚和德国纳粹医生的关系，由一个“压迫与爱国主义”的主题变成了令人哭笑不得的SM（虐恋）主题；而《最灿烂的阳光》则认为《阳光灿烂的日子》中表现的“青春‘文革’叙事”非常虚假，而真实的马小军如果下乡插队的话，也会非常悲惨，他虚构了一个在乡下受苦的“窝窝囊囊”的马小军的形象，让人忍俊不禁。王小波对身边的物质环境和文化环境，也提出了看法，例如，《卡拉OK和驴鸣镇》《个人尊严》《君子的尊严》《居住环境与尊严》《饮食卫生与尊严》等文，其实都涉

---

① 林春，《清醒的少数》，《读书》，1998年第5期。

及转型期社会公德的重建问题。在革命时期，社会公德是由革命道德规范衍生出来的强制性公共秩序，而当革命秩序松动之后，伴随着市场经济的崛起，传统文化中的自私、苟且的成分，随即进一步发酵，集体性道德缺失，个人私德却不能确立，这集中表现在人对公共环境的破坏和对公共秩序的冷漠。

对当代文坛，王小波也不断发言，他先后针对张抗抗、林白、陈染、王朔、贾平凹等人的创作，或多或少地提出了自己的想法。从这些言论中，也可看到王小波的文学思路和当时文坛主流之间的差异。

他不喜欢张抗抗的《赤彤丹朱》，直率地说："坦白地说，如果不是编辑先生力邀，我不会写这篇评论。这主要是因为此书的书名，还有洋溢在书中强烈的使命感和优越感。这些成分不属于文学，更不属于文化的范畴。"他甚至尖刻地说："我们国家的文学传统，有一半来自传统文化，另一半来自苏联，总是以人类灵魂的工程师自居，想着提升和改造别人的灵魂，炫耀和卖弄自己的灵魂。"该文章发表于1996年1月31日的《中华读书报》。当时革命怀旧热方兴未艾。张抗抗的小说，从某种角度上来说，是用新的写法和观点，来诠释父辈的革命历史。几年后，随着《激情燃烧的岁月》的热播，这种对革命历史的"新编"，更是蔚然成风。然而，王小波却从这种表面上看起来更人性化的改写中，看到了革命权力对人性戕害的某种延续性。

而在《王朔的作品》中，王小波表达了对王朔有距离的欣赏。王小波对王朔的京味痞子气有天然亲近感，他在给艾晓明的信中说，王朔骂张承志媚俗，骂得有道理，所谓媚俗，就是不忘要做青春偶像、群众领袖。当然，王朔也没有找到人文精神，不过比别人更接近正确。而在《用一生来学习艺术》等文章中，王小波则公开了自己的文学观和艺术观，他有趣地将科学与艺术等同齐观，认为科学和艺术一样，都是追求完美、使人幸福。在《我对小说的看法》中，王小波提出了现代小说具经典性的标准：极端精美，拥有极大信息量。王小波认为，最能代表现代小说成就的应是中篇小说。

这期间，对林白、陈染等作者，王小波很支持，但也毫不客气地指出其问题。在《艺术与关怀弱势群体》中，王小波认为，好的艺术，不是去关怀弱势群体，而是应冒犯强势群体，借此来替林白的《一个人的战争》中大胆的性爱描写辩护。这既是20世纪90年代女性文学崛起的一个案例，也表现了王小波对女性尊重平权的态度，以及王本身的自由主义思想与女性文学的遇合之处。事情的起因在于，《中华读书报》发表了一篇署名“丁来先”的文章，题为《女性文学及其他》[1]。作者在文中说，前些日子，他在北大听戴锦华的《90年代女性文学的新情境》讲座，主讲人戴锦华流露出对林白的《一个人的战争》的推崇，认为它是正面以女性的视点肯定自身价值的作品，代表着90年代女性意识的觉醒。作者恭恭敬敬从台下座位上站起，问：“假设你有一个女儿，已满十八岁，你是否愿意让她看《一个人的战争》?”据该文作者说，戴教授犹豫了片刻，答说：“不愿意。”又补充说，“可能我也有些矛盾。”作者说，他听到这里，就很高兴地说：“明白了，明白了。”他明白了什么呢？他说，他明白了“这位教授还是有爱心的”，该教授在这时“恢复了她作为一

---

① 丁来先，《女性文学及其他》，《中华读书报》，1995年12月20日。

个女人的天然本性，这个不愿让她女儿看坏书的反应是和她的地位修养、女性优美本能吻合的”。接下来，这位作者就谈到他对男女两性角色、职能的看法，按他的说法，“一个女人（或主人公）寂寞空虚之时追逐怪异稀奇的刺激，听上去极其类似乎‘瘾君子’吸毒上了瘾。”对于丁来先的这些说法，王小波认真地予以批驳，指责作者偷换概念，以儿童为艺术的标准：

> 我就觉得这是一片歪理，因为同样的话也可以去问谢晋导演。谢导的儿子是低智人，笔者的意思不是对谢导不敬，而是说：假如谢导持有上述文章作者的想法，拍电影总以儿子能看为准，中国的电影观众就要吃点苦头。大江健三郎也有个低智儿子，若他写文章以自己的儿子能看为准绳，那就是对读者的不敬。

接着，他又借此批判了中国人的道德优越感，表面上是关怀弱势，实际上是反智主义，以道德评价代替审美评价：

> 科学、艺术不属福利事业，不应以关怀弱势群体为主旨。这样关怀下去没个底。就以弱智人为例，我小时候邻居有位弱智人，喜欢以屎在墙上涂抹，然后津津有味地欣赏这些图案。如果艺术的主旨是关怀弱势群体，恐怕大家都得去看屎画的图案。倘若科学的主旨是关怀弱势群体，恐怕大家都得变成蜣螂一类——我对这种前景深为忧虑。

同时，王小波发表了很多谈“知识分子问题”的杂文。实际上，他试图在1993年之后“人文精神大讨论”时知识分子精神大动荡的背景下，在知识分子向官方、市场、书斋分化的过程中，利用媒体的支持，重塑具启蒙意义的“公共知识分子”形象。这和史铁生、张承志在90年代为传统文学爱好者找到精神资源有相似的功能性作用。而王小波则更多针对非传统的文学爱好者。比如，“70后”“80后”大学生，非文科知识分子等。这些文章主要有《中国知识分子与中古遗风》《知识分子的不幸》《花剌子模信使问题》《道德堕落与知识分子》《理想国与哲人王》等。在这些文章中，王小波提出了一系列自由主义风格知识分子的行为准则，例如：做知识的精英，而不要做道德的精英；对于知识分子来说，理智是伦理的第一准则；知识分子最大的罪恶就是建造关押自己的思想监狱。王小波的问题在于，他对“信念”的所有否定性假设，都有一个预设状态做背景，如果失去了这个前提，王小波立论的合法性就会发生动摇，因为王小波相信“人活在世上，自会形成信念”，而自由坚守的底线设置具有不辨而明的“自发性”。这不仅有违其提倡“多元性”的初衷，也过分强调知识分子的智力优越感。而没有了任何的担当和进取心，过分保守的价值观念，同样有可能激发“人性的逆转”——强调知识分子功能的时候，王小波的立论，同样有削弱文科知识分子对社会介入性的潜在危险。

从自由知识分子的立场出发，王小波对中国文化热与民族主义的问题，也非常关注。针对中国文化热的文章主要有《我看文化热》《“行货感”与文化相对主义》《文化之争》等，专门谈国学的则有《我看国学》《智慧与国学》，而《警惕狭隘民族主义的蛊惑宣传》

《百姓·洋人·官》则针对“中国可以说不”等20世纪90年代中期的民族主义热潮提出了尖锐批评。王小波的这些杂文，犀利地指出了90年代风行的国学热和文化热的关键问题，即将文化问题等同于道德和伦理问题，将国学等同于儒学。而在那些仿佛“爱国”的民族主义风潮背后，同样隐现着传统中国实现现代转型时的“弱者心态”：不承认科学和理智的普世性价值。1996年8月，王小波在接受意大利独立导演安德烈访问时，有一句话很有意思。安德烈问，有一种说法认为，东方和西方的思维方式不一样，你怎么看？王小波说这种看法相当无聊，其实是掩盖着一些不体面的事情，因为人都是一样的。王小波的这种价值观，其实是继承了启蒙传统的，但与80年代的传统相比，又有差异。王小波反复指出的是，在对民族主义和国学、传统文化的刻意强调中，在对西方理论的误读中，我们很难将传统进行积极的现代转化，而是借助它形成了对抗性的狭隘民族心态。

引人注目的，还有王小波对“气功”的批评。基于理性基础之上，王小波对“气功”的否定，有积极的社会意义。在王小波看来，中国在20世纪90年代的大背景下，出现如此大规模的气功潮，根本原因并不是信仰的缺失，而是理性的缺失。1995年7月12日，王小波发表在《中华读书报》上的杂文《迷信与邪门书》，就不点名地对柯云路的观点进行了批判：“知识分子应该自尊、敬业。我们是一些堂堂君子，从事着高尚的事业。所有的知识分子都是这样看自己和自己的事业，小说家也不该例外。现在市面上有些书，使我怀疑某人是这么想的：我就是个卑鄙小人，从事着龌龊的事业。”他还戏谑地对“脑门上贴钢镚儿”的特异功能魔术大加讽刺。《中华读书报》的记者祝晓风曾撰文谈及那次选题策划的内幕：

> 柯云路刚出版了一套三本的《柯云路生命科学文化》。这于是成为领导的目标。需要反方，就是向柯老师开炮的。光有司马南还不行，还得找个学者色彩的。就王小波，因为正好他刚写了《迷信与邪门书》，里面虽没有点柯老师的名字，但谁一看都知道骂的是柯。王小波又没单位，辞锋锐利，不怕得罪人。采访他最合适。我采访时，就明确问，王先生，您文章中说，“有一类书纯属垃圾”“各种邪门书的作者应该比人渣好些，但凭良心说，我真不知道好在哪里”，这些话指的是不是柯云路和他写的那些书？小波先生说当然是了。问，我能在报道里把您的这个意思明确写出来吗？他说，无所谓，可以。1995年8月2日，这篇报道登了出来，有一个耸人听闻、哗众取宠的标题：《新闻中的新闻》，副标题当然是“关于‘柯云路生命科学文化’丛书的采访”。[1]

其后，王小波又发表了多篇批评气功和特异功能的文章，如《生命科学与骗术》。王小波对所谓的“生命科学”嗤之以鼻，他认为科学就是要实事求是，而不是似是而非，他甚至偏激地说：“我们现在见到的是一种远说不上合理的信仰在公然强奸科学——一个弱智、邪恶、半人半兽的家伙，想要奸污智慧女神。”王小波的反特

---

① 祝晓风，《沤灭全归海，花开正满枝——一个编辑十年后对王小波的回忆》，《中华读书报》，2007年4月4日。

异功能的激烈言论，也招致了很多反对意见，他和司马南等当时风头正劲的社会人士都有过一些文字和言论上的冲突。凤凰卫视中文台1996年专门做节目讨论特异功能的问题，邀请了柯云路、王小波、祝晓风和北京青年报的女记者作现场辩论。祝晓风的回忆文章中写到了那次辩论现场的一些逸事：

> 下午一点半左右录节目。大家都提前到了。柯云路的夫人也来了。柯老师一身西装，领带皮鞋，外面还罩了一件很正式的西式风衣。柯老师是真显年轻，比他的实际年龄看上去至少小十岁。王小波稍晚到，到了就被拉去化妆，就是在脸上涂抹点膏状物，头发上喷点液体，把人变得难看一点，如此而已。他嘴上抹唇膏的样子，现在仍如在眼前。因为这个时间，大家都没吃饭，于是录制前，节目组给大家提供了十分简单的盒饭，很一般，可以说很不好吃——别以为香港的电视人就不是中国人，都一样。那天看王小波的嘴唇，就发现很紫，而且有些发黑。我心里有些惊恐。——后来看王小波的同学写回忆他的文章里，也说到早在80年代，他的嘴唇就发紫。可那次不仅是发紫，而是黑紫黑紫的。他们二位搭了话，都说到是知青。气氛还算友好。一会儿，大家都坐到了位置上。灯光照得人热腾腾的，难受。我挨着王小波，对面七八米是柯老师那一营。在等着的时候，很无聊，又烤得难受。王小波忽然用手挡着嘴，扭过头在我耳边笑着说了一句话，令人绝倒："看来那些拍黄片的也不容易。"他说完，也为这句话得意地笑了。这是一场结果不问可知的交锋。柯云路还是讲他那一套。王小波也是

有备而来，带了一些文字材料。他叙述清晰，论证有力，语气也很坚定。歪理邪说碰见了现代科学理性，形势完全一边倒。[①]

而后，柯云路也曾专门给王小波写信，解释特异功能的问题，但依然不能说服王小波。1996年10月14日，王小波给柯云路写了一封信，算是给《中华读书报》上的“特异功能之争”做一个了断。他说，对特异功能的追捧，即使是出于真诚，也是“否定理性的权威，反对知识的延续性”。他坚持认为，相信科学是相信牢靠的一方面，而相信奇迹是相信不牢靠的一方面。全体人类的生存，都是靠科学技术的保障。在信的结尾，王小波还是忍不住讽刺说：“中国人里知道柯云路、知道《新星》的人多；知道爱因斯坦和相对论的人少。我认为这是一件绝顶悲惨之事。”

11

1992年后，王小波开始有了自己的文人圈子。除了邢小群、丁东、艾晓明等学者，还有张元这样的电影导演。他接触的主要是各地报刊、出版社、电视台、电台的记者、编辑，其中很多成了他的好朋友，例如，华夏出版社的赵洁平、花城出版社的钟洁玲、《三联生活周刊》的朱伟、《北京文学》的李静等。还有就是一些文学青年朋友，如镂克、张卫民、张晓舟、郑单衣、沙湄等。他还参加了一

① 祝晓风，《沤灭全归海，花开正满枝——一个编辑十年后对王小波的回忆》，《中华读书报》，2007年4月4日。

些文学活动，如《北京文学》举办的青年作家研讨会，但更多是一些和媒体相关的文化活动，如《戏剧电影报》的系列影评、中央电视台的《三味书屋》、北京人民广播电台的《孤岛访谈录》、凤凰中文卫视上与柯云路的对战等。他也开始进入文学圈的社交活动，比如，参加一些酒会，或结交一些文人和批评家。

根据李银河回忆，王小波和王朔有过一些交往，两人还见过一次面："王朔有一段时间经营文化公司，想给小波出书，好像还有一个合同。小波见了他印象不错，说这个人很好。小波这个人就是这样，'滴水之恩，当涌泉相报'。"①

王小波与刘心武也有过一些交往。作为"文革"后改革开放初成长起来的知名作家，刘心武颇为推崇王小波的文字。但对于刘心武的赏识，王小波的反应也是不以为意，更没有刻意逢迎。王小波去世后，刘心武在悼念文章《寄往仙界》中曾写道："我……不揣冒昧地呼了他。很快便回电了，声音颇粗，懒懒地问：'谁呼我呢？'我报上了家门，那边只'啊'了一声，淡淡的；我便把在书店立读《黄金时代》的感受告诉了他，问他手头还有没有这本书，说想得到一本细细品味，他说：'书没有了……"'以刘心武在文学界的地位，王小波的反应还真是"波澜不惊"。

1996年暮春，刘心武因为偶然在书店发现了《黄金时代》，就打电话邀请王小波吃饭聊天。他们在刘家楼下的一家名叫"三星"的小餐厅里，边喝酒边聊天，渐渐从不太熟悉，到相谈甚欢，一直聊

① 杨澜，《生死两茫茫——访李银河》，《我问故我在——杨澜访谈录》，学林出版社1999年版，第296页。

到10点多饭店打烊才离去。后来，刘心武又几次邀王小波吃饭，并将北京大学的教授张颐武、作家邱华栋等圈内朋友介绍给了王小波。刘心武甚至一度曾想把《中国可以说不》的出版者张小波介绍给王小波，来个“小波撞小波”，激情大碰撞。刘心武并不认为张小波是一个民族主义者，而只是认为他敏锐地捕捉到了民间的民族情绪。此事虽然后来作罢，但王小波明确表示不喜欢《中国可以说不》：“说‘不’，这不好。一说‘不’，就把门关了，把路堵了，把桥拆了。”其实，在王小波的多篇杂文中，对该书也多有讽刺。以至于至今，“说不派”的很多主力成员，还对王小波有一些文字上的抨击。

刘心武在王小波刚去世时写的哀悼小文《寄往仙界》，是比较早地给予王小波较高评价的文字，而2009年4月刘心武发表在《文汇报》的另一篇回忆王小波的文章《倾情回忆王小波》，更是对王小波推崇有加。

刘心武对王小波的这种不断“追认”，有一种非常微妙的文学史意义。一方面，刘心武属于新时期文学的标志性人物，他的文学创作，可以视为新时期文学价值选择的一种筛选机制；另一方面，20世纪80年代末期，刘心武从《人民文学》主编的位置上离开，虽然仍在创作小说，但基本淡出90年代的文坛，文学趣味却转向了红学研究和散文创作。可以说，1997年及其后的刘心武，同时是一个游离于文坛体制和话语核心之外的人物。他对王小波的评价是：

> 我无法评论，只觉得心灵受到冲击。那文字的语感，或者说叙述方式，真太好了，似乎漫不经心，其实深具功力。人性，人性，人性，这是我一直寄望于文学，也是自己写作中一

再注意要去探究、揭櫫的，没想到这位王小波在似乎并未刻意用力的情况下，“毫无心肝”地把书写得如此令人“毛骨悚然”。（《倾情回忆王小波》）

刘心武对王小波的推崇，是否可以理解为王小波与新时期文学发轫期的初衷和目标有很深的血缘关系，而与20世纪90年代文坛的规则很疏离呢？这值得我们思考。

评论家张颐武也曾撰文回忆与王小波的交往：

90年代，有一次《戏剧电影报》的活动，我们坐在邻座，当时他和我聊天的内容是关于各种稀奇古怪的事情。一次刘心武先生请客，我们邻座，聊的也是这一类的话题。关于当时许多人视为怪异的同性恋的隐秘活动，关于社会的种种出轨的行为，他都能心平气和地、悠然地思考和观察。但同时，他又偶有尖锐的嘲讽和磊落的不平。他始终带着一种超然的，却并不超脱的微笑看着大家。我始终难以忘怀这微笑。这微笑里有一种对人们的幼稚的超然观察，好像我们的天真和笨拙是与生俱来、无法摆脱的，所以他能够笑着看我们。另一方面，他也能够悟到自己其实是这幼稚和平常的人生中的一员，我们的笨拙和天真其实他也难于摆脱。所以这里有一点嘲笑让他和我们分开的同时，又有一点真诚让我们和他相连。[①]

① 张颐武，《和时代拔河：十年后再思王小波的价值》，《21世纪经济报道》，2007年4月2日。

在和青年朋友的交往中，王小波更能表现出其率性活泼的性格。有一段时间，几乎每隔几天，王小波都要和张卫民、镂克等青年文友，在青年政治学院附近“川乐园”小饭馆或王小波家附近的“白云城”饭店吃饭。镂克与王小波的相识，始于艾晓明的介绍。当时，艾晓明还在中国青年政治学院做老师，镂克则在学院的一本刊物《中国青年研究》做编辑。有一次，艾晓明向镂克推荐王小波在香港出版的《王二风流史》，镂克被深深地吸引了，便邀请王小波来一聚，也请王小波写一些小文章在他编辑的刊物上发表。后来，镂克又把王小波推荐给了青年政治学院的教师张卫民。张卫民也喜欢王小波的小说，一来二去，几个人便都成了好友。从1994年到1997年王小波去世前，他们之间的聚会颇为频繁，基本上每个月都要见面。镂克还给王小波引荐了他的朋友老彪以及老彪的妻子李疆等人。大家都很佩服王小波的幽默。比如，他曾笑着说自己：“我远看不像个好人，近看还是个好人。”王小波还说过：“我这个人的特点，就是巧骂。”这些好玩的语言，总让大家“过耳不忘”。

一开始接触王小波，大家却都感觉他很木讷、羞涩。他松松垮垮的，甚至有几分邋遢，在不熟悉的人面前，话不太多，甚至颇为吝啬。但如果是在聚会上，有酒助兴（尽管王小波的酒量并不大），大家熟悉起来了，又意气相投，他就变得妙语连珠。王小波对这个世界充满了宽容，也有着满腹牢骚，经常对时局问题发表一些尖锐的看法，也有黑色幽默式的搞怪。但如果认真地探讨文学问题，他却收了一脸的惫懒相，认真发言，认真答复。镂克还是一个诗人，有一次，他拿了自己的一首诗《悲观者》，请王小波指正。王小波工工整整地给他回了一封信，表明看法。这封信，一直被镂克珍藏着。信写在“中国社会科学院社会学所”的信笺上，用的也是社会学所的信封，只是此信没有注明日期。从邮戳上看，是1997年1月31日发出的，距王小波逝世仅有两个多月，信的内容如下：

> ……你好，诗稿收到，转寄文能。诗很好，尤其翻山越海去面对真实，诗意隆隆不绝。单从文字上考虑，诗句似凝练些更有力——作画也有留白之道。诗意沉痛，诗句就以在巅峰之处戛然而止最好；以我之见，说得太干净了些。我母亲病了，在家伺候老太太。焦头烂额。有时间细谈。
>
> 小波敬上

而据笔者对张卫民的采访，张卫民第一次见到王小波时，王小波正提着一兜子《黄金时代》，一脸落寞，想去清华大学推销。王小波的烟瘾更大了，抽的多是北京人喜欢的金桥烟，也抽美国的骆驼烟。一天要一到两包。在油腻肮脏的小酒馆，吃着香辣而实惠的川菜，他们酒到杯干，旁若无人，落拓不羁，言辞锋利。他们不时爆发出大笑，或说出外人难以理解的连珠妙语，令所有食客侧目。他们的言谈有时深奥高远，有时粗鄙可爱；他们的举止滑稽生动，有时也落寞沉缓。王小波和朋友们的话题很多，有时是政治，但大多数情况下是文学。例如，对诺贝尔文学奖，王小波声称，也许发对了两个人，一个是德国的伯尔，另一个是英国的罗素。他本能地对俄罗斯文学抱有警惕，特别是托尔斯泰式的道德训诫和忏悔。1996年冬天，张卫民说要写小说，王小波很激动，还郑重其事地鼓励他。这样的聚会，让我们想起《水浒传》中晁天王庄园上的众豪杰，也让我们想起威廉·冈特在《美的历险》中对波希米亚风格的法国文人的描述。波德莱尔、魏尔伦、兰波们，就这样在巴黎的下等小酒馆喝酒，他们头戴尖顶帽，身穿在意大利强盗中流行的长袍，心中积郁着对“正人君子”们的鄙视。他们“只有一条法律、一个道德、一种信仰，那就是艺术……”。

1997年3月12日晚，那是张卫民最后一次和王小波吃饭，还是在川乐园小饭馆。那天晚上的氛围非常凝重，王小波和朋友们一反常态地谈论起了诗歌，他不无忧郁地说，悲情诗人也许才是最可爱的。王小波逝世很多年后，当时在场的几个朋友都还觉得，这是一句谶语，小波就是“悲情诗人”。或者说，这就是他给这个世界留下的最后的自我形象定位。

但是，他外表憨厚木讷，内里却大胆锐利、毫不妥协的性格，并不是每个人都喜欢的。这也给他找了不少麻烦。有一次，王小波参加某杂志的策划活动，领导出来讲话，云山雾罩，官腔十足，大家都很烦，但没人出来“触霉头”。好一阵子后，领导讲完了，让每个被邀请的专家介绍自己的学历，轮到王小波了，他却面无表情地站了起来说，我在匹兹堡上过学，有一个老师是印第安人，脸上总画满油彩。他的意思是领导装腔作势，让这位领导很生气。又据笔者对翻译家孙越的采访，1996年春，孙越曾介绍王小波去中央六台电影频道，做牛振华承包的一档节目，也遇到了尴尬情景。这档节目要求王小波与著名导演何平一起，对“国产电影的优劣”进行唇枪舌剑的对阵交锋：

> 现场一喊开拍，王小波就特认真地谈起在美国看电影的故

事，他说，他在美国看了上千部片子，最认可的只有伍迪·艾伦的作品。说到中国电影时，他几乎嗤之以鼻，他对中国电影的评论特别不屑。于是，他就和那位电影导演真的顶起牛来：王小波眼睛也不看他，自说自话好莱坞，就跟在一个什么学术研讨会上发言似的，后来，他还提了好几个问题把别人噎得够呛，最后都插不上嘴了，干脆不说话了，弄得全场特尴尬，节目也无法正常拍摄了。电视台的导演赶紧把我叫到后台，问我那人是谁，我说王小波，他说，没听说过。导演跟我说，下次换个有名的人来，这类无名鼠辈就是爱故弄玄虚地出风头！我很真诚地对导演说，王小波的《黄金时代》有名啊，他冲我喊道："名人不这么说话！"就悻悻而去。

事后很久，被王小波噎过的导演何平还满处打听："那天跟我对阵的人是谁呀？"孙越还说道："我还介绍王小波去中央人民广播电台做过一档文化访谈节目①，他风格依旧，妙语连珠。然而，主持人也不买账，事后埋怨我说，你介绍的王小波在我们节目里讲话'阴阳怪气'。"②

12

1992年，王小波辞职之后，当代文坛是如何对待他的？以下，

① 这里作者记忆有误，应是北京人民广播电台的"孤岛访谈录"节目。

② 孙越，《普通人王小波》，《创意》，1999年第2期。

我以时间为顺序将王小波一生在期刊上发表的小说排序如下：

1.《地久天长》,《丑小鸭》，1982年第7期；

2.《夜行记》,《四川文学》，1991年第5期；

3.《立新街甲一号与昆仑奴》,《收获》，1993年第3期；

4.《革命时期的爱情》,《花城》，1994年第3期；

5.《我的阴阳两界》,《青年作家》，1994年第3期；

6.《未来世界》,《花城》，1995年第3期；

7.《南瓜豆腐》,《人民文学》，1995年第3期；

8.《寻找无双》,《黄河》，1995年第5期；

9.《黄金时代》,《人之初》，1995年第1-6、10-11期；

10.《2015》,《花城》，1996年第1期；

11.《夜里两点钟》,《北京文学》，1997年第1期；

12.《万寿寺》,《北京文学》，1997年第7期；

13.《红拂夜奔》,《小说界》，1997年第2期；

14.《白银时代》,《花城》，1997年第2期；

15.《茫茫黑夜漫游》,《三联生活周刊》，1997年第3期；

16.《未来世界里的日记》,《花城》，1997年第5期；

17.《绿毛水怪》,《花城》，1998年第1期；

18.《舅舅情人》,《广州文艺》，1998年第1期；

19.《马但丁》,《北京文学》，1998年第6期。

我们发现，1992年到1997年，虽然王小波辞职在家写小说，但是，他在传统期刊上发表的小说总量并不大，且全部是中短篇，其中他最著名的中篇小说《黄金时代》竟只能发表在软性杂志《人之初》上。《人之初》创办于20世纪90年代初，是和《知音》一样销量曾创百万的流行杂志，其文章以爱情、性爱、生育等题材为主。主编吕海沐曾是一位诗人，文学的眼光很好，他敏感地意识到了《黄金时代》的启蒙价值。而李银河又经常给《人之初》写稿，在她的介绍下，吕海沐迅速决定连载王小波的《黄金时代》。吕海沐对王小波的印象是“像一个锅炉工的模样，头上戴着一个遮阳帽”[①]。当时，给《人之初》写稿的知名文学家也很多，如刘心武、肖复兴、舒婷等。这本通俗刊物，没有文学体制化的僵化，反而容易看到王小波小说的价值。可以说，当时很多《人之初》的青年读者，是把《黄金时代》当成性启蒙读物来阅读的。然而，与性启蒙相联系的价值启蒙也不难被人捕捉。《黄金时代》中自然蓬勃的欲望、健康清明的主体价值感和理性自主的人生观，都使得王小波的这篇小说紧扣住了时代的脉搏。从这个角度而言，说《黄金时代》是20世纪90年代的宠儿，一点也不为过。吕海沐在编者按中所写的话可佐证这一点：

> 他笔下的性同以往文学中的性有很大不同。它既不同于劳伦斯把性写成美，并且是一种具有颠覆性的美；也不同于《金瓶梅》把性写成丑，以警世劝善为其或真或假的目的；他笔下的性就如同生命之本身，健康、干净，既蓬勃又恬淡。这样来写性的书并不多见，因此值得一看。当此世界学界、女界及文

① 吕海沐，《〈人之初〉创刊趣闻》，《传媒》，2001年第6期。

学圈内对艺术与色情之间的界线争论不清之时，王小波的小说为人们提供了一个新的视角，是纯文学作品写性的一个大胆尝试。①

除此之外，他的长篇小说《寻找无双》《万寿寺》《红拂夜奔》均是经压缩后，作为中篇小说发表出来的。对此，笔者曾采访过时任《北京文学》编辑，也是王小波小说主要推介者的李静。在公开期刊上发表长篇小说，是一个当代作家被认可的重要方式，然而，直到王小波去世，他也未发表一部长篇小说。同时，作为认可度的另一个指标——报刊转载率，在他生前也为零。他的文学作品在大陆也未获过任何文学奖项。王小波并不是没朝这个方向努力，但结果并不理想。其实，直到王小波临去世之前，他可能一直希望获得文学同行的认可——虽然，从本心上来说，他可能并不情愿如此。但这种“获得认可”的努力，在他生前和身后文学圈并没形成共识。王小波在《北京文学》(1997年第1期）发表《夜里两点钟》时的情况，可透露出1997年初他在当时文坛窘境的某些讯息。该小说发表于《北京文学》的《短篇小说拉力赛》栏目。按惯例，该栏目邀请的都是成名作家，但编辑李静力邀王小波写稿。小说发表后，李静去财务领稿费，却发现所有作家的稿费都是600元，只有王小波的是300元，原因是“王小波不是名家”。为此，李静还和财务发生了争执，却并无结果。②

---

①《黄金时代·编者按》,《人之初》，1995年第1期。

② 据2012年11月对李静的采访。

然而，我们也不能说文坛对王小波是完全压制的，因为并不是只有王小波的作品才难以发表。在功利化、圈子化的文坛，很多优秀作家的作品，同样很难发表。这些刊物多对异质性作品和未成名作家抱有疑虑。王小波真正进入文坛，只有不到五年，以20世纪90年代的文学格局，文坛对王小波的认识和承认也需要一个自然过程。王小波也不是作协会员。有说法称，王小波曾申请加入北京市作协，但因作品数量不够而遭到拒绝。该说法并未得到证实。[①]然而，很多编辑对王小波也非常赏识，如《花城》的文能、《人民文学》的朱伟、《北京文学》的李静、《小说界》的魏心宏、《黄河》的周心湖和谢泳、《四川文学》的杨泥、《收获》的叶开等，王小波重要的作品，都是这些有胆识的圈内人士，经过艰苦努力推荐给公众的。

从文学批评的角度看，王小波生前，除了零星报刊报道，学院派批评家和知名评论家的批评较少。只有中山大学的艾晓明、学者丁东等的少量评论文字面世，发表的量就更少了，这和他去世后的批评研究状况形成了极大反差。王小波去世后，王蒙、刘心武、林白、戴锦华、陈晓明、张颐武、阎晶明、敬文东、陶东风、崔卫平、白烨、孟繁华、葛红兵等一大批文学界知名作家、评论家和学者，对之进行了细致深入的研究。截至2013年，共公开发表论文数

① 有关王小波曾申请加入北京作协、因稿件发表量不够被拒绝的事情，笔者曾多方求证。北京市作协创联部声称，因时间太久远，已没有印象。李静则肯定了此事，并说丁东也知道。《人物》的记者谷力也曾提到该事情。笔者求证谷力，称该说法来自李银河。但李银河在杨澜的电视访谈中，则说王小波不愿加入作协，理由是“连王朔都不入，我怎么能入”。参见《我问故我在——杨澜访谈录》(第296页）以及赵勇《王小波与当代文学的关系》,《当代文坛》，2012年第4期。

百篇，博士学位论文三篇，硕士学位论文数十篇，出版研究资料两卷，学术研究专著两部。这个研究数量，对当代作家而言，完全可跻身一流作家行列。而在作家经典化的另一个重要环节——文学史写作方面，王小波的分量也有重大变化。当代权威的文学史著作，如洪子诚的《中国当代文学史》(2010)、陈思和的《中国当代文学教程》(2006)，都对王小波评价很高。有的文学史还有专门论述，如陈晓明的《中国当代文学主潮》(2009)。

13

1995年10月22日下午，教育部知青子弟举行联谊会。聚会地点在大木仓胡同里的逸仙堂，这是一个颇具纪念意义的地方。1969年3月，他们就是在这里听了鼓动报告，激荡的青春热血，催促他们远赴云南，而1969年5月15日，就是他们人生第一次出门远行的纪念日。如今，很多年过去了，岁月无情，革命已成了遥远的回忆，飘散在云南的热风瘴雾之中，而当年的北京热血知青，也只剩下了曲折的皱纹、凸起的肚腩和衰老的面容。一双双激动的眼睛寻找着，一双双颤抖的手紧握着，场面热烈感人。不一会儿，不知是谁起了一个头儿，大家开始唱那个年代的革命歌曲。会堂里有一个桌子，每个人都跳上去，说一句最想说的话。那天，王小波中午已经喝了一点酒，眼睛还是红红的。他一口喝干一大杯啤酒，站了上去，大声喊了一句："你们还好吗？"说完，跳下来，一言不发地走了出去。人是脆弱的，在记忆的美丽光环下，哪怕是最不堪的经历，时过境迁，也能为之赋予感人的意义。肯定了回忆，就是肯定了自己。在那些革命歌曲中，人们其实是在寻找情感的共鸣。从这个角度上讲，王小波是理性的，又是残忍的，他永远活在当下，他拒绝以回忆的名义赋予丑陋的历史以任何遮羞布，哪怕是否定自己。他永远是那个心存怀疑的“坏孩子”。

然而，人非草木，孰能无情。王小波否定的是大历史的荒谬，但却不能忘掉那与己相关的生命记忆中的点点滴滴。王小波走出会堂，赵宁也跟了出来。俩人聊了好一会儿。赵宁当时并没有意识到，那是他最后一次见王小波。他们聊起了知青岁月，聊起了文学，也聊起了小时候那些零零碎碎的小事。王小波突然认真地说：“上初中的时候，我把教数学的邱老师气得不轻，现在想想，真是混蛋。听说她还健在，有空咱们一起去看看她老人家。”赵宁愣了一下，看到小波真诚的眼睛，就点头应允了。赵宁建议小波将《黄金时代》改编成剧本，王小波表示感兴趣，但不及深谈，他们又被热情的朋友们拉回会堂。这次分别后，赵宁再见王小波，已是在八宝山的纪念堂了。王小波的作品对赵宁影响很大。作为一个传媒圈的资深人士，赵宁决定将王小波的作品搬上银幕。在他多方奔走下，《黄金时代》一度非常有希望拍成电影。1999年时，赵宁先找了几个留学国外的青年编剧把《黄金时代》改成剧本，一次就付了4万元订金，但剧本总也写不好。后来，赵宁就自己上阵，改了一个剧本。当时，山东的三建集团决定投资800万拍摄这部电影，李银河对其的授权仪式都已准备好了。而且，赵宁还为该剧本联系了国内大牌导演张艺谋。张艺谋看过本子后，也表示喜欢。他说：“只要电影局能审过，我就和小波合作一次。”但是，很可惜，由于种种原因，该电影一直未获拍摄许可。[1]

他在黑暗之中。夜晚属于王小波。只有在夜的宁静里，王小波才在独自一人面对虚无的时候，找到一种心灵的自由状态。无人真正走进王小波最后时刻的心灵。他的妻子远在英国，除了必要的应酬，他一人整日窝在斗室，与退稿做斗争，与寂寞失眠做斗争，与日益衰退的身体做斗争，与创造力和灵感的枯竭做斗争。他的嘴唇更紫了，经常带有生病的疲倦。他孤独，虽然因此更加锐利，他笑着对朋友说："我的一生都在抑郁中度过。"他常常在夜里无眠，在最黑暗的两点钟，一个人茫然四顾，抽烟，听音乐，调试计算机，甚至在门口游荡。在他生命中的最后几个月，他连续写了两篇有关夜晚的小说：《茫茫黑夜漫游》与《夜里两点钟》。这两篇小说，结构松散随意，主题苍白呆板，故事性和创意性不强，文笔较枯涩。然而，一个值得注意的现象是，王小波总是在强调半夜两点钟。《夜里两点钟》的开篇，他写道："夜里两点钟是最坏的时辰，这时候你又困又冷。"在《茫茫黑夜漫游》的开篇，也有类似的话："现在是夜里两点钟，是一天最黑暗的时刻。"夜里两点钟，是否也是作家王小波生命中最黑暗的时刻？《茫茫黑夜漫游》写了两个"假SM"为了体验生活，弄假成真的故事。而《夜里两点钟》则写了主人公王二和朋友小宋有关美国和中国的体验的对谈，小说透露出浓浓的悲观情绪。在1997年1月3日的《光明日报》，王小波还写了一篇名为《写给新一年》的杂文。文章中，王小波固执地回忆了超声波、打鸡血、甩手疗法、工农兵学哲学等一系列中国古怪荒诞的事情。

---

① 据2012年11月3日对赵宁的采访。

时间的流逝、历史的发展，并没有给王小波带来进步的快乐。无论是神奇的大气功师，还是后现代和第三次浪潮等时髦事物，王小波都无法与时俱进，他总是能从这些不同的把戏中看到相似的逻辑，而他所拥有的只是对荒诞重演的愤怒与无能为力的绝望：“但愿在新的一年里，我们能远离一切古怪的事，大家都能做个健全的人。”

他最后的遗作《黑铁时代》与《大学四年级》《黑铁公寓》等，似乎都在昭示着王小波的一种精神极度焦虑及死亡的气息。暴力的终结是死亡，而美的极致与反抗的极致也是死亡。那些曾经在《黄金时代》中舒展自由的生命气息消退了，那些云南的红土、烈日和无休止的热风、大胆的性爱，都失去了神话般神奇的力量。在王小波笔下，只剩下了一种意象，那就是福柯式的“监狱”。胆怯的房客、凶恶的管理员、手铐、脚镣、沉闷黑暗的房顶、舒适却无法逃脱的铁牢笼，共同成就了王小波最后的类似“铁屋子”一般的空间隐喻。而在那些黑铁公寓的“知识者监狱”内，空间和时间不再具有反抗性，留下的只有逆来顺受的绝望与反讽的自我毁灭。知识者拥有知识，就拥有了原罪，必须被束缚和制约，一直到死：“所有上过大学的人，都必须住在有营业执照的公寓里。据说公寓里特别好，别人想住都住不进去。假如你生在我们的时代，对这些想必已经耳熟能详，但你也可能生在后世，所以我要说给你知道——假如有样东西人人都说好，那他必定不好。”这是他最后的绝望，却仍心有不甘：“我隐隐地感觉现在学坏已经晚了。”

但是，他的“野心”依旧，甚至更强烈。王小波是作家中比较早地使用电子邮件的。他经常在邮件中和留学海外的朋友，就自由主义等诸多事宜进行探讨。林春是李银河的好友与学长，也非常欣赏王小波。但林春对王小波强烈的对立性自由主义态度是有保留的。她认为，王小波的很多自由主义批判过于偏激，特别是在对待社会主义资源和自由主义思想的关系上。俩人有很多电邮来往。彼时，王小波的很多思想其实也处于不断修正和调整的过程之中。在1996年10月21日的一封电子邮件中，王小波提到一些熟识的长辈对中国一步步实现民主化的讨论。“我以前不乐意和他们谈话，现在我为他们自豪。”这也许才更确切地表达了他“千里之行始于足下”和重创自由派的决心。[①]1997年4月10日北京时间7点11分，王小波发出了人生最后一封邮件，也完成了人生最后一次文字的激情表达：

晓阳你好：

我正在出一本杂文集，名为《沉默的大多数》。大体意思是说：自从我辈成人以来，所见到的一切全是颠倒着的。在一个喧嚣的话语圈下面，始终有个沉默的大多数。既然精神原子弹在一颗又一颗地炸着，哪里有我们说话的份儿？但我辈现在开始说话，以前说过的一切和我们都无关系——总而言之，是个一刀两断的意思。千里之行始于足下，中国要有自由派，就从我辈开始。是不是太狂了？

小波敬上[②]

---

① 林春,《清醒的少数》,《读书》，1998年第5期。

② 刘晓阳,《地久天长》,《浪漫骑士——记忆王小波》，第422页。

“一刀两断”的豪情壮志未酬,“自由派”的宣言之声未绝，十几个小时后，王小波就猝死于屋内，去时电脑还闪烁着，显示着工作状态。无人知晓王小波弥留时刻的状况，只不过后来在法医鉴定之后，人们才发现，他曾经强烈地挣扎过，在墙上留下很多痛苦的牙印。黑暗，他衰弱的心脏已浸泡在了黑暗的侵蚀里，无力再进行强壮的搏动。在他最后沉入黑暗的夜海之际，他在想些什么？他还想说出什么？是最后的求救，是对死亡的恐惧，还是如释重负的叹息？或者，只是蔓延在无边的春夜虚空里的沉默？

第九章　震后余波：神话的诞生与反思

智慧本身就是好的。有一天我们都会死去，追求智慧的道路还会有人在走着。死掉以后的事我看不到。但在我活着的时候，想到这件事，心里就很高兴。

——王小波《智慧与国学》

王小波的去世，从某种意义上说，既是结束，又是开始。对生命而言，这是结束，但对于王小波作品的“接受”而言，又是一个全新开始。正是从1997年4月11日这个时间节点开始，王小波才真正成为全国范围内的著名作家，并在持续升温的宣传、研究、争议中成为一个具有经典意义的当代作家。1996年秋，花城出版社与王小波签约出版“时代三部曲”时，还认为这套书的销售前景堪忧。没想到，王小波死后，花城版的“时代三部曲”到2002年为止最少销售了15万套（58元一套）。中国青年出版社出版的四卷本“王小波文集”，1999年版印行1.5万套，其中精装2000套，2002年改称“王小波作品系列”，每册单独定价，各印了1万册。[1]而近些年来，上海三联书店、重庆出版社、云南人民出版社和北京理工大学出版社等，也纷纷出版“王小波全集”，都有较高印数。王小波去世没几天，1997年4月16日，《南方都市报》刊登该报记者张晓舟采写的《作家王小波逝世》；17日，《北京青年报》第六版也刊登了相似的内容，标题为《知名学者作家王小波在京因病逝世》。截至1997年6月，两个多月里，包括中国新闻社、《台湾日报》、《中国时报》、英国BBC等百余家中外媒体对王小波猝死及新书出版予以报道。

伴随着作品大量出版的，是持续不断涌现的、丰富的个人资料。而作家生活的经典化，是作家经典化的必由之路。鲁迅、沈从文、张爱玲等现代作家都有过这样的接受过程。对当代作家而言，有的资料丰富，但未形成广泛关注；有的名气很大，但由于本人还在持续创作，而作家也不愿暴露隐私，个人资料也难完备收集。王小波去世后的十几年间，在李银河、胡贝、艾晓明、丁东等亲朋好友的推动下，在《三联生活周刊》《南方周末》等媒体的不断努力下，关于他的各类资料不断面世。就这一点而言，王小波的经典化程度，甚至超过了大多数中国当代作家。在王小波身后的纷乱言说中，在有关王小波的“象征符号”在如此繁复的层面上被接受的过程中，对于“文化资本”的求索和炒作、信仰和争夺、传承和利用，极为复杂地编织在一起，构成了20世纪90年代以来“中国文学场域”对“知识精英”的一种新的“想象图景”。

---

① 夏辰，《王小波出版史：生前的冷落与死后的哀荣》，《南方周末》，2002年4月11日。

1

1997年4月后，在李银河的推动下，海内外一百多家媒体报道了“王小波之死”。经过紧张准备，原本一直在花城出版社被推迟出版的“时代三部曲”，也得以顺利出版。5月13日，中国现代文学馆也召开了王小波作品学术研讨会，引发了王小波作品的第一波“热销”。“一个人只拥有此生此世是不够的，他还应拥有诗意的世界。”王小波的名言被人广为传颂。

1997年5月13日上午9时，北京万寿寺的中国现代文学馆，中国现当代文学研究的最高学术机构之一，迎来了王小波的第一次高规格学术研讨会。舒乙先生时任中国现代文学馆馆长，在他的大力支持下，很多知名学者和专家都参加了这次会议。文学馆原有的会议录音已遗失，仅在美国的评论家李陀先生处还留有一份，但笔者至今没有得到。据当时与会人员回忆，参加会议的主要有三方面的人员：一是王小波的亲属和好友，如王小波的姐姐王小芹，妻子李银河，好友胡贝、张卫民、李大卫等；二是学者和作家，如李陀、戴锦华、丁东等；三是出版界、新闻界、影视界的文化人士，如李静、张元、王童、朱伟、赵洁平、钟洁玲等。会议的原始材料嘉宾签到簿（花城出版社钟洁玲提供）上共有48人签名，分类整理如下：

1.作协机关：王芫、张锲、高伟、周明（中国作协）；

2.出版社：赵洁平（华夏出版社）、杨葵（作家出版社）、张懿翎（作家出版社）、钟洁玲（花城出版社）；

3.杂志社：兴安（《北京文学》）、谢泳（《黄河》）、李静（《北京文学》）、杨长征（《中国青年研究》）、赵为民（《中国青年》）、黄平（《读书》）；

4.高校：何鲤（北京大学中文系）、张卫民（中国青年政治学院社会学系）、李永辉（中国青年政治学院）、倪震（北京电影学院）、陈琼芝（中国青年政治学院新闻系）、王东成（中国青年政治学院新闻系）、韩毓海（北京大学中文系）、戴锦华（北京大学中文系）、艾晓明（中山大学中文系）；

5.科研院所：沙湄（中国社科院世界宗教研究所）、张晓强（中国社科院外文所）、沈原（中国社科院社会学研究所）、郑也夫（中国社科院哲学所）、杨文利（中国科学院）、丁东（中国社科院）、舒乙（中国现代文学馆）、吴福辉（中国现代文学馆）、李丹（中国现代文学馆）；

6.报纸媒体：朱伟（《三联生活周刊》）、蒋原伦（《文艺报》）、贺绍俊（《文艺报》）、孙健敏（《文艺报》）、刘建国（《中国机电日报》）、徐小东（《中国机电日报》）、肖林（《中国机电日报》）、王童（《戏剧电影报》）、薛冬（《新闻出版报》）、刘春（《中国经营报》）、陆小娅（《中国青年报》）、徐虹（《中国青年报》）、石湾（《作家文摘报》）、解玺璋（《北京晚报》）、刘晓春（《北京青年报》）、黄集伟（《中国图书商报》）、吕尚青（《精品购物指南》）、祝晓风（《中华读书报》）、张晓舟（《南方都市报》）、孙越（《生活周报》）、王晓晖（中新社）、杨丽琼（《新民晚报》）、胡健（《工人日报》）、胡舒立（《中华工商时报》）、苗春（《人民日报》海外版）；

7.影视媒体：张元（导演）、宁岱（导演兼编剧）、朱正琳（中央电视台《读书时间》栏目）；

8.家属及朋友：李银河（王小波之妻）、胡贝（挚友）；

9.海外人士：李陀（旅居海外的评论家）；

10.其他文化界人士：李大卫（评论家）、吕化镛（书商）、张向明（北京五十五中）；

11.作家：李冯；

12.未知：刘波、郭江、张丹。

当然，这未必囊括所有与会者，但从名单可知，虽然张懿翎、李陀、王芫等也兼有作家身份，但真正的纯职业作家只有青年作家李冯一人。名单上的人，纸媒从业者居多，其次是科研院所和高校及出版界人士。由此，也可见王小波与当代作家圈的相对隔阂状态。

由于王小波刚去世不久，会议弥漫着悲伤的氛围，而对中国文坛的不满，似乎也成了一个大家心照不宣的话题。发言的人很多，但也比较乱。一个有意思的现象是，国内官方的文学机构，并没有代表出席会议，只有自发出席的作协的几个评论家，官方文化界的某领导，不请自来，参加了研讨会。与会的很多青年学者，都表示出对他的冷淡和距离感，甚至签名都不愿和他签在一起。他介绍说，王小波曾在年轻的时候，去过他家里请教文学问题，也算是半个学生，听说有活动，便来此纪念王小波。然而，由于官方人士的加入，让这场会议的讨论变得更加微妙。会议上的争论也很激烈，例如，有的学者认为，王小波的作品受到了卡夫卡的影响，但一贯惊世骇俗的批评家李陀对此显然不认可，他甚至故作惊讶地问周边的人，卡夫卡是谁？引得大家一阵哄笑。李大卫则谈论了王小波小说的文体问题，得到了很多学者的赞许。而来自中国青年政治学院的张卫民，表现得则比较“激进”。他粗暴地打断了那位文化界领导的发言，猛地站起来，很“王小波式”地喊了一句：“王小波，牛×！”引来满堂喝彩。这时，这位神情激动的青年学者，又回头指着会议室墙上鲁迅、郭沫若、巴金、茅盾等文学大师的画像说：“我觉得，王小波和这些人都没什么关系！”[①]他言下之意是，王小波活着的时候，没得到主流文学界的承认。大家就用这些方式，发泄着对王小波的推崇与对当下文坛的不满。

此次研讨会，只是开启了“王小波热”的序幕，而艾晓明、李银河策划的《浪漫骑士——记忆王小波》一书，又掀起了新的高潮。该书出版于1997年7月，也就是说，从4月到7月，短短的不到三个月的时间里，李银河与艾晓明等人整理并出版了有关王小波的相当详细的资料。该书共35万字，分为六个部分：第一辑“写作人生”，选取了王小波最重要的一些谈艺术和人生理想的文章；第二辑“顽童时代”，则分别采访了王小波的母亲宋华、兄长王小平、好友胡贝，并收录了宋华、李克林、王小芹、王晨光、姚勇等亲属的回忆文章，主要对王小波的青少年时期进行了追忆；第三辑“诗人之爱”，则节选了王小波和李银河之间的部分情书；第四辑“工作肖像”，通过黄集伟、丁东、田松等相关人士的回忆和与王小波的对话，还原王小波在写作中的状态；第五辑“阅读王小波”，则

① 据对张卫民、胡贝等的采访，2014年12月3日。

由艾晓明、丁东等学者作家，对王小波的作品，进行细致的解读，并收入王小波作品暨小说集《黄金时代》的研讨会纪要；第六辑“记忆之河”，由刘心武、李静、张卫民、刘晓阳等朋友写的回忆文章组成。可以说，该书从各个方面，对王小波的创作和生活进行了细致介绍，并通过李银河对王小波的“浪漫骑士·行吟诗人·自由思想者”的定义，为此后王小波的宣传策划进行了基本的学术定位和市场定位。《浪漫骑士》一书的成功，实际开启了持续十几年的“王小波热”的媒体狂欢的阀门。该书虽是仓促集成，并有市场运作痕迹，但不可否认，该书引发了广泛影响，既是广大读者接受王小波的敲门砖，也是当代作家中不可多得的文学史资料汇集。

1998年，《不再沉默——人文学者论王小波》一书由光明日报出版社出版，将王小波的讨论再次推向高潮。这本书中收录了王蒙、汪丁丁、秦晖、朱正琳、崔卫平等作家和学者的评论和对话文章，对王小波其人其作，特别是其自由主义思想进行了评述。王蒙延续其一贯思路，将王小波和王朔放在一起，看重王小波反对“左”倾集权的解构意义，而来自经济学、思想研究界的各类学人，则主要讨论王小波的自由主义价值。这本书基本上可以说是“借助王小波”来言说中国自由主义思潮，虽对于王小波的文学艺术价值缺乏深入探讨，但进一步扩大了王小波的影响——书中给予王小波的自由思想以很高的评价，王小波已俨然是继顾准之后，中国自由主义的另一个偶像。

2004年5月，李银河又在朝华出版社出版了《爱你就像爱生命》，展示了王小波致她的部分情书及她回忆两人爱情的文章。但此举引发了一些王小波喜爱者的质疑：在中国现当代文学史上，唯有鲁迅出版过情书集《两地书》。批评家李美皆更是著文《李银河时代的王小波》，对李银河予以尖锐讽刺："我们现在所看到的王小波，是李银河时代的王小波，是李银河的王小波。我们现在所看到的王小波，是市场经济时代的王小波，是商业化的王小波……情书集把王小波由神话变成了童话，所以连带着让人对王小波都有点起腻了。通过情书集，李银河正在打造一个爱情童话，童话的女主角就是李银河本人。"文章最后，李美皆不无遗憾地说："真正的文学应该是不事喧哗的，我们需要安静下来，以沉淀的眼光来看待王小波，这才是对待文学的真正态度。"[①]

2005年4月11日，以展览形式展开的王小波去世八周年纪念活动，在鲁迅博物馆的召开，似乎成了某种标志性的暗示。这次展览也是国内举办的首位中国当代作家个人生平展。二百多人参加了开幕式，时任鲁迅博物馆馆长的孙郁先生，在开幕式中，对王小波进行了高度的评价："文学要有趣味，这是王小波的观点。他是用智慧写作的人，他向汉语极限挑战，为汉语写作提供了新可能。"李银河为展览提供了七十四面图文展板，大约五百张照片，展示了王小波生活不同阶段的面貌。展览还展出了王小波的手稿、书信、录音、录像和生前用过的电脑等个人物品。北京电影学院的崔卫平教授，还在鲁迅博物馆举行了"王小波小说中的爱情"的讲座。这次展览对王小波作品在大众中的普及，起到了极大推动作用。当月，李银河与其助手郑宏霞合编的《一个特立独行的人——王小波画传》由大众文艺出版社出版，它通过详细的个人生活资料收集，对

① 李美皆,《李银河时代的王小波》,《文学自由谈》，2005年第3期。

王小波从出生到死亡的各个时期的照片、各类证书、资料、手稿的展示，对王小波的生平进行了比较全面、细致的回顾，并附光盘一张，收录王小波的各类采访。但该书虽图片资料丰富，文章却有多篇为旧作。

2007年，适逢王小波去世十周年祭，李银河再次策划了一系列活动和话题，引发了王小波纪念的狂潮。2007年4月的“重走小波路”自助游活动，别具新意，但也引发了一些争议。自助游的目的地是王小波插队过的云南陇川，“去看看王二和陈清扬一起蹚过的小河，还有他们两人避难的章风山”。“（活动）将采用AA制的形式，活动时间是4月11日至17日。随后还将在5月13日暨王小波生日当天进行‘纪念小波十年诗文朗诵会’。4月11日活动将在人民大学进行启动仪式，4月13日‘发起人团’将踏上从昆明到陇川的行程，途经大理、苍山、洱海，跨过怒江、澜沧江，到达陇川的弄巴农场，可以参观王小波插队的地方（旧房子、花园、花田、小河）等。”此次活动最后参加的有几十人，在云南弄巴农场，李银河和追随者采访到了当年农场的老队长和诸多当事人，弄清了很多王小波在云南生活的细节。

这一年，还出了一个“王小波裸体雕像”事件。为纪念王小波逝世十周年，广东美院雕塑系学生郑敏创作了一个王小波裸体纪念像并在网上做了展示，此举在王小波的书迷中掀起了不小的波澜。郑敏还在自己的博客上放了一些创作过程中拍摄的照片以及与王小波遗孀李银河的通信。2006年10月，郑敏联系上了李银河，去信征询创作意见，信中说：“雕塑的创作意图是为了表现小波的敏感、率性、倔强的骑士气质和他追求自由的精神，雕像的姿势构图就是从这出发的……”从李银河的回信来看，她承认雕像“挺像的”。听到郑敏想以此雕像参加“上海国际雕塑年展”的消息，有不少网友表示支持，但反对者声音也比较激烈：“我从未听说过有哪一个严肃作家以裸体的形象示人。”“我不想看见他的裸像立于街头。”同时，王小波的母亲、姐姐和哥哥也都表示无法接受，而李银河最终也给主办方写信，表示不同意公开展示，并最终致使该作品从“上海国际雕塑年展”中撤展。然而，她的博客里说：“在我的心目中，他除了是一个亲人之外，还是一个伟大的艺术家。他在我的心目中并不比巴尔扎克和雨果差，既然这两位能塑裸像，小波也没什么不可以。”[①]究竟是创作者的思维过于前卫，还是中国人的思想过于保守？在对王小波形象的接受与改写之中，到底又出现了怎样的话语冲突？黄泥巴的“裸体小波”，也许不能回答这个问题，但它却在刺激着我们的思考。

2009年，王小波作品的其他艺术形式改编，也有了重大进展。继《东宫西宫》后，王小波的另一部代表作《黄金时代》也被改编搬上话剧舞台。3月18日，该剧导演及编剧夏波，主演史可、赵奎娥、孙刚、董路、哈斯巴根、林京来等在京出席了新闻发布会。4月10—19日，话剧在解放军歌剧院公演。该剧将人偶剧的方法引入话剧，小说原著中的动物和植物全部由真人出演，力争将娱乐性、思想性和学术性三结合，是王小波作品改编中的一次大胆尝试。

2012年初，王小波的兄长王小平出版了《我的兄弟王小波》一

---

① 郑天虹，《王小波裸体雕塑展之争折射中国艺术审美尴尬处境》，新华网，2007年3月28日。

书。该书不仅披露了很多有关王小波家族的第一手史料，而且语言丰富流畅、生动幽默，为我们认识早年的王小波提供了翔实的资料，也有利于我们回到历史现场，去认识王小波文学思路的成因和独特的道路。但可惜的是，由于偏重兄弟情谊的角度，该书对王小波青年以后的人生道路描述较少。

从1997年到2013年，世界已变得太多，中国已变得太多。不仅那些“革命北京”的狂热与道德激情已是遥远之事，而且“后革命北京”意义上的“第三世界气味”，似乎也正像“有趣”一样被我们超越：那寒碜简陋、粗鄙忙碌的20世纪90年代的欲望都市不见了,“性的问题”似乎也正变得不是问题。进入新世纪后，中国的GDP总量超过日本，居世界第二位，在经历了北京奥运会、高铁动车时代等大事件后,“盛世北京”似乎已巍然出现在了世界的中心，成为中华崛起的某种符号表征。与之相匹配的，是诸如“鸟巢”之类的一系列宏伟壮丽的盛世空间景观，它预示着一个传统与现代结合的新世界的诞生。与王小波死亡的时代不同，但我们也面临着很多问题：高房价、贫富分化、艾滋病、小三、污染、腐败、突发暴力、自杀……

一个不容忽视的事实是，王小波与李银河希望通过“性问题”作为突破口，追求社会理性进步的目标，似乎并没有实现，性问题“阴差阳错”地正在成为这个世界的一部分。在这个时代，不同的主张、声音，各种舆论与真相，都在大众媒体超级发达的技术前提下，被整合入统一的隐含法则。李银河对性问题的持续关注，在促进社会不断开放的同时，又成为这个娱乐化媒体时代的牺牲品。王小波的作品，似乎已不能解释今天的世界——王小波最后的作品，似乎也在预示这样时代的来临，不过，他用了更隐喻化和晦涩的寓言方式。也许真相就是，王小波的文学局限性，正随着时代变迁日益显现，而王小波时代的问题，并没有得到真正解决，且在以变异的方式不断恶化。如果王小波活在今日，他是否也会像李银河一样，成为一名成功的、“话题式”的文化精英呢？

2

媒体在王小波的经典化过程中，同样起到了重要作用。可以说，它们不仅激活了王小波的文学和思想价值的讨论，而且积累了关于王小波生平活动的丰富史料。

对王小波“自由意义”的言说，《三联生活周刊》无疑具代表意义。2002年，王小波逝世五周年纪念，第15期《三联生活周刊》以“王小波和自由分子们”为总标题，登载了八篇文章，而以“自由”为命名的，就有《一个自由分子》《熵增时代的自由分子》《自由一代的阴阳两界》《一个自由主义分子的成长史》四篇，分别从学者、自由撰稿人、网络知识青年等多重受众角度和文化身份方面，详细阐释了王小波的自由主义的来源、内涵、意义和影响。在《一个自由分子》中，论述者从自由撰稿人的角度定位和评价王小波的自由品质：“作为独立的、自由职业的知识分子，他避免与既有制度发生关系，即便他对这个世界有所妥协。”而在《自由一代的阴阳两界》《熵增时代的自由分子》《一个自由主义分子的成长史》中，宋光辉、刘品良、张华、贾布、连岳、李红旗六个人，作为王小波自由主义的继承者出现了。在这些继承者的言辞中，不乏叛逆色彩和大胆言辞："只要足够胆大，足够'没心没肺'，作为对传统体制故意反叛的'特立独行'完全可以转向张扬与任性的'随心所欲'。"（《自由一代的阴阳两界》）"连岳极喜欢自己目前的状态，他几乎感觉是自由的：'所谓的自由就是没有任何东西可以要挟你了。这是我认为的自由。'"（《熵增时代的自由分子》）

然而，这期策划中，不仅有《三联生活周刊》对"自由主义作家王小波"的命名，更有"加冕"所引发的学者和媒体间的"不和谐"杂音。《王小波作为知识分子》作为该策划的最后一篇，由四个人的评述组成。除朱正琳（中央电视台《读书时间》的策划人）外，陈嘉映、邓正来、盛洪都是知名学者。对一浪高过一浪的王小波热，他们的声音是冷静的，甚至是泼冷水："不应该把王小波往思想的高度引。"（邓正来）"王小波的杂文在常识层面上谈得很好，在更深的问题层面上就没有讨论。"（陈嘉映）"他表达的很多思想内容其实是已成套路的，并无创意。"（盛洪）这与1998年国林风书店策划的《不再沉默——人文学者论王小波》中的学者呈现出的姿态有所差异。后者中，朱正琳、许纪霖、汪丁丁、秦晖等都给了王小波高调评价："我们很难想象在中国文化的内部，会有王小波这样的人出现……王小波，成为一个对评论家智慧挑战的阐释对象……一个罗素的信徒、热爱理性和思考的自由主义者、独立不羁的民间撰稿人——作为思想家的王小波，留给后人的，就是这样的形象。"（许纪霖《他思故他在》）"所以，'蹈海'是可以'唤醒民众'的。"（汪丁丁《王小波的说与思》）"无论如何，在反乌托邦文学与批判现实主义文学这两个方向上，小波仍然走在文坛诸公的前头，他作为当代中国自由主义文学代表人物应当载入史册。"（秦晖《流水前波唤后波》）

《南方周末》作为中国权威报刊，也对王小波的经典化功不可没。可以说，每逢王小波祭日，《南方周末》一般都有纪念文章，或者大型专版。1997年5月9日，王小波去世不满一个月，《南方周末》就发出专刊，刊载了何保胜的《宛如一曲美丽的歌》，坚信“小波这朵灿烂的樱花，将以其独立意志抒写自由精神的作品，永远盛开在读者心中”。同时刊出的还有颜峻的《死得其所的人》，作者宣称“王小波是死得其所的人”，“这个美好事物的追求者在追求中获取幸福，即使生命的最后一刻也没有被平庸、愚蠢、病态、专制的事物所伤害”，并将王小波的死同海子、骆一禾、胡宽、路遥、邹志安等人的死相比较。2001年，《南方周末》上还刊发了王小波的外甥姚勇的怀念文章《四年以后的怀念》和朱健国的《王小波哀荣的底蕴》。2002年，《南方周末》设立《王小波逝世五年祭》专题，刊出《依旧沉默：“文坛中人”对王小波的一般看法》（李静）、《从暧昧到狂欢——小波流传史》（黄集伟）、《作为专栏作家的王小波》（夏辰）、《予人慧命者：一块思想的多米诺骨牌》（连岳）、《王小波逻辑上的死胡同》（李方）、《十问王小波追随者》（拉家渡）、《王小波出版史：生前的冷落与死后的哀荣》（夏辰）等一组文章，专题以“沉默与狂欢”为标题，并在编者按中写道：“我们留意到这种奇怪的现象：一方面是‘文学青年们’基于王小波文体的纸上狂欢，一方面是文学批评界持续的谨慎沉默。我们甚至找不到一个合适的人对王小波的文体与文学成就进行适当的评价。我们唯有忠实记录这一现象，并期待有心人对王小波进行恰如其分的评价。”2007年4月，《南方周末》刊发了王小波的哥哥王小平的文章《艺术的内丹——纪念我的弟弟王小波逝世10周年》。

还有很多报刊和媒体也参与了王小波形象的塑造，具有或大或小的影响。2001年，新浪网“新浪文教”版块开辟了“瞬间的灿烂与永恒的浪漫——纪念王小波去世四周年”专题，发表了新浪网友怀念王小波的帖子。《华夏时报》2002年4月15日第15版刊登了两篇纪念王小波的文章。一篇为雷格的《纪念文本专家王小波》，核心观点是“我虽对王小波‘自由思想家’的称号心存疑义，却独重其小说创作的文学价值，尊他为继往开来的一代‘文体大师’”。文中说，“王小波一出（一殁），一种可称为‘王小波体’的文风迅速普及”。另一篇文章是稻壳的《我这样纪念王小波》，作者着重分析了应如何理解“真正的高手在文坛之外”的说法，质疑“一些人就在文坛之外和高手之间画上了等号，把对文坛的体制与陈规的批评，变成了否定文学的借口”的做法。同时，作者认为时下流行的“小波体”不足取，是“一种极大的无趣”。

《中华读书报》于2003年1月22日，刊出鲁大智的文章《网络上的王小波：与时尚同流或继续特立独行》，介绍《网络王小波》一书。该书较全面地搜集了2002年前的几年间网友对王小波的看法，作者认为：“喜欢王小波的人，可以在这本书上找到喜欢的理由；不喜欢王小波的人可以在这本书上明白自己不喜欢他的原因；中立者如我，更尽可以抱着看热闹的态度看完此书：一个作家如此地被人们阅读、关注、讨论，应该说是十分罕见的。”

2003年11月7日的《中国图书商报》刊出了题为《重整王小波》的讨论文章。王干认为王小波作品的两大积极意义在于：“融会了‘有趣味’和‘有思想’方面”与“对日常生活的关注”；他用“混沌”一词形容王小波的文字——“他的小说把人的生活状态和社会的状态完整地融合，是生活状态最本真的表现。”止庵认为王小波是一个有才情、有思想的作家，二者相辅相成。张颐武强调王小波是新文学制度的批判者，“对当代文学而言，王小波的贡献在于他所具有的一种批判精神，一种对很多事物都时刻保持的尖锐冷静的批判。”

2006年4月19日，《中国青年报》刊出申东旭的《王小波离去这九年：从黄金时代到青铜时代》。该文分为“1997年后的那两年，莫名喧嚣——王小波的黄金时代”“2002年前的网络，由喜爱而模仿——王小波的白银时代”“从2003年到今天，逐渐被淡忘——王小波的青铜时代”三部分，梳理了王小波逝世九年间社会对其态度的变化。当月的《北京娱乐信报》也刊发了对李银河的专访《四月是最残忍的季节》和《如果小波不死可能会开博客》，以及对另三位文化人的专访，标题分别为：《孙郁：可惜他活得太短了》《黄集伟：他成了一个文化符号》《欢乐宋：欣赏他独立的人格》。孙郁给予了王小波很高的评价：“实际上，他已填补了鲁迅世界的一种空白。我们传统文化里，没有罗素和拉伯雷的结合体，王小波完成了这一点。”

2007年，王小波逝世十周年，报纸上的纪念文字陡然增多。较早的一篇是4月2日刊发于《21世纪经济报道》的张颐武的《和时代拔河：十年后再思王小波的价值》。作者旨在“讨论王小波和三十年来中国的价值观与社会转变历史之间的关联，通过这样的探究凸显王小波的价值，也凸显这个时代和王小波之间的对话关系”。他认为王小波是“80年代文学的另类”。《东方早报》刊出石剑峰的文章《王小波逝世十周年祭》，并对李银河、黄集伟、王小波小说英文译者张洪凌等进行了专访。《东方今报》的《王小波去世10周年祭，是走狗就该比他走得更远》报道郑州的王小波粉丝策划了

"关于王小波的一切"的活动，该报还举办了"请对王小波说"征文。《都市快报》刊发了"'王小波逝世10周年'特别评论"，题为《10年后我们不再沉默》（汪震宇）。

其他报纸如《河南商报》策划了专题《王小波去世10周年：祭天上的王二天上的黄金时代》。《中华读书报》也刊载了编辑祝晓风的回忆文章《沤灭全归海　花开正满枝——一个编辑十年后对王小波的回忆》，"以此纪念一位特立独行的作者和一段为理想而奋斗的编辑岁月"。文中记载了王小波生前最后一份稿约以及作者同王小波几次会面的情况。《南方日报》4月8日刊出郭珊的《假如王小波活到今天》，作者以《"王小波研究"十年渐成"显学"　"王小波作品"逝后被尊"绝唱"》的副题概括了王小波身后的情况。同期还刊出文章《王小波为什么"火"到今天》，采访了李银河、林贤治、许知远、钟洁玲、郑敏等亲属及学界、出版界、读者代表。许知远认为："王小波之所以那么火，不是因为王小波太好了，而是因为别人太糟糕了，我想这与知识界在这十年来毫无作为，不受人尊敬有关系吧。"

2012年4月，王小波十五周年祭到来之际，《北京日报》登载了黄平的文章《王小波：戏谑美学，一代绝唱》。《东方早报》刊载了杨早的《自由撰稿人王小波》和潘采夫的《离开王小波的这些年》。杨文讨论了"自由撰稿人"身份在塑造王小波"文化英雄"形象过程中的重要作用，认为"对王小波'自由职业'的赞美，对应着知识界对于'体制'的历史疑虑与现实反抗"；同时也分析了王小波的创作在思想和文体上对"自由撰稿人"这一职业的影响。潘文回忆了自己对王小波的接受史以及王小波对自己的影响，评价王小波

“以小说和杂文两条路，同时在两个领域达到了同行的最高水准，而且这两块又互相帮忙，评论写得像小说一样好看，小说写得和评论一样有情怀”。

3

如果要谈王小波去世后的接受史，不能不谈“王小波门下走狗”。“王小波门下走狗”原为西祠胡同的一个论坛，创始人名字叫欢乐宋。论坛创立后，迅速吸引了大量王小波的粉丝，其中甚至有一些专职作家，影响力也很快扩大，成为国内知名论坛，气氛火爆。紧接着，欢乐宋推出了“王小波门下走狗”系列图书，他接受记者采访时说：“刚开始有出书的想法，主要是觉得论坛里面的人都写得不错，但是没有名气，出书的可能性不大。不过又都是喜欢王小波的人，就想把这些作品组织起来，来一次集体亮相，书出来以后反响不错，所以就坚持下来了。”该策划曾掀起轩然大波，誉之者称其为王小波精神的继承者，毁之者则对之笔伐口诛，认为其玷污了王小波精神，透露出圈子化的旧文人心态。如笔名为“红拂青铜”的作者直言讽刺道：

> 这群人有一个特别的称呼：“王小波门下走狗”。他们名为狗，实为猪。还有一群声称是猪的人，却一不小心做成了狗，有时还乱咬人，让主人很没面子。王小波说，我讨厌灌输，他们偏要灌输。王小波引用罗素的话说，参差多态乃是幸福之源，他们偏说要永远跟我走。王小波要从坟墓里跳出来骂一声

直娘贼，老子不是权威，他们竟然说，你不是谁是？没有你，
我们怎么吓唬人？

自2002年至2007年，该系列图书共出版了五本，即《王小波门下走狗》《一群特立独行的狗》《王小波门下走狗第三波》《王小波门下走狗第四波》《王小波门下走狗第五季》，在文化圈产生了一定影响。该套书的策划出版，其实揭示出了很多当代青年接受王小波的一种“黑色幽默”的方式，并在一定程度上表现出网络时代对王小波的狂欢化戏仿。

据笔者对欢乐宋的采访，他最初萌生创办论坛的想法，是在西祠胡同网站上，经常和一群王小波迷们交流的结果。对“走狗”这个说法容易引发的争议，“他们有过估计，但并不计较”。由于钦佩王小波的幽默、理性和文学想象力，欢乐宋在书商的帮助下，策划了第一本《王小波门下走狗》，引起了广泛关注，并得到了李银河的支持。接着又推出了其他几本。但据欢乐宋说，这几本书的销量并不是特别好，每本大约在一万五千册左右，而主要的撰稿者，多来自20世纪70年代中后期出生的文化人，包括一部分“80后”作家。李银河在第一本书的序言中声称：“总之，看到有一群人如此喜欢王小波，既在我的意料之中，又令我感到欣慰。我早就知道，小波并没有死，他仍然活在一些同周围的人群相比生命力最旺盛、最有创造力、最富于幽默感的人们心中。”①

① 李银河，《王小波门下走狗·序言》，该书由宋广辉、淮南主编，文化艺术出版社2002年版。

而对于“门下走狗”的称呼，胡笳则在《为了告别的纪念》中说：“一直以来，总有些朋友，特别是年纪稍长的存有异议。对此，我的理解是，自称‘走狗’是向自己内心崇敬的人表达敬意的一种方式，我们愿意是他精神的追随者，但这并不表示要成为一个盲目的崇拜者、模仿者……与其我们继续以一种最虔诚的方式实施着对他的背叛，不如我们以‘背叛’的方式来表达对小波最大的崇敬。所以，在纪念之后，我们选择告别，告别小波，离他远远的，让我们在各自的作品中拥有自己独立的品格……”[①]这些作品，大都写了一些年轻人的生活经历及感受，特别是对消费时代和网络时代的感受，主人公和王小波类似，都是一些有旺盛生命力，但不为人重视的小人物。他们生活在单调的机关（《玷污》），或待业在家写作（《作家刘二》），或为考研拼搏（《范小进考研》），或是一些被游戏化的历史人物（《欢乐宋定伯》《杨家将》《孔子丑寅卯》）。他们的生活中有好莱坞和港台电影，有网络，但同样有无处不在的青春压抑，特别是有关性的狂想。二三十岁青年人的所想和王小波在小说主题、意象和趣味上的重合，不能不说是中国文化语境延续性的暗喻。

但是，这些青年作家不仅缺乏反映现实的能力，且缺乏穿透现实的理性思维能力。那些语言快感的模仿，极少能超越表象、深刻洞察现实生活的逻辑。比如，《王小波门下走狗》中，笔者比较喜欢“犀骨指环”的《玷污》，他以一个小县城职员绝望的生活，写出了当下中国的文化现实：“我”是一个无钱无势的小公务员，没有房子，也没有钱娶老婆，就买了一个性爱娃娃“史黛芬妮”，谁料，

① 《王小波门下走狗》，第325—326页。

"我"的朋友大顺非要"强奸"这个娃娃，于是，引发了一起人命血案……该小说既有现实生活的抽象隐喻，又能从荒诞的黑色幽默入手，写出人性的困境，选题非常好，文笔也不错，但可惜缺乏进一步的深入反思。欢乐宋认为，徐浩（皓）峰与陆源，是这个书系里最好的作者，特别是徐浩峰，他写的《"者名"演员郭国林》颇有文采。但数年过后，1973年出生的徐浩峰已从"愤怒青年"变成了新生代武侠小说家，进而开始研究道家文化，其武侠小说《道士下山》《大日坛城》等被冠以硬派武侠复兴之作的称号。而毕业于人民大学的经济学硕士陆源，就职于大百科全书出版社，2010年，出版了具王小波风格的长篇小说《祖先的爱情》(作家出版社)。该小说机智幽默，风趣自然，对意识形态的解构之处，颇得王小波之味，但依然在文坛声名不显。如果认真考察这几本书，我们会发现，与其说这些作者的作品是王小波写作的延续，不如说它们是对王小波作品的"戏仿"。这些"走狗青年们"表现的情感及其书写方式，与王小波之间，既有内在联系，又有很大区别。他们的语言狂欢更放松随意，但也缺乏深意；他们的故事更"荒诞无聊"，但也软弱无力。其实他们欠缺的，恰是王小波的建构精神，而不仅是解构气质，是毫不妥协的内在力量与理性思辨的强大精神。据欢乐宋所言，他已过了推崇王小波的年龄，相对于王小波张扬自由的风格，他更认同复古保守一些的观点。[①]时光流逝，人的思想和气质都会发生变化，文学喜好自然也会变化，但一时"走狗极盛"，一时又"风云流散"，不能不让我们叹息世事无常、人生若梦了。

① 据2013年3月20日对欢乐宋的采访。

4

但是，王小波生前与身后，对他的质疑声音一直没间断。

由于进入文坛时间短暂，且文风、思想和路数有很大差异，大部分传统经典作家对王小波并不熟悉，保持了一种疏远淡然的态度。比较典型的是，王小波去世五周年的时候，批评家李静在《南方周末》所做的一组访谈，几乎是逼着文坛大腕们表态：

> 在王小波先生五周年忌辰的时候，我应约采访文坛大腕对他和他的作品的看法。因为这一直是王小波评论中缺少的能“填补空白”的工作，我欣然答应，直到打了一圈电话以后才知道自己在自找麻烦。总结起来作家们的意见有如下二种：1.王小波的东西我没怎么看过，就别在他的忌辰胡说了吧。刘庆邦、梁晓声、刘震云、格非、毕飞宇等表示了这个意思。“出于对逝者的敬意，像‘我不喜欢他的东西’这种话，现在也是不宜说的。”其中的一位谨慎地说道。2.现在他已经这么热闹了，我就不说了吧！这是王朔的原话。

成名作家中，公开为王小波叫好的也有一些，比如，“60后”著名作家李洱：

> 在经历了大腕们不约而同的沉默之后，《花腔》的作者河南青年作家李洱终于给了我一个认真的回答。他认为，王小波是

一个天生的、典型的作家，他进入事物细部并把缝隙打开的能力令人赞叹；他认为小波在文体上有建构性，“他的小说写得比我好”；但是他同时认为小波的思想并没有什么创见，小说比随笔的成就更大。[①]

很多人批评王小波推崇西方式思维，特别是有民族主义情绪的作家。比如，在王小波刚去世不久的1997年7月，杂文家方舟子撰文《人之既死，其名也盛》，对王小波进行批评：

> 硬着头皮读完，发现王小波颇有点以青年导师自居的意思，或者竟是要当中国文化的导师的，跟他所深恶痛绝的军代表并没有太大的不同，只不过军代表要灌输的是毛泽东思想，王导师所指引的却是：中国文化乃是低能弱智的文化，只有西方文化才是充满智慧的。把中国文化视为他阿姨家的傻大姐，如此恶毒的比喻，说“哀其不幸”也许还说得过去，“怒其不争”却是扯不上的，对于弱智白痴你还能指望能有什么争？最多是可怜、可鄙而已。一种批判的用心的爱与憎的分野即在于此，王小波辈与鲁迅的差别也在于此。

方舟子还对“王小波回国”加以讽刺：

> 滑稽的是，王小波是被封为爱国志士的，证据是他在美国

① 李静，《南方周末》，2002年4月11日。

拿了文学硕士后回国当作家了。王小波自称回国是因为不习惯国外的生活，恐怕更近于事实。文学毕业生在美国的饭碗如何如果大家都清楚，何况一个人既然自视为傻大姐的传人，那么与其在西方聪明人当中当傻子，实在不如回去在傻子当中当导师来得过瘾。

20世纪90年代初，由于王小波对民族主义风潮的批评，特别是对《中国可以说不》一书的批评，早就和一批具“爱国热血”的文人结下了“梁子”，即使在他去世后，“王小波否定传统、不爱国”的说法依然很有市场。如网上流传着一篇文章《一个不为人所知的王小波：一种装蒜的自由主义》，指责王小波是一个被仇恨淹没的人，而恨的根源在于一个字——“穷”；该文还说王小波是一个被海外生活扭曲了心灵的亲美派，而王小波式的自由主义，有作秀的嫌疑。其实，随着《王小波全集》的出版，王小波和朋友的大量书信隐私被公开，我们看到了一个更复杂的王小波。可以说，作为“文学形象”的王小波和“生活中”的王小波有距离，是很正常的事。王小波是优秀的作家，也是普通人。但如果因此说王小波是“假自由主义”则过分刻薄——至少，去世之前，得到“山呼海啸般呼应”之前的王小波，不管内心有什么牢骚，不管有怎样的委屈和压力，他还是默默地坚持了内心最原初的信念。试问今天的成名作家，又有几人能做到这一点？

由于王小波明显的自由主义知识分子的趣味，左派学者对他也比较冷淡，标志性文本是清华大学教授旷新年的文章《王小波的悲剧》[1]。文章开篇就声称，“有时在报刊看到他的名字，也不过把他当作一个专栏作家浏览过去了，并没有发现他的特别之处”。接着，该文对王小波力挺林白的文章《艺术与关怀弱势群体》进行了批评。王小波在杂文中说：“笔者在北大教过书，知道该校有个传统：教室的门是敞开的，谁都可以听。这是最美好的传统，体现了对弱势群体的关怀。但不该是谁都可以提问。”旷新年认为，王小波的这个说法，表明了他是一个“虚假的精英主义者”。虽然，旷也承认，王是一个有趣的人，但也指出，不喜欢别人把他当成神话，因为“自由知识分子”把王小波的死当作一个庆典，并呼吁“赞美少一点，思考多一点”。

有很多学者喜欢王小波文章中的智慧幽默，但对其中的智力优越感，由英美经验主义哲学所带来的中产气味、精英主义，对平等精神的过分抵触等问题，有着很多批评。比如，深圳大学的王晓华教授，就撰文写道：“王小波思想中的一个主要悖论是：他一方面认为‘参差多态乃幸福之源’，一方面又反对文化相对主义，认为文化之间存在高低贵贱之分，并主张用高级的文化（理性的文化）取代低级的文化（非理性的反科学文化）。他没有意识到用科学理性统一所有的文化只能消灭文化层面上的‘参差多态’，因而等于堵塞了文化层面的幸福之源。”[2]这种悖论性，既是王小波对后发现代中国的悖论性的体认，也表现了他思想之中的片面性与偏执性。当

① 旷新年，《王小波的悲剧》，选自《无居笔记》，云南人民出版社2001年版，第35页。

② 王晓华，《王小波的另一面》，《粤海风》，1999年第5期。

然，任何思想立论都有其排他性，而王小波式的自由主义在20世纪90年代被知识分子精英阶层广泛接受，也不能不说有着隐秘的心理暗示和联系。宽容和理性，可以让王小波在很多普通人那里获得共鸣和共识，而精英知识主义，又在一定程度上满足了全球化时代国际上对中国智力资本的期待视野，也适合90年代在上升的中产阶级中形成比较稳固的阶层意识和公共空间话语方式。

还有一些否定王小波的文章，则学理全无，近乎谩骂，令人心生反感。在《中国不高兴》(江苏人民出版社2009年版)一书中，王小东以《王小波是我们这个时代最虚伪、最丑陋的神话之一》为题指责王小波。他认为："小波对中国的一些批评是有道理的。可惜不知出于什么样的考虑，他硬是把这种批评和对欧美的赞扬结合起来了，产生了很糟糕的效应，这一点被许多人利用。""有一点很清楚——他在美国被人欺负惨了，却不知道愤而进取，回国来只会破口大骂中国人，并且给中国人描绘一个虚假的欧美，这是骗子行为，这一点被我看到了，我很鄙视他。""无论他的小说和散文写得如何，我就是认为他是一个臭鸡蛋，因为他的臭味我闻到了。而且他的臭味把我熏得吃不下去，所以，我对于他的臭味也提不出太多意见来，我只能发别人辨析他臭味的文章。"但是他也坦陈："王小波写的东西我读过的只有他的几封书信，还有一两篇骂中国人的文章。"①

对很多更年轻的新锐作家而言，王小波是一个应"被超越"的标志性人物。比如，新锐作家蒋一谈认为："王小波的文学缺乏善，

① 王小东等，《中国不高兴》，江苏人民出版社2009年版，第254—255页。

缺乏发自内心的悲悯。”“王小波的文学同样缺乏美。王小波的写作方式是单调的，他乐于重复自己……”“王小波的文字遗留下什么写作遗风？戏谑、阴郁、残暴、血腥、玩世不恭……”[①]蒋一谈以《鲁迅的胡子》等精美的短篇小说著称，他的小说温婉精致，但入世极深。他与王小波这样擅长中长篇却在细节上经营不够的作家，自然不是同路人，而王小波式的狂欢戏谑与他的风格也截然不同。而以“惊世骇俗的性趣味”和“智性写作”闻名的作家冯唐，在肯定王小波的同时，也毫不客气地指出了他的缺点。冯唐写于2002年的杂文《王小波到底有多伟大》（收入《如何成为一个怪物》，新星出版社2011年版），首先承认“小波的好处显而易见”，并列举出“有趣味”“说真话”和“纯粹个人主义的边缘态度”三条，说读到王小波的作品，“就像阿基米德一样跳出了浴缸”；随后又指出，“王小波的不足显而易见”，理由则是“文字寒碜”“结构臃肿”“流于趣味”和“（思想）缺少分量”。他最后总结说：“总之，小波的出现是个奇迹，他在文学史上完全可以备一品，但是还谈不上伟大。”而“80后”作家李傻傻，作为曾经的王小波的推崇者，也提出了不同的看法：“忘了看王小波作品的最初感受了，也很难提起再看的兴致。年轻时候被他吸引、蛊惑，年轻时他用有趣吸引你写作，用智力蛊惑你蔑视，估计过两年会忘掉他。”李傻傻曾经表示，王小波是其文学写作上的引路人之一，他的长篇小说《红×》能看出王小波的痕迹。

---

① 蒋一谈，《遗憾的中国时间》，《人物》，2012年第4期。

"70后"作家阿乙的《26岁之后不读王小波》[①]，也可以看作是试图寻找新路径、新思想和新的文学表现形式的青年作家们的野心和自我期待。他坦言"在26岁之前，我读得最多的是王小波、柏杨和李敖的杂文。我将一本《沉默的大多数》翻烂。相比来说，王小波的小说倒没给我留下太多印象，我大概记得有一篇《红拂夜奔》。"阿乙认为，王小波有一种"智慧的瘾"，也是心灵的鸦片，以常识代替个人的思考：

> 但在今天，我对王小波基本没有感情。而且我觉得自己在26岁前的阅读状态基本是一种有毒状态。我对王小波、柏杨、李敖的所谓智慧有瘾。我取的是瘾，而不是营养。他们所说的我基本都懂，我懂得这个道理，而继续迷恋，只是为了附和到他们的嘲讽中去。
>
> 王小波厉害的是他的幽默和坚决的嘲讽态度。这两块是容易展现自己的。因此后来我也在他的文本里读到他的优越感。我也不觉得他留下了什么典型的文学形象，他的文本留下的都是三个字：王小波。也许他和鲁迅一样，在针砭时弊上有突出贡献，但从求知层面说，他误人不浅。今天如果我的朋友还在看这类杂文，我会低看他好几眼。我觉得这样的读者没有多少自制力。我们终归应将有限阅读时间投放到自己未知领域。今天，王小波的接班人出版的那些书仍然受到热捧，他们兜售的是常识和最基本的道理。而受众大多数为大学生和青年人。这

① 阿乙，《26岁之后不读王小波》，《人物》，2012年第4期。

样的书方便他们建立起自己对于社会的蔑视，容易将他们弄到一个精神的高位。

阿乙无疑指出了王小波的杂文和小说的一个问题，即王小波有很强的精英主义思维，他在反庸俗、反道德主义和反虚伪的路径上，很容易通过常识性，展现出对于普通人的智力和精神的优越感；而对于普通的小知识分子而言，王小波是解毒剂，也是致幻剂——他制造了新的愤世嫉俗的智力幻觉和精神幻觉，而一旦脱离了这种精英主义的思维，王小波本身的文学成就和素养，就显现出了很多不足之处。阿乙的小说，致力于挖掘普通人在压抑环境下的精神变异和畸形选择，他和先锋文学、底层文学有着非常深厚的血缘关系，虽在媒体工作多年，却对媒体权力抱有警觉。他对王小波的反思，值得我们深入思考。

说起来，王小波的影响主要是在“70后”和“80后”这两代人。很多青年作家和批评家，还是表达了对王小波的充分敬意。比如，“80后”的代表作家王威廉认为，王小波是一个有独特的生活世界的作家。他的立场是一种自由主义的务实态度，他希望每一步都有据可依、逻辑严密。他倡导一种渐进式的改良，既不高调，也不回避，直面问题。但王威廉也有困惑，在于王小波的影响这么大，为何那种独特的叙事方式、机智繁复的话语以及黑色幽默，在当代文学创作中却失传了。其实，王威廉的困惑，恰恰说明王小波的文学品质在中国当代文坛的稀缺性。

对一个作家持保留意见，这很正常，不能因为喜欢一个作家，就盲信有关他的一切——正如同也不能因为不喜欢，就否定他的一切。但是，无论喜欢还是讨厌，王小波在我们的社会，正在变成一个“神话”，在他身上，负载了太多复杂的社会信息，也负载了太多怨恨、愤怒、喜爱、沉静与悲伤。然而，与王小波在公共空间不断被抽象成为符号相反，对更年轻的“90后”青年、对新世纪青年而言，在这个充斥网络信息的喧嚣时代，深刻的东西似乎都在被简化为更具快感的表达与更炫目、更直接的娱乐。可以肯定的是，“革命北京”辉煌不再，而新世纪的北京，却在以民族崛起的新盛世景观，昭示着特殊文化经验的生成。不管是否承认，“黄金时代”的故事都已经过去了，那些庄严宏大的东西依然改头换面地存在着，而那些激动人心的爱情、蓬勃无忌的欲望，都已在“似水流年”中化为无尽的怀念。在喧嚣的尘世，我们还能为中国写下未来的寓言吗？ 2015年快来了，“白银时代”和“黑铁时代”的“古怪狂想”是否真的会成为现实？

5

2017年是王小波去世二十周年，各大媒体又掀起纪念热潮。此次活动关注热点有所转移。凤凰网的《去世20年，王小波的启蒙精神永生》，继续知识界对王小波的启蒙式想象；新京报的《王小波去世二十年接受史，我们该如何定位他？》，凸显王小波被中产化、趣味化的事实。张丰的《纪念写作个体户王小波》认为，假如王小波活着，会成为玩转新媒体的“老网红”。《三联生活周刊》指出，王小波是自媒体时代“金句小王子”和“撩妹高手”。界面文化的《生前寂寞身后名，王小波是“文坛外的高手”吗？》，延续“机制压制文学活力”的指责，但又揭示了问题复杂性。该文提到梁鸿教授指出，通过王小波，媒体推崇的是自己的目标读者“城市白领、小资群体和有点公共关怀的智识分子”的自我想象。笔者也曾以受难者神话、知识分子神话与自由神话，概括王小波接受史的传播学问题。[①]

不可否认，媒体总能敏感地看到王小波与当下文化现实的互动问题。对抗文坛的王小波、中产趣味的王小波，开始转变为“网红段子手”王小波。这暗示了时代审美的变迁，也充满了诸多无奈的调侃。然而，问题依然存在，如果说，王小波的形象塑造存在问题，那么，对抗性思维，为什么一直受到喝彩？王小波和文坛的关系到底如何？当下文学界对王小波的定位，存在哪些问题？理解王小波接受史的“怪现状”，必须从90年代文化语境下王小波与传统文学期刊、当代中国报业的关系，王小波与中国文学传统的关系，以及90年代南北文学期刊的不同策略来理解这个问题。

王小波与大陆文学界发生关系，主要在20世纪90年代。王小波是一个“出口转内销”的作家，由《联合报》获奖而推出。一个台湾作家，如果连续在其副刊发稿，乃至获奖，绝对是一举成名。这种成名路径，现在看也没什么，如作家薛忆沩、双雪涛都由《联合报》获奖，受到大陆关注，但王小波在台湾获奖，成为所谓“文坛外高手”，细究之下，也颇多复杂意味。可以说，王小波在文坛一亮相，就是“异端”。1991年，《黄金时代》获台湾第13届《联合报》中篇小说奖，是王小波走上文学道路的直接经济基础和创作

① 房伟，《王小波十年：一个神话的诞生》，《山东社会科学》，2006年第9期。

动因。多年后，同榜获奖者已籍籍无名，《黄金时代》则广为传诵，并入选《亚洲周刊》评比的世纪中文百强。20世纪90年代，大陆文坛无法接受王小波的原因在于，王小波对文坛的异端性，他的超时代性。界面文化的文章谴责说："即使是在现在大学中文系通用的教材，洪子诚《中国当代文学史》（2007年修订版）和陈思和《中国当代文学史教程》（1999年版）都对于王小波只字未提。"[①]这个说法太武断了。洪子诚和陈思和都对王小波做出过较高评价。如《中国当代文学史》（1999年版），洪子诚说："对当代历史，包括反右、文革等事件的反思性主题，在90年代也有所延续，如李锐的《无风之树》《万里无云》，王朔的《动物凶猛》，王小波的《黄金时代》。"[②]《中国当代文学史》（2007年修订版），更用几千字篇幅介绍王小波，并声称"他的创造借鉴的文化资源，更多不是来自20世纪中国作家影响巨大的感伤、煽情的一脉，而是有着飞扬想象，游戏精神和充沛幽默感的作家"[③]。陈思和也认为："诸如王安忆的《叔叔的故事》、史铁生的《我与地坛》、张承志的《心灵史》、张炜的《九月寓言》、余华的《许三观卖血记》、王小波的《黄金时代》都堪称当代文坛最美的收获。"[④]有的文学史还有专章论述，如陈晓明的《中国当代文学主潮》（2009年版）。

文坛对王小波的隔阂，主要是不知道如何处理他。即使文学

---

① 界面文化，《生前寂寞身后名，王小波是"文坛外的高手"吗?》，2017年4月11日。

② 洪子诚，《中国当代文学史》，北京大学出版社1999年版，第390页。

③ 洪子诚，《中国当代文学史》，北京大学出版社2007年修订版，第353页。

④ 陈思和，《中国当代文学史教程》，复旦大学出版社1999年版，第339页。

史对王小波做出肯定，也大部是基于他巨大的影响力，但对他的认识，还存在着诸多误读。王小波更像一个20世纪80年代作家。《黄金时代》解决的是革命伤痕的问题。他的小说闪烁着“后革命”气息，和90年代新自由主义有契合的地方，也有着相当距离。王小波被认为是未进入“文学场”的作家，这并非只是媒体看法，如赵勇谈到“我们也看到许多作家没有刻意去进‘文学场’，但他们也获得了某种声名，这是因为文学市场化进程打破了原来那种僵硬的文学体制——王小波在世时，还没有赶上像现在这样的好时候。否则他与他的作品或许就是另一番样子了”。[①]笔者认为，相比90年代中前期文学界多元共生的场景，当今的文学规约性，并不是弱化了，而是更强了。是什么因素导致王小波生前没有被文坛充分认可呢？简单谴责文学界对王小波的排斥和疏离，粗暴而不负责任，缺乏学术性。原《花城》资深编辑文能，曾大力推出王小波，但和笔者交流，也表现出相当的困惑：我从1994年到1998年一直坚持推王小波，以当时《花城》的影响力（或许还包括我），能持续发表两到三个中篇，基本上就能获得文坛的认可，但小波却是个意外，这一意外亦是意味深长的。[②]

20世纪90年代文化语境下，传统文学期刊、报业与王小波之间微妙的关系，应是王小波作品认同障碍的重要原因。90年代是文学期刊的转型期。尽管文学读者变少了，但90年代批评家与作者、

---

① 赵勇、谷力，《“他走在了中国当代作家的前列”——赵勇谈王小波》，《人物》，2012年第4期。

② 文能致房伟的信，2015年1月25日。

消费市场的互动，却呈现出“前所未有”的活跃。80年代末到90年代中期，文坛持续推出“策划性”的文学潮流，能看到传统文学体制强烈要求适应市场的内在驱动。80年代末，《钟山》主打新写实主义小说，推出很多优秀作品。1994年是“文学策划年”。《北京文学》与部分作家发起“新体验小说”，这些作品力图为文学重新寻找到现实针对性。几乎同时，1994年初，《钟山》和《文艺争鸣》在北京召开座谈会，联合倡导新状态文学。王干与张颐武南北呼应，推出韩东、何顿、张曼等青年作家，王蒙、刘心武等老作家也被归类于此。1994年，《上海文学》倡导“文化关怀小说”，与《佛山文学》联手“新市民小说联展”，1996年又推出“现实主义冲击波”专栏。1995年，《作家》《钟山》《大家》《山花》开设“联网四重奏”，《作家报》随后加入，配发评论专版。1996年，《芙蓉》《山花》等开设“70后”作家栏目，如黄发有所说：“90年代以来，文学策划以编辑为核心，集结了相当数量的作家和批评家，推出了一大批的文学口号与文学命名，几乎所有文学思潮都和期刊策划有不同程度相关性。某种意义上，文学策划潜在地改变了传统文学格局。”[①]这些策划式文学运动，一方面延续80年代文学某些生产方式，如文学刊物、出版社、评论界在主流意识形态默许下（也时有抵牾冲突），进行文学圈内的集体冲锋的生产模式；另一方面，90年代这种文学生产，又有明显的商业痕迹，是90年代文学期刊面对市场经济的应激性反应——时至今天，“80后”“90后”等文学概念炒作中，依然能看到这类生产逻辑。

---

① 黄发有，《九十年代以来的文学期刊改制》，《南方文坛》，2007年第5期。

但是，如果冷静考察，20世纪90年代以来的文学期刊策划，增强文学自主性同时，也面临着巨大危机，即参与度的下降——文学成了“文学圈”的事儿。90年代，最有影响的纸媒、电视传媒和发行量巨大的非纯文学出版物，已很少介入文学策划行为。这和“伤痕文学”一经发表天下尽转载的情况，已是天壤之别。尽管，90年代的文学策划依然能赢得相当的发行量与关注度，但传播思想和文化的媒介主角已不是传统文学期刊，而是强势崛起的中国报业。《南方周末》《三联生活周刊》《中国青年报》《羊城晚报》等，随着市民阶级的发育和国家新闻传播政策的调整，已获得了无与伦比的发行量和影响力。这些报业集团，一方面通过文学副刊版，力图创造轻松休闲、具有知识性与趣味性的大众市民文学（如秋雨文化散文、女性情感散文、美食小品、励志故事等，《知音》等软性杂志也参与了这个进程），且积极地参与“文化英雄”的策划——这关乎“媒体权力”的崛起。

如果仅比较传播效果和覆盖率，大众报业无法与影视业相比，大众报业也常与出版业联手出击，打造某些品牌。但大众报业却有电视产业很难抗衡的领域，即文化生产精英话语领域。尽管，90年代电视产业也推出《焦点访谈》《实话实说》等广受欢迎的栏目，但视觉传播模式与纸媒的区别在于，纸媒的思想和美学深度，是电视产业很难比拟的。大众报业的传播速度，又大于出版业。在20世纪90年代的文化英雄身上，从陈寅恪、海子、顾城、顾准到王小波，都能看到纸媒巨大的影响力。更深层次的原因是，90年代报业利用市民社会蓬勃发展的机会，参与创造公共话语空间，打造“媒体权力”，并为中国现代化转型、创制现代理性提供可资借鉴的“文化范本”。对抗、监督、关注，是媒体的收入来源，也是其通过公共空间分享权力的方式。陈寅恪是传统文化思想自由、精神独立的象征，海子和顾城以“诗人之死”向世人宣告世俗社会的胜利，顾准对希腊城邦文化的研究隐讳地指出中国现代制度的源头性范本。王小波则通过“智慧”“有趣”“性爱”“自由”等元素，利用专栏杂文，打造自由理性的公民现代伦理标准。这既有古典自由主义影响，也有90年代全球化语境新自由主义的影子。王小波之后，连岳、王小山等专栏性自由撰稿人，乃至今天的微信公众号、微博大V，基本都延续了王小波杂文的路数。

“有意栽花花不发，无心插柳柳成荫。”王小波辞职后，本想当小说家，却成了“自由撰稿人”。王小波生前，最先肯定其才华的是《三联生活周刊》《南方周末》等报刊。王小波的杂文，成为流行至今的很多语汇的源头。王小波的机智俏皮、幽默辛辣，海归知识分子身份、作家兼学者的形象、特立独行的自由人派头，无不符合现代媒体个性化代言人形象。细究起来，台湾报业集团的龙头老大《联合报》，授奖给王小波，除了文学成绩、名人推荐、意识形态等因素，未尝没有传播方面的考虑。20世纪90年代报业的发展，给了王小波一个非正规的文学发展机遇。两者的遇合是现代报业自由理性的政治企图与王小波的内在气质发生了共鸣。90年代中国的个人主义发育了，市场经济的新伦理需要文学的参与——无论是杂文，还是小说。90年代纯文学，总体趋势是解构，去政治化与去历史性的，适应全球化资本主义的地域景观想象，却缺乏反映90年代中国现实的主体性诉求。纸媒对王小波的认可不遗余力。4月11日，王小波去世每个周年忌日，连续二十年，《南方周末》《三联生活周刊》等大报刊都持续跟进。中国当代作家，很少能获此殊荣。同时，发行量巨大的“非文学杂志”，如《人之初》《读者》等，以及非纯文学性质的出版社，也参与了对王小波经典形象的塑造。这个过程，还包括海量非正宗文学爱好者和小资知识分子的推崇，学者孙郁提及，他90年代末在《北京日报》当编辑，曾编发旷新年批评王小波的文章《王小波的悲剧》。下午下班时，孙郁被一群愤怒的青年读者堵在了报社门口。[①]这份思想影响力，当下中国作家也少有人可比。

6

然而，这样一个理工科出身、留学海外、思想异端的前中国人民大学会计系的中年“怪咖”讲师，要被当代文坛接纳谈何容易。王小波不是“文学圈”中人。20世纪80年代、90年代，作家无论大学什么专业，创作都以“纯文学”或“先锋文学”自居，像王小波这种兼杂文理的“野狐禅”，让人大感怪异。比如，作家张洁也出身人大会计系，但张洁的写作何时有理工科的影子？出身自动化专业的朱文，不会在小说里叨叨理科知识。“前牙医”余华也不会在小说中讲述拔牙。如果说，理工类专业对作家有影响，基本是潜在层面的。这些作家感觉是大学入错了行，像王小波这样，痴迷于文学，也痴迷于计算机，曾发明汉字输入法，自己设计书写软件的作家，中国少之又少。而且，王小波也不是“策划”作家，他从不参

① 据笔者对孙郁先生的采访，2015年4月10日。

与文学圈策划，也不比照策划规划创作，如新状态、新现实、新体验、新市民、新都市……王小波也就很难被归纳到90年代“策划—发表—出版—获奖—成名”的文学圈生产机制中。

进一步而言，王小波和20世纪90年代文坛推出的王朔、林白、朱文、潘军等作家的不同之处在于，他没有经过现代文学传统与当代文学传统的“双向挤压塑形”。不是文学圈中人，还可以补救，但文学气质的“异端性”，则增加了王小波被文坛认可的难度。这种文学传统，一方面，要将作家纳入中国现代文学的概念规训，如现实主义、浪漫主义、批判现实等（也包括左翼传统和启蒙传统）。同时，这个文学传统，又包括新时期文学形成的当代文学规范，诸如向内转、先锋性、主体性、新启蒙、纯文学、民间性等。90年代文坛对市场经济的反应是应激性的，但基本在文学圈之内发生。它丧失了80年代强大的媒介资源整合度及大众关注度。即便《废都》《白鹿原》这样轰动的作品，也无法做到80年代文学媒介的“共识性”。任何想在90年代成名的作家，进入正规文学期刊界，必须经过这两个文学传统检验，进行必要的规训塑形。当然，由于90年代受全球化新自由主义的影响，一些新文学规范也在形成，如历史终结、反宏大叙事、私人写作等，但这些规范，都和上面提到的现代文学传统与当代文学传统之间，有极为深刻的内在联系，也受制于这一大一小两个传统的束缚。王小波与上述文学规范存在不少疏离之处。王小波注重文学形式创新，却不是先锋小说和纯文学创作，又有强烈的思想批判性。王小波注重个人写作，解构革命宏大叙事，却拒绝简单的历史虚无和语言游走。他深入中国文化，进行大胆讽刺与畅快想象，试图建构自由主义新伦理观。王小波的小说语言幽默俏皮，但不是莫言、刘震云式的民间狂欢写作，而是处处闪烁知识的智慧。王小波的小说品相，恰恰属于中国现代文学发育之中最不发达的两个品类——讽刺小说与学者小说。如果说，在中国现当代文学发展中，有作家气质上接近王小波，那就是写《围城》的钱锺书。[①]如果再往上推，是写《故事新编》的鲁迅。有学者认为，将鲁迅和王小波联系起来很荒唐，但如果从理性精神、对悖论语境的反讽、讽刺艺术、深厚的学养、非文科出身的背景，以及狂放的历史趣味想象等角度出发，我们都能看到，这两位同时操持杂文和小说的中国作家的内在相似性。

南北文学期刊的地域差异性，也是王小波在90年代存在接受障碍的重要因素。王小波出身北京高级知识分子家庭，王小波的妻子李银河，也同样出身于北京高级知识分子家庭。王小波的人脉关系、性格禀赋、精神面貌，有太多的北方因素。甚至从外形上讲，王小波也是典型北方大汉。然而，怪异的是，王小波作品的接受，却是南方大于北方。这并非厚此薄彼，贬北崇南，而是以此考察90年代语境，文学环境的内在差异性与选择机制。王小波虽是北京人，但他的文学理想，更适合南方文化氛围，而与90年代北方有不少抵牾之处。或者说，在北京文化圈，王小波的被接受的形象，主要是自由撰稿人、思想型海归学者，甚至是电影编剧，而不是小说家。比如，《南方周末》《南方都市报》等南方系，对王的推介和关注力度，基本与《三联生活周刊》《北京青年报》《中华读书报》等北方报纸相当。《读书》等北京权威知识分子刊物，对王小波的杂

① 房伟，《钱锺书与王小波》，《文艺报》，2013年2月18日。

文推荐力度很大。王小波在南方报系发表的杂文，数量也基本与北方持平。然而，从小说发表来讲，王小波生前共发表19篇中短篇小说，却有12篇发表于南方文学杂志，包括《花城》《收获》《广州文艺》《小说界》等，还包括《人之初》这样分多期连载《黄金时代》的南方非文学杂志。从出版上讲，王小波第一本小说集《唐人秘传故事》，由山东文艺出版社出版，但如前所述，其应为在书商手中自费购买违规书号出版，在山东文艺出版社没有任何备案。第二本小说集《黄金时代》是在编辑赵洁平的全力支持下，由华夏出版社出版的，出版过程困难重重，受到了内部审查，只能经由二渠道销售，并且出版后受到批评。相比而言，花城出版社在1997年王小波活着时，就打造了精装本《黄金时代》《白银时代》《黑铁时代》三部曲。就文学评论而言，中山大学教授艾晓明出力最多，态度最坚决。她不遗余力地介绍王小波的文学成就，热情推广他的作品，并与李银河合编《浪漫骑士》一书，产生了极大反响。笔者在台湾查找资料，还曾看到艾晓明教授发表于香港、台湾的关于王小波的评论文章。

具体而言，我们以《花城》与《北京文学》为例，来看20世纪90年代语境下，王小波和南北文坛的微妙关联。《花城》老主编田瑛，谈到当时的文学环境说："90年代开始，文学期刊的订数急剧下滑，全国所有的文学期刊都在面临着生存的考验，屋漏偏逢连夜雨，我们花城出版社这几年因经营不善而连连亏损，短短几年负债累累，权宜之计只好出租办公室。"面对市场化挑战，很多老牌著名刊物，如《当代》《十月》等，坚守办刊传统风格，终于杀出一条路，保持了刊物品质与影响。《花城》的选择却是"先锋性"："90

年代初,《花城》开始转型，注重对小说形式的探索，追求一种自觉的文本意识。我一直认为中国作家的通病是缺少文本意识，如何为中国文学提供一个崭新的文本，一直是我做杂志的理想。”[①]北村、李冯、韩东、东西、陈染等一大批具先锋意识的作家，通过《花城》走向文坛。对王小波的推广,《花城》功不可没，王小波生前发表19篇中短篇小说,《花城》占据了5篇，均由文能编发。花城出版社率先推出王小波三部曲，取得非常好的营销成绩。田瑛说:“我们在发他的小说的同时建议出版社出版他三卷本的集子，当时出版社有不同的意见，因为王小波还不够出名，他的小说有些异类，市场认同度并不高，很多人对他那种感受世界和表达世界的方式还不能理解，他的书拿到好几家出版社都被拒绝了。编辑他的‘时代三部曲’的时候，我是主张的，可以说他就是《花城》推出来的，也是我们看好的作家。我对肖建国社长力荐王小波，说此人不可忽视，最好尽快推出。”[②]据笔者调查，拒绝出版王小波该系列小说的出版社，就包括人民文学出版社、中国戏剧出版社等多家北京著名出版社。

笔者找到一些王小波生前和《花城》编辑文能的通信。王小波称:“北京文学界的朋友，对四大刊物的排名顺序是《花城》《收获》《当代》《十月》，我很为您高兴。正是因为有您这样有胆有识的人,《花城》才越办越好。”[③]虽有夸赞之意，但王小波对《花城》的感激与肯定也溢于言表。文能在王小波生前和去世后，介绍王小波

① 田瑛、申霞艳,《花城史话：九十年代——转型与尴尬》,《花城》，2009第5期。

② 田瑛、申霞艳,《花城史话：九十年代——转型与尴尬》,《花城》，2009第5期。

③ 王小波致文能的信，1995年6月21日。

的文字，主要有三篇。他在1999年山东画报出版社出版的《艺海双桨——名作家与名编辑》(陈思和主编)一书中，评介了小波在《花城》发稿的经历。文能追述《革命时期的爱情》被《四川文学》编辑杨泥推荐给他时，他的最初阅读感受："他的路数和当时文坛上各路高手全然不同，连相近的旁支也找不到，看上去怪怪的。他写革命，却用一种戏谑的调侃，消解了革命的庄严和神圣，让我们看到的，分明是一场目的不明的游戏。他写爱情，情和爱却褪去了迷人的外衣，剩下的只有性和欲。"①对这样"异端"的作品，又是来自完全陌生渠道的作者，从《花城》的编辑到主编，再到花城出版社的编辑钟洁玲等，都给予了高度肯定和大力支持。

北京支持王小波的文化界人士也很多，如《三联生活周刊》的朱伟、《北京文学》的李静与兴安、电影导演张元、学者丁东、编辑赵洁平、记者王童等，还有些青年朋友，如镂克、张卫民等。但他们大多不属文学界，或不是主流文学圈中位高权重之辈(如赵洁平本是专门编发社科学术类图书的编辑)。在王小波作品发表史上，《北京文学》是仅次于《花城》的发表阵地，达到3篇(《夜里两点钟》《万寿寺》《马但丁》)，但这与编辑李静艰辛的努力有关。比较而言，王小波在《花城》的稿费，一直是刊物里最高的。北京评论家兴安，曾帮助王小波协调过和某女作家的关系，并推荐王小波参加北京的青年创作笔会，但王小波只待了半天就跑了回来，还声称

① 文能，《阅读与倾听》，选自陈思和主编，《艺海双桨——名作家与名编辑》，山东画报出版社1999年版，第349页。

活动特别无聊。兴安表示不理解与无奈。[1]尽管刘心武很欣赏王小波，也试图帮助他结识更多圈里人，但王小波始终难以打开局面。

比较而言，南方文坛靠近市场，北方文学圈更靠近意识形态；南方强调文学形式创新与先锋性，北方更看重作品思想厚重与现实批判性；南方文学的个人性更强，北方注重文学传统和规范。当然，这只是相对而言，无所谓优劣，不过是因此形成了不同的文学汰选机制。不能简单归结于私人恩怨、南北差异或者刊物眼光，而是要看到王小波和当时主流文坛的疏离之处。王小波的小说风格和主题，显然和20世纪90年代公认的文学趣味相去甚远。他的出现，是对文学编辑的挑战，也是对文学圈容忍异质性创作的考验。

尽管20世纪90年代的文学期刊，面对市场经济的大潮，不断进行改革，但文学大环境的改变，加之体制的束缚，使当时的文学语境，很难处理王小波这类颇具异端气质却有极大“市场潜力”的作家。这里的市场潜力，不是说王小波有通俗气质，而恰恰在于，王小波的精英气质满足了中国现代转型过程中对知识分子形象的期待视野，也满足了普通小资大众对现代理性精神（自由、民主、理性、智慧等）的呼唤。报纸传媒的黄金时代已过去，自媒体时代到来，又带来了新的对王小波的认知态度，也带来新的文学可能性。但当今中国文学的格局，相比90年代，除了网络文学崛起之外，变化其实并不大。文坛和王小波的隔阂依然存在，并演变成了一种赌气式的“对抗游戏”。媒体越是宣传，很多批评家和作家越是视而不见。当下中国是否还能再出现“王小波式”作家呢？答案还是未知。

---

① 根据笔者对兴安的采访，2015年12月10日。

7

1997年4月，王小波去世之后，李银河在推动王小波的研究和影响方面，做了很多的工作，也招致很多非议。她策划出版了情书集《爱你就像爱生命》，记录了她和王小波之间的爱情。她还曾组织了“重走小波路”活动。每年王小波的忌日，都配合媒体和各类机构，并组织了大量宣传策划。对此，许多学者颇有微词。批评家李美皆就撰文指出：“王小波是一个颇有争议的自由作者，生前许多作品都无法在国内发表，但是却于意外死亡之后，迅速地蹿红起来了。王小波的蹿红跟李银河有重要的关系，是李银河、出版商、媒体、从众的心态加在一起，共同打造了王小波现象。”[1]对于李银河时代的王小波究竟和王小波有什么不同，李美皆指出：“王小波时代的王小波和李银河时代的王小波究竟有什么不同呢？回答是：王小波时代的王小波是自由的、平民化的，李银河时代的王小波不再自由，也不再平民化了。”王小波的走红，与他的文学与思想中的启蒙精神有关。很多小知识分子在王小波的小说和杂文随笔之中，找到了抵抗社会压力的生存勇气。但不可否认，王小波的文章也有精英主义倾向。这种倾向同时存在于李银河的身上。而李美皆对李银河高调的张扬颇为反感：

就算出于真诚的爱意，如此“纪念”也已经有损于王小波的清名，何况，这里面还有一些含混复杂的东西。对于种种的

---

① 李美皆，《李银河时代的王小波》，《文学自由谈》，2005年第3期。

纪念，王小波的读者之所以如此有耐心，全是因为对王小波的感情，如果李银河就仗着这点而当仁不让没完没了的话，实在是太说不过去了。既然读者们还是愿意出于移情的作用而尊重李银河的，李银河就更应该自重。

其实，除了作为王小波遗孀，作为社会学家的李银河，在这二十年间，也不断地有惊世骇俗的言论和行动，一次次地引起人们的关注。李银河似乎在"学术激进"之路上越走越远。她被人称为"性学大师"。她常有惊世骇俗之言行，冲击着中国人的性爱观念和生活价值观念，既赢得了喝彩，也遭到过唾骂。她的新浪博客点击率非常高，是新浪传媒重要的名人博客。我们从中看到的，既有一个学者实践其学术理论的激情和勇气，也有不合时宜的炒作和利用。2005年6月，她表示支持都市白领"闪婚"；8月，她主张卖淫非罪化。2006年3月，她发起提案主张同性婚姻合法化；7月，她认为"一夜情"应更名为"多边恋"。2010年3月，她建议取消聚众淫乱罪；4月，她为"南京教授换妻案"辩解，提出"自愿、隐私、成人"三原则。李银河的畅言无忌，是否象征着我们现在更幸福、更自由了？还是象征着王小波的自由梦想已经实现？

2014年12月底，李银河再次震撼了舆论界。她向媒体公开了她与同性爱人"大侠"十七年的感情生活。《新京报》《南都周刊》《Vista看天下》和凤凰网等媒体都做了报道。李银河声称，她和"大侠"相识于王小波去世三个月后。当时，加州大学的人类学教授丽莎拉着她去参加一个聚会，就此结识"大侠"。李银河说："从那次见面，她就惦记上我了，心想：要能跟这个人在一起该有多好。她对我的爱排山倒海，雷霆万钧，不由我不受吸引，不受感动。当时的感觉，她就是上帝派来的一位天使，是专程来解救我出失去小波的苦海的。”[①]“大侠”年龄比李银河小十二岁，但追求了李银河好几个月后，俩人终于确定了真诚、狂热而又自然的爱情。她曾经给李银河写了不少热情的诗歌，也深深地打动了李银河。其实早在李银河宣布“出柜”之前，他们的朋友对两人的事都已了解不少。姐姐也告诫李银河：“她比你小那么多，等你岁数大了她就该跑了。”但两人的爱情，经历了十多年却一直没有改变，反而历久弥深。“大侠”非常照顾李银河，帮她打理家务，以李银河为中心，“希望她的思想理念能影响甚至改变人们对很多事物的看法，让人们明白追求人性的自由多么有意义”。生活中，两人有不少差异，但都能求同存异。“大侠”不爱看书，喜欢打麻将，看电视剧，也热爱锻炼身体。但两人都喜欢旅游，喜欢看不同的自然景观。更令人惊讶与佩服的是，李银河与“大侠”，还收养了一个有轻微自闭症的男孩“壮壮”。为了让孩子有宽松的成长环境，孩子管“大侠”和李银河都叫“妈妈”。

李银河的做法，引起了轩然大波，赞同的人欣赏她的勇气，讨厌的人骂她“淫荡”“神经病”。但无论如何，李银河与王小波的爱情，包括李银河在多年后与“大侠”的爱情，都表现出中国社会前所未有的爱情与婚恋形态。甚至可以说，他们的性爱意识和爱情观念，走在了很多中国人的前面，也是中国社会的中产阶级经过数十年的发育，在理性和价值层面，寻求发声的符号象征。作为情侣，王小波和李银河的吸引首先是精神上的。这种心心相印的爱情是灵

---

① 凤凰网，《李银河携同性爱人高调亮相畅谈爱情生活》，2014年12月25日。

与肉的结合，不同于中国人从一而终的观念，却有萨特与波伏娃的西方知识分子情侣特有的宽容、理性和自由精神。两人的情感角色定位，不是传统的才子佳人，也不是能干老公与贤惠媳妇。更类似西方现代知识分子的家庭模式，即由共同志趣走在一起，相互尊重，包括尊重对方的隐私和相对精神自由。钱锺书与杨绛、梁思成与林徽因，曾是这类知识分子家庭的中国模范。但“文革”以后，一直到今天，我们对这类知识分子式的情爱观却日渐淡忘了，电视剧上多的是苦情戏或者“大婆斗小三”的闹剧，少的是这类宽容、理性的现代知识分子家庭理念。他们一起做社会学研究，特别是同性恋调查。王小波不仅是李银河的生活伴侣，也是她的支持者与志同道合的同事。王小波对李银河的著作，如《中国人的性爱与婚姻》《生育与中国村落文化》等著作写出了见解深刻、认识准确到位的评论。这一点上，王小波无愧于是李银河的知音，他认为李银河的研究是扎实的、朴素的，事实清楚，事事明白，他同时也指出，李的研究“见解敏锐，但实证功夫稍有欠缺”。

李银河敢于坦诚地面对世俗偏见，也是王小波佩服她的地方。王小波和李银河因为相互心智和气质的吸引走到一起，他们是情侣，也是心灵和事业上相互沟通和彼此支持的知己。两人在恋爱的时候，就下决心献身于各自的事业，过高贵的精神生活，绝不为虚假的模式所束缚：“愿我们的生命力永远旺盛，愿这永恒的痛苦常常来到我们心中，永远燃烧我们，刺痛我们。”李银河崇拜梭罗和伊壁鸠鲁，认为婚恋一是要保持身体舒适，二是要保持精神愉悦。这种婚恋状态在中国知识分子中也是很少的。传统观点来看，李银河不是好媳妇，她不擅长做饭、干家务与照顾孩子。但李银河有一点和王小波相同，就是对庸俗的愤怒与对人生极限的挑战。惊世骇俗也罢，寻常人生也罢，李银河追求的是在不干涉别人的情况下，忠于自己内心的情感和欲望诉求，谁能说，这不是中国新的理性道德观和爱情观的端倪？——尽管在当下的中国社会中，李银河与王小波的思想和行动，依然属于“另类”。

王小波去世近二十年后，对王小波作品的影视改编的管控也逐渐松动。《绿毛水怪》将是首部由王小波的小说改编而来的电影。2016年初，该电影经过两年的筹划与酝酿，终于获得了广电总局的审批立项，得到了拍摄许可证。稍晚一些，一份2017年的最新片单曝光，其中最令人关注的一部电影就是根据王小波同名小说改编的《红拂夜奔》。对这两部电影能否很好地展现王小波作品的面貌，大家拭目以待。

2012年，六十岁的社会学家李银河退休了。她信奉梭罗的名言，要过“温柔优雅”的生活。也许，王小波死后，她一系列的努力，都试图在证明自己的怀念。我们还时不时看到她惊世骇俗的言论，还有一年一度对王小波的“准时”怀念。既然阴阳两隔，不得相见，就不如怀念吧。同样深沉感人的怀念，还有王小波白发苍苍、年逾九旬的母亲，还有他的其他亲朋好友，以及一批又一批成长的读者。李银河曾认为自己和王小波都是坚强的，可以超越世俗的羁绊，在生命的燃烧中找到无限的意义。他们不相信海枯石烂的誓言，不相信永远不变的承诺。如今，李银河收养的男孩壮壮，也正在健康地成长着，并给予步入晚年的李银河莫大的安慰。可是，那个“顽皮的北京坏孩子”已走远了，那个“厚嘴唇的巨人”已走远了，去了一个千古哲人都无法参透的神秘国度，永远不会回来！

附录　王小波年谱

1952年，诞生

5月13日，出生于北京成方街，是家中的第四个孩子，上有大姐王小芹、二姐王征、大哥王小平。王小波在兄弟中行二。父亲王方名，四川渠县人，高等教育部政治教育专员；母亲宋华，山东牟平人，就职于高等教育部计划司。

同年，王方名因家乡土地纠葛，被高教部定为“阶级异己分子”，发配至人民大学附属工农兵速成中学任教。故王小波取名“小波”，意思为顺利渡过劫难。

1955年，3岁

全家搬至铁狮子胡同一号人民大学家属院内，王方名被调至人大逻辑学教研室工作。

1956年，4岁

小弟王晨光出生。

1957年，5岁

全家搬至人民大学家属区林园楼。

4月11日，王方名、周谷城等受到毛泽东的接见，晤谈逻辑问题。

1958年，6岁

“大跃进”运动开始，经历了大炼钢铁的荒诞。

1959年，7岁

全家搬至教育部宿舍、大木仓胡同北一号家属院内。

1960年，8岁

入人大幼儿园。同年秋季，转入人大附小。

1962年，10岁

转至附属于二龙路中学的大木仓小学，认识艾建平。

1965年，13岁

升入二龙路中学，并结识终生挚友胡贝等人。

1966年，14岁

上初一。“文化大革命”开始后，参与教育部红卫兵组织，并目睹教育部副部长柳湜的跳楼身亡。该经历成为《革命时期的爱情》和《似水流年》等小说的背景。

1969年，17岁

5月15日，离开北京，前去云南德宏州弄巴农场十四队。一同去的同学好友有赵红旗、赵和平、艾建平、那佳等数人。

1970年，18岁

离开云南，回到北京。其间，试图在母亲宋华下放的安徽干校安置落户，未成功；后又试图在四川渠县插队，亦未成功。嗣后至到山东再次插队前，一直闲居家中，并业余学习英语。

1972年，20岁

冬季，姥姥宋氏去世。姥姥曾照顾小波多年，和他有很深的感情。

1973年，21岁

春季，来到山东牟平青虎山村插队落户，不久，在水道镇水道联中担任代课教师。小说《绿毛水怪》《我在荒岛上迎接黎明》《我这一辈子》等都以此为背景。

1974年，22岁

年底，病退回京，于西城区无线电元件厂做工人，业余自修。曾短暂地谈过一次恋爱，但未成功。开始创作小说《马但丁》《绿毛水怪》等,《马但丁》为王小波现在所知的最早作品。而《绿毛水怪》等作品，都反映了王小波早期的情感体验。

1978年，26岁

9月，考入中国人民大学贸易经济系商品学专业，之前，曾投考中央戏剧学院，未被录取。

1980年，28岁

王小波与李银河结婚，此时李银河为光明日报社的编辑。

1981年，29岁

发表评论《海明威的〈老人与海〉》于《读书》第1期，署名“晓波”，发表时题为《我喜欢这个向“限度”挑战的强者》。

1982年，30岁

大学毕业，于中国人民大学一分校教书。《三十而立》等小说即以此为写作背景。开始写作《黄金时代》。

同年，发表《地久天长》于《丑小鸭》第7期，这是王小波第一篇公开发表的小说。

1983年，31岁。

妻李银河赴美国匹兹堡大学攻读社会学博士学位。

1984年，32岁

8月中旬，赴美国，嗣后就读于匹兹堡大学东亚系，后师从著名西周史专家许倬云教授。在许指点下，重新细读传统经典与中国古代小说。

1985年，33岁

9月3日，父亲、逻辑学家王方名去世。

1986年，34岁

获文学硕士学位。开始写作以唐传奇为蓝本的仿古小说（又称唐人小说），修改《黄金时代》。其间得到老师许倬云的指点。暑假，与李银河游历了欧洲。

1987年，35岁

暑假，夫妇租车，与兄长王小平一起游历波士顿等地。

1988年，36岁

春季，与李银河回国。李银河先在北京大学社会学所，跟随著名学者费孝通做博士后，后任职于中国社会科学院社会学研究所，被聘为副教授。王小波先后任北大社会学研究所助教、讲师，负责数据统计和计算机维护。

1989年，37岁

9月，出版第一本小说集《唐人秘传故事》（山东文艺出版社）。

1991年，39岁

3月，调中国人民大学任会计系讲师，讲授电算化课程与专业英语。同年，与同事合作，为北京煤气工程公司开发管理软件，获北京市科技进步三等奖，也曾开发新汉字软件，并试图销售该软件，因不易操作作罢。

10月，小说《黄金时代》获第13届《联合报》文学奖中篇小说大奖，10月5日，《人民日报》海外版第四版报道了《黄金时代》获奖的消息。随后小说在《联合报》副刊连载，并在台湾出版单行本。

1992年，40岁

1月，与李银河合著图书《他们的世界：中国男同性恋群落透视》由香港天地图书公司出版。

春季，邓小平到南方视察，改革开放进入新的阶段。

1993年，41岁

3月，出版《王二风流史》（香港繁荣出版社）。

8月，出版《黄金年代》（台湾联经出版事业公司）。

9月，正式辞去教职，做自由撰稿人。

10月，父亲的逻辑学著作《逻辑探索——王方名学术论文选》由中国人民大学出版社出版。

11月，《他们的世界：中国男同性恋群落透视》大陆版由山西人民出版社出版。

12月，应导演张元之约，开始写作同性恋题材电影剧本《东宫西宫》。

同年，写作完成《红拂夜奔》《寻找无双》和《革命时期的爱情》三篇小说并将其合编成《怀疑三部曲》，试图在成都出版社出版，未果。

同年，应《四川文学》之邀撰写杂文《域外杂谈》系列。杂文《摆脱童稚状态》发表于《读书》第6期。

1994年，42岁

春季，写作完成《未来世界里的日记》，因不满这部作品中奥威尔的影子，又写了一部《未来世界》。

同年，中篇小说《革命时期的爱情》发表于《花城》第3期，中篇小说《我的阴阳两界》发表于《青年作家》第3期。

7月，出版《黄金时代》(华夏出版社)。

9月，《黄金时代》研讨会在华夏出版社召开，著名文学评论家及记者二十余人与会。

同年，受《东方》之邀开设《社会伦理漫谈》栏目，所谈大多为知识分子的处境。撰写杂文《中国知识分子与中古遗风》(《东方》第3期，发表时题为《中国知识分子该不该放弃中古遗风?》)等。另发表杂文《域外杂谈·行》(《山西青年》第1期，发表时题为《走进现代空间》)、《思维的乐趣》(《读书》第9期)、《关于同性恋问题》(《中国青年研究》第1期，与李银河合作，发表时题为《关于中国男同性恋问题的初步研究》)等。

1995年，43岁

5月，中篇小说《未来世界》获第十六届《联合报》文学奖中篇小说大奖。

7月，《未来世界》由台湾联经出版事业公司出版。

同年，《未来世界》发表于《花城》第3期，短篇小说《南瓜豆腐》发表于《人民文学》第3期。发表杂文《花剌子模信使问题》(《读书》第3期)、《智慧与国学》(《读书》第11期)、《我是哪一种女权主义者》(《健康世界》第12期)、《我看国学》(《中国青年研究》第2期)、《关于格调》(《中国青年研究》第4期)、《我对国产片的看法》(《演艺圈》第10期)、《明星与癫狂》(《演艺圈》第10期)、《为什么要老片新拍》(《演艺圈》第12期)、《个人尊严》(《三联生活周刊》第5期)等。

同年，编订第一本杂文集——《思维的乐趣》。

1996年，44岁

中篇小说《2015》发表于《花城》第1期。11月，杂文集《思维的乐趣》由北岳文艺出版社出版。

夏季，将曾写过的小说《红线盗盒》重写，叙事繁复，取名《万寿寺》，这是他篇幅最长，也是“迄今为止被小说编辑们认为不可超越的一部小说”(邓炜茵,《〈万寿寺〉——特立独行的叙事特色》,《安徽文学(下半月)》，2009年第10期)。他在书中写道:“一个人只拥有此生此世是不够的，他还应该拥有诗意的世界。”秋季，完成《白银时代》，遂将其“时代三部曲”编订。

冬季，与花城出版社签约出版“时代三部曲”。《白银时代》与王小波的另两部小说《未来世界》《2015》构成了其“反乌托邦未来叙事系列”。同时，他的新长篇《黑铁时代》正在写作中。

同年，在《三联生活周刊》上开设专栏《晚生闲谈》，发表杂文《关于“媚雅”》等。

同年，在《南方周末》《博览群书》《演艺圈》《华人文化世界》《戏剧电影报》《中华读书报》《辽宁青年》《中国青年》《中国青年研究》《东方》等刊物上发表《有关“伟大一族”》等杂文随感二十余篇。

1997年，45岁

短篇小说《夜里两点钟》发表于《北京文学》第1期，短篇小说《茫茫黑夜漫游》发表于《三联生活周刊》第3期，中篇小说《白银时代》发表于《花城》第2期。另在《光明日报》《金秋科苑》《南方周末》等报刊发表杂文《写给新的一年（1997年）》等十余篇。

4月11日夜，因心脏病突发，逝世于北京顺义。

4月，妻子李银河发表悼文《浪漫骑士·行吟诗人·自由思想者——悼小波》。与张元合著电影剧本《东宫西宫》在阿根廷马塔布拉塔国际电影节上获最佳编剧奖。

同年，电影《东宫西宫》入围戛纳电影节。

4月26日，王小波遗体告别仪式在北京八宝山公墓举行。

5月，“时代三部曲”由花城出版社出版。5月13日，于北京中国现代文学馆举行首发式。同月出版杂文集《我的精神家园》（文化艺术出版社）。

10月，出版《沉默的大多数——王小波杂文随笔全编》（中国青年出版社）。

10月，《沉默的大多数》由香港明镜出版社出版。由艾晓明、李银河合编的纪念文集《浪漫骑士——记忆王小波》也于该月由中国青年出版社出版。

1998年

2月，《地久天长——王小波小说剧本集》《黑铁时代——王小波早期作品及未竟稿集》由时代文艺出版社出版。

1999年

2月，《黄金时代》（上下）、《白银时代》、《青铜时代》（上中下）

由台湾风云时代出版公司出版。

4月,《王小波文存》由中国青年出版社出版。

2001年

小说集《黄金时代》(中国小说50强：1978—2000年·王小波卷）由时代文艺出版社出版。

2002年

1月,《王小波作品系列》(包括小说集《黄金时代·白银时代》《青铜时代》《黑铁时代》，杂文集《理想国与哲人王》《个人尊严》，书信集《假如你愿意，你就恋爱吧》，剧本《东宫西宫》等）由中国青年出版社出版。小说集《怀疑三部曲》及杂文集《我的精神家园：王小波杂文自选集》(纪念版）由文化艺术出版社出版。

6月，由“欢乐宋”等王小波的崇拜者模仿王小波的风格创作的作品合集《王小波门下走狗》由文化艺术出版社出版，此后数年，他们连续出版了五本类似书籍。

12月，葛涛编选的《网络王小波》由人民文学出版社出版。

2004年

王小波与李银河合著的书信集《爱你就像爱生命》由朝华出版社及台北华漾出版社出版。

2005年

1月，纪录片《寻找黄金时代——纪念王小波逝世8周年》由中国科学文化音像出版社出版。

4月，李银河与郑宏霞合编的《一个特立独行的人：王小波画传》由大众文艺出版社出版。

同年，杂文集《思维的乐趣》由中国人民大学出版社出版；小说集《红拂夜奔》(二十世纪作家文库)由江苏文艺出版社出版;《王小波作品精选》(跨世纪文丛)由长江文艺出版社出版;散文随笔集《思想者说:王小波李银河双人集》由文化艺术出版社出版;《王小波经典作品(杂文卷及小说卷)》(当代作家作品精华文库)由当代世界出版社出版。

2006年

短篇小说集《唐人秘传故事》由中国档案出版社出版;《王小波全集》(彩绘插图本)由北方文艺出版社出版;《王小波作品系列(最新典藏插图本)》(包括《假如你愿意,你就恋爱吧:王小波书信精品集》《东宫西宫:调查报告与未竟稿精品集》等)由陕西师范大学出版社出版;《王小波小说全集》(包括《黄金时代》《青铜时代》《早期作品·唐人秘传故事·似水柔情》《白银时代·2010·黑铁时代》等)由长江文艺出版社出版;《我的精神家园》(朗朗书房)由中国人民大学出版社出版;《王小波全集》由云南人民出版社出版。

2007年

4月,李银河与一群王小波的崇拜者,发起"重走小波路"活动。4月11日,活动在人民大学举行启动仪式,4月13日"发起人团"踏上从昆明到陇川的行程,途经大理、苍山、洱海,跨过怒江、澜沧江,到达陇川的弄巴农场,参观王小波插队的地方。

4月,王小波作品的首个英文译本Wang in Love and Bondage: Three Novellas by Wang Xiaobo,在美国纽约州立大学出版社正式出版,它由美籍华人作家张洪凌和美国诗人杰森·萨默(Jason Sommer)历时五年合作翻译完成,该选集包括了《2015》《黄金时代》《东宫西宫》三篇作品。

5月，李银河编著的《王小波十年祭》由江苏美术出版社出版。

同年，《王小波全集》（十卷本）由云南人民出版社出版；《人为什么活着》（中外名家经典随笔·王小波卷）由长江文艺出版社出版；《王小波作品精编》（中国当代作家作品精编）由漓江出版社出版。

2008年

1月，《王小波全集（珍藏版）》由上海三联书店出版。

同年，《王小波散文（插图珍藏版）》由人民文学出版社出版；《黄金时代》《革命时期的爱情》《寻找无双》《红拂夜奔》《爱你就像爱生命》《白银时代》由上海锦绣文章出版社出版。

2009年

4月，《王小波全集》由重庆出版社和北京理工大学出版社分别出版。

7月，韩袁红编选的《王小波研究资料》（上下），由天津人民出版社出版。

2011年

3月，韩袁红著《批判与想象：王小波小说研究》，由安徽文艺出版社出版。

2012年

1月，《王小波全集》（10册），由译林出版社出版。

5月，王小平著《我的兄弟王小波》由江苏文艺出版社出版。

8月，《王小波全集（典藏插图版）》由译林出版社出版。

2013年

1月，台湾自由之丘出版社推出王小波“时代三部曲”（《黄金时代》《白银时代》《青铜时代》)。

11月，王小波二姐王征的回忆录《时光中的事》，由江苏文艺出版社出版。

2014年

8月，房伟著《革命星空下的“坏孩子”：王小波传》，由生活·读书·新知三联书店出版。

12月，李银河向媒体公开了她与同性爱人“大侠”17年的感情生活。

2015年

5月，江志全著《比较文学视域中的王小波》，由人民日报出版社出版。

2016年

5月，北京联合出版公司，出版《王小波文集》(8卷本)。

10月，长江文艺出版社，出版《一只特立独行的猪：王小波经典作品集(20周年纪念版)》。

2017年

4月11日,《三联生活周刊》旗下新媒体品牌“松果生活”联合梅赛德斯奔驰，在京举办“王小波与逝去的90年代”主题活动。陈鲁豫主持，李银河、梁鸿、杨早、李静作为演讲嘉宾。众多媒体也采取各种形式纪念王小波逝世二十周年。

后 记

走在寂静里，走在天上，

而阴茎倒挂下来。

多年以前，恰逢青春年少，我在王小波的小说《三十而立》中读到这句诗，感觉有些不以为然：它既不“美”，也不“深刻”，仿佛是小孩子的顽皮恶作剧。但是，多年以后，在这个黄叶飘飞的秋天，当我尝试为小说家王小波写一本传记，我才弄明白，这是一首“生命反讽”之诗。这句诗的前半句，平静舒缓，而后半句则近乎戏谑，颠覆了前半句的优雅。生命的优雅，起乎人的尊严；生命的狂欢，则起乎人的反抗。过分的优雅，则有可能成为矫情；而过分的狂欢，则可能成为无节制的虚无。只有优雅地走在“寂静的天上”，体验着“阴茎倒挂”的荒诞，才能体验王小波借助“力比多”所表现的无处不在的文化焦虑和异端的反抗之心，而只有如此，才真正能表达出王小波作为小说家，对中国现实的深刻洞见：一切“坚固”的其实并未“烟消云散”，而是以“传统”的弥散样态，继续存活在种种生存细节中。它们有的成为精神的避风港，有的却是我们内心的敌人。只有承认了这个现实，才是真正的“罪孽”。其实，这正是王小波作品的一贯风格，他能将极优雅的生命体验和极狂欢化的解构意象，悖论式地统一在充满激情的表述中。

我是一个出生于20世纪70年代后半段的普通作者。王小波那个时代的很多“大故事”，如“文革”武斗、上山下乡等，我都没有体验过。王小波是在那些“大故事”尴尬地失败、新的“大故事”却又不断衍生出的时代，奋起攻击“大意思”的少数人——糊涂人大多懵懂不觉，聪明人则“假装”不知，假装“大意思”还继续“膘肥体壮”地活着，既而绕开风险，进行“不冒险”的安全写作。没有人做那惹人烦的、揭穿“皇帝新装”的小男孩。然而，正是当年读了王小波，才让年少的我猛醒，明白了我的处境：智慧、自由，这些美好的东西，我似乎都没有真正拥有；相反，装傻、装温顺、装暴戾、虚伪、软弱、反智、偏狭、渴望奴役与被奴役，这些有害的东西，却一直停留在我的身上——有时候，我们还称之为“美德”，正如21世纪头十年已过去，我们还在继续推崇那些只不过表现得更“精致感人”的伦理戏和苦情戏一样。

1997年，我进入山东的一家国营肉联厂做工人。那年秋天的某个黄昏，我拖着疲惫的身体，离开分割深加工车间，来到宿舍，披着那件充满血腥味道的工装，斜靠在夕阳斜照的宿舍窗台上，开始翻看王小波的作品。当我看到他在杂文《思维的乐趣》中所写的——“傍晚时分，你坐在屋檐下，看着天慢慢地黑下去，心里寂寞而凄凉，感到自己的生命被剥夺了。当时我是个年轻人，但我害怕这样生活下去，衰老下去”——时，我被感动了。我的宿舍是一个“磨砺心志”的好去处，冬天冷得像坟墓，夏天则成为老鼠、蟑螂和蝙蝠的乐园。在这样的环境里，我的阅读心情常常变得非常古怪。永远不能按时发放的微薄工资、政治正确和欲望的野蛮杂交、知识分子可怜又可鄙的生存状态，都深深地刺激着我去思考时代的特征，思考我们这一代青年人的精神命运。其实，我第一次阅读王小波，是在一间昏暗的小书店。当时我发现的是王小波的《白银时代》。但当我拿到这本书后，却看不下去，因为就我的阅读经验而言，它非常陌生。精神贵族式的知识分子思维、自然主义的华丽铺陈、逻辑证伪式的理性趣味、惊世骇俗又干净坦然的性描写，这完全和我的阅读经验不同。只有在半年后，当我被现实的礁石击碎，才真正把王小波的小说和杂文，拿出来反复地阅读了很多遍。我发现，原来我那些懵懵懂懂的想法，其实并不完全是“牢骚”，我们在时代中所遭遇的精神困境，其实在王小波那里早就有了答案。

可以说，王小波对青年人的启蒙作用毋庸置疑。正是王小波，让我们在压抑的现实面前，找到了内心的力量。青年作家黄孝阳，在《王小波十周年祭》中也曾充满深情地说过：“我感谢王小波。他最大限度地启发了一个县城文学青年在一个封闭环境里的写作可能。在那个时候，我所阅读到的经典基本上是贴着现实主义标签的皇皇巨著，它们是那样冗长乏味，和懒婆娘的裹脚布一样，根本无法带来阅读的快感。王小波的‘时代三部曲’从感官刺激开始，如同一枚粗大的钉子，缓缓地，但是不可抗拒地敲进我的内脏。”在网络博客空间内，我偶然发现一个普通的“80后”大学生“室内滂沱”写于2012年的一篇祭奠王小波的文章：“王小波，请安息于你深爱着的土地中。这片广阔、深邃、古老、悲伤的土地，埋葬了这么多沉默的人。你也安息在这土地中了，因此我们有机会从这土地中站起来。”评价甚高，或有不恰当之处，却道出了当代青年对王小波的追思。我们不得不承认，尽管时代在变迁，但是其间充满悖论、荒诞百出的文化逻辑，却并没有得到根本改善，甚至还在不断地恶化。然而，也正是这些“70后”“80后”更年轻的人们的生存状态，让我们更能理解处在历史缝隙中的王小波，更能从边缘化的角度理解王小波式的美学选择。

王小波的意义何在？也许，他是一名先行者，他为当代中国文学找出了一种新的可能。王小波多次提到“减熵”的说法。“熵”是一个热力学术语，后来也被引用到社会科学领域。它是描述体系混乱状态的函数，当能量做功后，就会转化成无效能量，例如污染。熵的增值，表明了无效能量的积累，在社会学中，“熵增”被用来表示人类社会随着文明程度的提高，社会生存状态及社会价值观的混乱程度将不断增加。而王小波提倡的，恰恰是一种逆向而取的“减熵”——既针对堕入无限虚无和欲望化的文学消费，也针对以道德试图重新为文学立法的虚妄。中国文化的转型仍在继续，而混乱依然不见减少，从这种意义上讲，倡导“减熵”的王小波不应被忘记。可以说，王小波对20世纪80年代的新启蒙，既有一种纠偏，又有一种继承，正如洪子诚在《中国当代文学史》中所说：

> 王小波的创作的确具有多种“元素”，具备可以为大众传媒持续感兴趣，并按照流行文化方式运作的东西。但王小波的价值，正在于他的想象、文体、语言的那种抗拒流行模式的原创性。这种带有“先锋”意味的创造，既“背向”现存文化体制与观念，也

“背向”“大众”和“流行文化”（即便是八九十年代的“文化热”“人文精神论争热”也在内）。[1]

王小波的生平轨迹，和大多数20世纪50年代生人的作家看起来很相似：童年经历革命狂欢，少年时代上山下乡，青年时代刻苦求学，中年成为知识分子，却遭遇了市场经济大潮。但是，他的人生在接近中年的时候，突然有了很大的变化，那就是辞职写作，选择做一个自由的“精神贵族”。由此，他的人生，在中年时代，就以一种“加速度”燃烧起来了，并最终在绽放中凋落。王小波的文学之路，和中国绝大多数作家区别都很大，这种区别在于，他对文学体制和文化体制，是一种游离在外的态度。这种游离，不仅为他提供了新的视角、价值和态度，也让他成为所有不如意的逆反者的精神向往。90年代除了所谓的多元混乱、众神狂欢，还是一个在压抑之下生机勃发的年代，这正是王小波热兴起的接受美学心理。欲望的合法性，在市场经济中取得胜利，并在文化中为个人化提供了“偷换概念”式的快感。然而，在中国转型的大路上，种种狂飙突进的学说和光怪陆离的社会现象却都有一个强制性的框架——野马奔腾，却始终在“锅盖”之内。在王小波出现之前的90年代文坛，是灰色小人物和自恋女性占据主流的年代，也是新主旋律高歌的年代，很多中国作家都在所谓众神狂欢中失去了方向，从以文学干预政治的极端走向了另一个极端——精神的自我放逐。

但是，王小波的价值选择和文学趣味却是如此不同。在国家现

① 洪子诚，《中国当代文学史》，北京大学出版社2010年版，第442页。

代化与道德主义合体的岁月里，他对庄严伟大事物的怀疑却一直在增长；在中国文学用短短二十年走过西方几百年思潮的岁月里，王小波固执地进行着无人问津甚至遭人反感的文学试验；当中国文学遭遇市场大潮狙击时，王小波却在市场中看到了自由狂欢的契机，并试图树立新的美学规范和文学理想。这是一条寂寞的“减熵”之路，目标是要在布满荆棘的荒野上，走一条前人未走的文学小路，赌注便是生命。尼采在《查拉图斯特拉如是说》中高声大笑：“死亡，你有什么可怕？有本事你就在我的身上施加两次！”王小波以非正常的死亡，诠释了自由的意义：活到灿烂至极、美丽至极，绝不向衰老低头，绝不对平庸生活低头。王小波的文字，就像是文学的一条暗河，当其蛰伏之时，不可谓不弱小，然而，恰逢其时喷涌而出时，就立刻显现出卓尔不群的姿态。对于它，虽然人们毁誉参半，但它那种挑战权威、颠覆正统的气息，让那些看似悲天悯人的道德学究原形毕露；在它的那些有着自由主义的理想气息、高蹈流走的文艺复兴式人物背后，则是自由阔大的生命意志与独树一帜的美学风范。

王小波已离开我们十几年了。一个有可能成为当代中国文学巨匠的作家，就这样过早地离开了，只留给我们荆棘小路上孤独的身影。无论是追求个性的网络愤青、大学校园内的莘莘学子，还是广义的当代文化人、态度严谨的学院派学者，都无法回避王小波给当代文化生活带来的巨大影响。这个死后成名的作家，在短短的时间内，经历了从话语圈边缘到焦点的转变，并不断在各种利益驱动下，橡皮泥般被塑造成一个个流动而华丽的符号能指。很难形容2007年10月某个下午，当我在网上看到王小波裸体塑像时的感想。

当“一堆黄泥”以“手捂裆部”的姿态蹲坐在台上时，我很怀疑这个形象就是王小波。至少，他不是我心中的王小波。那么，王小波是谁？逻辑学教授王方名的儿子？社会学家李银河的丈夫？留美归来的大学讲师？落魄的自由撰稿人？智慧的顽童？准色情作家？保守的自由主义学者？堕落年代坚持理想的“小鲁迅”？反对“人往高处走，水向低处流”的不合时宜的文人？这个酷似“粗壮民工”的作家，这个不修边幅、羞涩沉稳、眼神慵懒却不时透出几分倔强的“巨人”（他身材十分高大），到底带给了中国文学什么？王小波像一团“迷雾”，吸引着我们，却拒绝所有简单的阐释。他在时代飞奔的旅程上，不过是窗外一棵高大而古怪的树木，孤独地站立在一片灌木丛中。他的高大与突兀，会让身为旅客的我们“大吃一惊”，成为躁动的旅途中的谈资，却难以让我们真正理解真相——也许，这可视为在中国当代文化语境中王小波接受史的寓言吧。

可以说，当下文坛对王小波的理解依然充满隔阂。平心而论，王小波的文字表达在中国当代文坛，不能算最好的，却是最独特的。我们看到了他的小说拉杂冗长、结构和语言过于西化、后期小说变得模式化等问题，但谁都不能否认，王小波对中国现实和文化的理解是真诚而深刻的。说王小波深刻，是说他洞穿了中国现实话语迷雾重重背后的把戏，在悖论性体验之上，拥有了高蹈流走的气魄和超越性的眼光。由此，王小波的《红拂夜奔》等历史杂文小说，才与鲁迅的“故事新编”系列小说，有了精神上的沟通。说他真诚，则既指他拥有精英知识分子的科学理性和说真话、讲常识的勇气，又指他对底层和草根的尊重。中国很多作家，一旦成名，就与现实生疏起来。在一面是史诗满天飞，一面却是出轨偷情泛滥的中国当代小说界，很难有小说让我们感动，让我们震撼——更遑论改变对自我和世界的看法。中国作家更缺乏“直截了当”书写现实的勇气，因如此便会被视为“粗鄙”。我们擅长云山雾罩，曲折回环，却不能面对一些基本事实，例如性。王小波所写的性，恰是反色情的，因为那些文字“直截了当”地说出了内心很多隐秘却真实的体验。由此，对于那些“革命时代的爱情”，“爱情”第一次光明正大地超越了“革命”的价值判断，成为中国现代文学史上的另一种“革命”与“恋爱”的结合。

在《我的精神家园》中，王小波谈到过自己的文学之路。他说：“用宁静的童心来看，这条路是这样的：它在两条竹篱笆之中。篱笆上开满了紫色的牵牛花，在每个花蕊上，都落了一只蓝蜻蜓。”他又自嘲地说：“我们应该像商人一样，严守诚实原则，反对不正当的竞争。让我的想法和作品成为嚣嚣尘世的正宗，这个念头我没有，也不敢有。”文章发表不到两年，王小波就带着幽默的笑声，去天堂中继续讲他那些有趣的故事了。王小波一生都在警惕那些自以为是的“宏大思维”，他怀疑权威，不仅怀疑政治权威，更警惕自己也成为“抱着黑色的皮包，秃头大肚子，厚眼镜，在各类学术会议上说着老奸巨猾的俏皮话”的文化权威。也许，这样的一本传记，也违背了王小波的本意，因为这正是将王小波经典化的过程。被经典化了，就要成为戴着“小光环”的塑像，成为被阐释的“美丽风景”——这也会无可奈何地走向“无趣”。

为写作本书，作者查阅并参考了大量资料，特别是王小平的《我的兄弟王小波》，艾晓明、李银河合编的《浪漫骑士》，李银河编辑的《王小波全集》等，许多记者的采访和对于王小波生平的挖掘也为本书的写作提供了诸多便利，在此对这些资料的作者和编者表示衷心的感谢。另外，我要感谢所有给本书提供了大量采访支持的朋友，无论王小波先生的亲属、好友，还是烟台市牟平区文联、水道镇政府、胶东书院网站的朋友，以及相关文化界人士。没有他们鲜活的历史现场口述，没有他们的鼎力相助，我无法完成此书的写作。在此，我还要感谢我的恩师、中国作协书记处书记吴义勤教授的教诲和指点，同时感谢梁鸿、杨庆祥、杨晓帆、张莉、黄平等好友为此书提供的帮助。

秋天，弥漫着一种特殊的尘埃，像昆虫一样繁衍，然后破裂，释放出晨雾、露珠和凉意。天空游动着成群的阳光，枯萎的落叶坠落于青黑的泥土，化为碎碎点点的金黄的玉。多么平静，这也许就是秋天的勇气。让我们在这个秋天纪念王小波吧，纪念这个羞涩低调、平静如水、内心却有着大神震怒般力量的作家吧！让我用俄罗斯诗人茨维塔耶娃《致一百年以后的你》中的诗句，作为这本小书的终结：

我还感到悲哀的是，直到今天黄昏——
我久久地追随西沉的太阳的踪迹，——
经历了整整的一百年啊，
我才最终迎来了你！

诗人等了一百年才最终迎来了尊严与辉煌，但愿我们能够尽快地理解王小波的一生，理解他的追求和艺术成就，也愿我们永远年轻，永远充满智慧和爱，永远热泪盈眶！

图书在版编目（CIP）数据

王小波传 / 房伟著. — 北京 : 北京十月文艺出版社，2023. 4
ISBN 978-7-5302-2278-2

Ⅰ. ①王… Ⅱ. ①房… Ⅲ. ①王小波（1952-1997）—传记 Ⅳ. ①K825.6

中国版本图书馆 CIP 数据核字（2022）第 213910 号

王小波传
WANGXIAOBO ZHUAN
房伟 著

出　　版　北京出版集团
　　　　　北京十月文艺出版社
地　　址　北京北三环中路 6 号
邮　　编　100120
网　　址　www.bph.com.cn
发　　行　新经典发行有限公司
　　　　　电话 010-68423599
经　　销　新华书店
印　　刷　北京盛通印刷股份有限公司
版　　次　2023 年 4 月第 1 版
印　　次　2023 年 4 月第 1 次印刷
开　　本　850 毫米 ×1168 毫米 1/32
印　　张　12
字　　数　278 千字
书　　号　ISBN 978-7-5302-2278-2
定　　价　65.00 元
如有印装质量问题，由本社负责调换
质量监督电话　010-58572393